本书获得民族地区新型城镇化研究中心和国家社科

纪 明　陈艳红　等著

中国南部陆地边境地区经济高质量发展研究

ZHONGGUO NANBU LUDI BIANJING DIQU
JINGJI GAOZHILIANG FAZHAN YANJIU

中国财经出版传媒集团

经济科学出版社

Economic Science Press

图书在版编目（CIP）数据

中国南部陆地边境地区经济高质量发展研究/纪明
等著．—北京：经济科学出版社，2022.1
ISBN 978 - 7 - 5218 - 3364 - 5

Ⅰ. ①中…　Ⅱ. ①纪…　Ⅲ. ①边疆地区 - 区域经济发
展 - 研究 - 中国　Ⅳ. ①F127

中国版本图书馆 CIP 数据核字（2022）第 001927 号

责任编辑：袁　溦
责任校对：孙　晨
责任印制：王世伟

中国南部陆地边境地区经济高质量发展研究
纪　明　陈艳红　等著
经济科学出版社出版、发行　新华书店经销
社址：北京市海淀区阜成路甲 28 号　邮编：100142
总编部电话：010 - 88191217　发行部电话：010 - 88191522
网址：www. esp. com. cn
电子邮箱：esp@ esp. com. cn
天猫网店：经济科学出版社旗舰店
网址：http: //jjkxcbs. tmall. com
北京季蜂印刷有限公司印装
710 × 1000　16 开　18.25 印张　210000 字
2022 年 1 月第 1 版　2022 年 1 月第 1 次印刷
ISBN 978 - 7 - 5218 - 3364 - 5　定价：72.00 元
（图书出现印装问题，本社负责调换。电话：010 - 88191510）
（版权所有　侵权必究　打击盗版　举报热线：010 - 88191661
QQ：2242791300　营销中心电话：010 - 88191537
电子邮箱：dbts@ esp. com. cn）

目　　录

第一章

导　论

第一节　研究背景及研究意义

一、研究背景

经济发展内涵丰富，指的是以经济增长为核心和基础的，一个国家或地区经济结构持续高级化及经济质量改善与提高的发展演进过程。经济总量的增长构成了经济发展的物质基础；经济结构持续高级化是一个国家或地区的技术结构、产业结构、收入分配结构、消费结构、人口结构等经济结构持续向高端发展演进的过程；经济质量改善与提高指的是经济和社会生活素质的提高，包括一个国家和地区经济效益的提高、卫生健康状况的改善、自然环境和生态平衡以及政治、文化和人的现代化进程等。

中国南部陆地边境地区的山区、高原和喀斯特等地形地貌分布广泛，包含广西壮族自治区、云南省和西藏自治区三个省域，51个边境县域，聚居着壮族、京族、彝族、白族、哈尼族、傣族、苗族、景颇族、怒族、藏族、门巴族、珞巴族、回族、僜人、夏尔巴人、纳西族、独龙族等少数民族①。中国南部陆地边境地区陆地边境线长达 8697 公里，与越南、缅甸、不丹、尼泊尔、印度等国家和地区接壤，是中国与东盟国家经济、文化和社会交往的重要区域。随着中国与东盟国家经济交往的不断增加，中国南部陆地边境地区经济发展成就令人瞩目。2000 年，中国南部陆地边境地区 51 个县域地区生产总值（GDP）总量为 263.34 亿元，2019 年增长至 2697.07 亿元，19 年间增长了 10.24 倍，年均增长率达到了 13.03%，比全国 GDP 年均增长率高了 4.03%，占全国 GDP 比重也由 2000 年的 0.26% 提升至 2019 年的 0.27%②。伴随着经济总量的快速增长，中国南部陆地边境地区经济发展质量持续提升、经济结构持续优化、地区人民收入水平和生活水平持续改善。但我们也必须看到的是，中国南部陆地边境地区的经济总量规模较小、产业发展水平不高、基础设施相对薄弱等制约经济高质量发展的问题依然存在。党的十九大报告中指出："中国经济已由高速增长阶段转向高质量发展阶段，正处在转变发展方式、优化经济结构、转换增长动力的攻关期。"在此背景下，加大对中国南部陆地边境地区经济高质量发展的研究力度，进而提供更大的政策支持力度，这对于少数民族地区、边疆地区的社会稳定、民族团结和边防巩固，对于促进区域协调发展、努力缩小区域发展差距、实现共同富裕具有重大的历史意义和现实意义。

---

① 资料来源：《中国民族统计年鉴 2020》。
② 资料来源：原始数据来源于《中国统计年鉴（2001~2020）》《中国县域统计年鉴（2001~2020）》。

二、研究意义

(一)理论意义

学术界针对经济高质量发展问题进行了大量的学术研究,形成了较丰富的研究成果,但以中国南部陆地边境地区为研究对象或以中国南部边境地区区域划分进行异质性分析的系统性研究成果却相对缺乏。本书拟通过分析中国南部陆地边境地区经济高质量发展的影响因素,进而探索中国南部陆地边境地区经济高质量发展机制及路径,进一步丰富研究陆地边境地区经济高质量发展问题的方法论和理论体系。

(二)现实意义

深入探索中国南部陆地边境地区经济高质量发展的现状、提升路径及政策支撑体系,能为中国南部陆地边境地区经济高质量发展提供新思路和新方案,为中国其他陆地边境地区经济高质量发展提供经验借鉴,有利于实现中国边疆地区的经济高质量发展、社会稳定、民族团结和边防巩固,促进民族地区、边疆地区的治理体系现代化。

第二节 研究思路与研究框架

一、研究思路

本书研究主要采用"文献资料分析→剖析现状与问题→构建理论(机制或模型)→构建解决途径(实现路径)和政策建议"的研究思路和研究逻辑(见图1-1)。

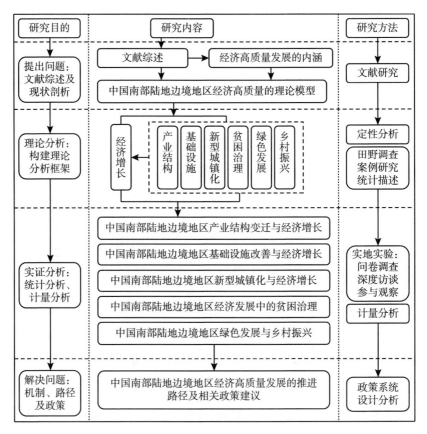

图 1-1　本书研究逻辑及思路

首先，收集与整理经济高质量发展的相关重要文献，厘清经济高质量发展的内涵，构建中国南部陆地边境地区经济高质量发展内生驱动理论模型的基础上，明确本书要研究的主要内容和结构体系。

其次，收集与整理中国南部陆地边境地区县域经济增长的相关数据，特别是对中国南部陆地边境地区县域经济增长的区域总体情况、各县域情况进行统计性分析，深入探究中国南部陆地边境地区县域经济增长的历史与现状、经济增长特征及存在的主要问题。

再次，构建计量模型定量分析中国南部陆地边境地区经济高质量发展的实现路径，重点分析中国南部陆地边境地区产业结构变迁、基础设施改善、新型城镇化对经济增长的影响程度，探究中国南部陆地边境地区经济发展中贫困治理及绿色发展和乡村振兴的发展演进情况。

最后，根据本书研究重点，系统性提出中国南部陆地边境地区经济高质量发展的实现路径及相关政策建议。

二、研究框架及基本内容

本书内容共分为九章，分别为：

第一章为导论，介绍本书的研究背景及研究意义、研究思路与研究框架及研究方法与创新之处。

第二章为文献综述及理论机制，介绍本书的国内外研究现状、研究评述及构建理论分析框架，掌握本书研究的重难点、突破口及研究思路和研究逻辑性。

第三章为中国南部陆地边境地区的县域经济增长，通过中国南部陆地边境地区县域经济增长的区域总体情况、各县域情况，县域经济增长特征等统计性分析，深入探究中国南部陆地边境地区县域经济增长的历史与现状、典型特点及存在的主要问题。

第四章为中国南部陆地边境地区的产业结构变迁与经济增长，通过中国南部陆地边境地区产业结构变迁统计性分析和产业结构变迁影响经济增长的实证分析，探索中国南部陆地边境地区经济高质量发展的模式及路径。

第五章为中国南部陆地边境地区的基础设施改善与经济增长，通过中国南部陆地边境地区基础设施改善统计性分析和基础设施改善影响经济增长的实证分析，探索中国南部陆地边境地区经济高质量发展的模式及路径。

第六章为中国南部陆地边境地区的新型城镇化与经济增长，通过中国南部陆地边境地区新型城镇化的统计性分析和新型城镇化影响经济增长的实证分析，探索中国南部陆地边境地区经济高质量发展的模式及路径。

第七章为中国南部陆地边境地区经济发展中的贫困治理，通过中国南部陆地边境地区贫困总体情况、贫困程度的识别、测算与维度分解，深入探究中国南部陆地边境地区相对贫困治理存在的主要问题。

第八章为中国南部陆地边境地区的绿色发展与乡村振兴，通过广西陆地边境地区绿色发展与乡村振兴统计性分析和绿色发展影响乡村振兴的实证分析，探索中国南部陆地边境地区经济高质量发展的模式及路径。

第九章为主要研究结论与政策建议，系统总结本书研究结论，为推动中国南部陆地边境地区经济高质量发展提供新思路及政策建议。

第三节 研究方法与创新之处

一、研究方法

（一）文献研究法

文献检索与阅读研究是本书研究必不可少的步骤和方法，通过大量查阅并梳理国内外相关文献,演绎推理并完善本书的研究内容、研究重点、研究难点、研究方法、研究思路及研究逻辑性。

(二) 实地实验法

为获取本书研究所需第一手资料,拟通过采用问卷调查、深度访谈、参与观察等手段开展实地实验研究,查阅相关官方统计资料及对中国南部陆地边境地区 51 个县域进行实地调查和问卷调查的基础上,剖析把握中国南部陆地边境地区县域经济高质量发展演进现状及存在的主要问题,并获取计量模型定量分析所需要的基础数据。

(三) 综合分析法与典型个案分析法相结合

既综合分析中国南部陆地边境地区县域经济发展特点,又根据中国南部陆地边境地区县域经济高质量发展特点对部分重点典型区域进行典型案例分析,以提出合理有效的和针对性较强的政策建议。

(四) 定量分析法与定性分析法相结合

对中国南部陆地边境地区经济高质量发展的机制及路径进行定性理论分析,并在理论分析的基础上设计计量模型,定量分析中国南部陆地边境地区经济高质量发展的影响因素、影响路径及其制约因素。

(五) 政策系统设计分析法

基于制度安排与机制设计理论,设计具有系统性、可操作性的中国南部陆地边境地区经济高质量发展、实现路径及政策支撑体系的"时间表"和"路径图"。

二、创新之处

（一）研究内容创新

充分考虑中国南部陆地边境地区经济发展的特异性，以经济增长为核心，从产业结构变迁、基础设施改善、新型城镇化、贫困治理和乡村振兴等方面全方位多维度探究中国南部陆地边境地区高质量发展的实现路径，进一步丰富研究经济高质量发展问题的方法论。

（二）研究方法论创新

充分运用统计分析方法、熵权法、A－F方法、DEA－Malmquist模型测算法等剖析中国南部陆地边境经济高质量发展的影响因素，并定量分析了中国南部陆地边境地区产业结构变迁、基础设施改善、新型城镇化对经济增长的影响，探究中国南部陆地边境地区经济高质量增长的实现路径及城镇化路径及模式选择，进一步丰富研究新型城镇化与县域经济发展问题的方法论。

（三）观点及政策建议创新

1. 协调地区要素禀赋，制定合理有效的政策，大力度发展信息化产业，实现农业与信息产业有效融合

在调整中国南部陆地边境地区产业结构的同时还需要协调地区要素禀赋，推动产业结构合理化的变迁，促进地区经济高质量发展。中国南部陆地边境地区需要特定的扶助政策和制定合理有效的政策，合理的地方政府财政行为能够通过收入再分配、促进资源合理配置，进而增强地方发展动力，促进地区经济实现高质量发展。

中国南部陆地边境地区各县域更要加大力度发展信息化产业,实现农业与信息产业有效融合,促进农业现代化进而促进区域经济高质量发展。

2. 扩大资金来源渠道,积极推进基础设施建设

中国南部陆地边境地区以山区、高原和喀斯特等地形地貌为主,地理、自然环境复杂,这些因素对地区基础设施改善带来较大难度。当地政府应该树立"经济发展,基础设施先行"的战略,持续增加地方财政对各项基础设施的投入,同时也应改善当地的投资条件,以便吸引各方资金投入到当地的基础设施建设中去,积极推进中国南部陆地边境地区县域的各项基础设施建设,从而改善各县域的基础设施建设情况,进而推动经济高质量发展。为保证不同区域基础设施建设水平的协调发展,国家财政及省一级财政应加大对中国南部陆地边境地区经济水平较为落后县域的基础设施建设的投入,加大资金倾斜支持力度。

3. 深入发掘自身优势,合理规划城镇的发展蓝图,增强城镇基础设施承载力、县域城镇容纳转移人口能力

统筹经济社会发展规划、土地利用规划和城乡建设规划,合理安排县域城镇建设、产业集聚、村镇分布等空间布局,充分发挥规划的龙头引领作用和基础性作用,发挥中国南部陆地边境地区得天独厚的政策优势和沿边优势、特殊的历史、文化及自然地理环境也造就了特殊的生态资源优势、旅游资源优势和产业发展优势,打造跨境贸易平台,建设生态宜居旅游特色村镇等。同时,正视"后发优势",积极学习其他区域城镇化发展经验,结合实际情况,因地制宜,多方面、多角度地处理城镇化的发展难题,带动经济增长和

民生改善，进而促进经济高质量发展。

4. 确立城乡相对贫困标准，完善防返贫动态监测和帮扶机制，构建区域、城乡一体化保障格局

要开展对边境地区城乡相对贫困人口常态化的收入监测预警，做到"早发现、早干预、早帮扶"，确保脱贫成果稳得住、贫困人口逐步致富。要稳定贫困人口的收入来源，处理好自然灾害以及突发的新冠肺炎疫情对乡村相对贫困群体的影响。促进边境地区城乡融合发展，多层次保障村民对美好生活的需求和产业上的增收。继续加大区域间减贫协作和对口支援的力度。建立城乡劳务输出与对接体制，形成多层次、多形式的协作模式。通过促进贫困群体易地转移或进厂务工等方式，进一步提高村民经济收入，缩小城乡发展差距，确保乡村同步实现全面小康和共同富裕。

5. 以绿色技术支撑绿色发展，以绿色产业发展助推乡村振兴

加强技术开发与引进，实现农村产业优化升级，警惕绿色规模效率对乡村振兴的阻碍作用，重视个体特色发展。立足中国南部陆地边境地区生态优势，切实把"绿水青山变成金山银山"，在生态优势转为经济优势的过程中，实现农村居民收入增长与农村经济发展同步，有力助推乡村振兴。同时，应根据中国南部陆地边境地区各县域经济发展水平的不同，实行不同强度的绿色发展政策。

第二章

文献综述及理论机制

第一节　国内外研究现状

一、经济高质量发展的理论研究

目前，学术界关于经济高质量发展的理论研究主要集中在三个主题：

一是经济高质量发展的内涵（刘迎秋，2018；赵剑波，2019；吴雨星和吴宏洛，2021）。微观上高质量发展主要是关注产品高质量生产发展，中观上高质量发展主要是关注产业和区域发展质量，宏观上高质量发展主要是关注国民经济整体质量和效率。

二是经济高质量发展的评价体系。高质量发展的评判体系包括指标体系、政策体系、标准体系、统计体系、绩效评价体系、政绩考核体系等（任保平，2018），需从长期与短期、宏观与微观、总量与结构、全局与局部等多个维度探讨高质量发展指标体系的构建

（安淑新，2018），要适应现代化发展进程，在创新发展中对评价指标予以不断调整、不断修正（金碚，2018）。

三是经济高质量发展的实现路径（王维平和牛新星，2021；廖军华，2021；张超和唐杰，2021）。中国经济高质量发展要通过完善市场经济基础性制度和提升制度质量，深化供给侧结构性改革，推进创新驱动发展，供给高质量要素等方式，持续激发经济的活力、创新力和竞争力。

二、经济高质量发展的实证研究

经济发展内涵丰富，是以经济增长为核心的，包含经济社会发展的方方面面变迁和进步。基于本书研究的重点，本书此部分从产业结构变迁、基础设施改善、新型城镇化、贫困治理、绿色发展与乡村振兴等领域及对经济增长的影响方面梳理相关文献。

（一）产业结构变迁及与经济增长研究现状

关于产业结构变迁与区域经济增长实证方面的研究文献主要阐述了产业结构变迁对经济增长的影响。产业结构变迁对经济增长的影响的研究文献大致分为三个方面：

一是产业结构变迁有利于经济增长。国外有学者基于日本数据（Tanuwidjaja & Thangavelu，2007）出发进行实证分析，得出了产业结构变迁能够显著提高生产率进而促进经济增长；同时，国内有些学者研究通过对时序数据（李云娥，2008）与面板数据（赵越强等，2021）等方面的分析，也得出了产业结构变迁对经济增长有推动作用。

　　二是产业结构变迁对区域经济增长的作用不大，甚至有负向影响。国外有学者从多国数据（Fagerberg，2000）出发研究产业结构变迁对于劳动生产率的作用，发现产业结构变迁并未有效地促进整体生产率的提升，同时，国内有学者通过对时序数据的研究（付凌晖，2010）得出产业结构变迁不能对经济增长产生显著的作用，另外，傅元海等（2016）通过研究还发现产业结构的高级化会抑制经济增长效率的提高。

　　三是产业结构变迁对区域经济增长的影响呈现动态变化特征。国外有学者分别通过分析博茨瓦纳（Mccaij，2015）的相关数据和韩国（Singh，2004）的研究，均得出了产业结构在前期能够促进经济增长但后期作用则减弱或不存在的结论；国内学者干春晖等（2011）通过实证检验得出产业结构变迁对经济增长的作用波动较大，且具有显著的阶段特征，同时，韩永辉等（2016）通过对各省数据的分析发现，产业结构的调整趋势呈现倒 U 型的波动变化。

（二）基础设施改善及与经济增长研究现状

　　许多已有的研究都表明：基础设施的改善可以有效地推动经济发展，研究对象主要包括交通基础设施、电网基础设施、医疗基础设施、通信基础设施等。

　　一是交通基础设施与经济增长关系的研究大致可以分为两种，即交通基础设施对经济增长的机制分析以及交通基础设施对经济增长的区域异质性分析。交通基础设施对经济增长的机制分析方面，通过对中国各区域的交通基础设施与经济增长之间关系的实证研究得出：交通基础设施的建设可以通过对所在区域的农业和制造业的产出产生正向影响进而促进经济增长（唐升等，2021）；在交通基础设施对经济增长的区域异质性研究方面，在考虑多维因素对区域经济产生的协同作用的基础上，基于1993～2009年的各省级面板数据运用空间计量方法研究发现，中国的交通基础设施存在很强的区域集聚性，且在中部地区的交通基础设施建设可以带来更大的经济增长（张学良，2007）。

二是在对电网基础设施的研究中，在通过考察不同区域的电网基础设施的能耗效应、产出效应及其地区差异后，发现电网基础设施的发展也能够促进经济增长（何晓萍，2014）。在对医疗基础设施的研究中，对京津冀医疗基础设施与当地经济增长的研究发现，医疗基础设施可以通过影响健康进而影响经济增长（孙坤姝，2016）。另有研究证明，健康状况既是居民户的效用来源，增进了居民福利，同时作为人力资本的一个维度，对产品和服务的生产做出了要素贡献，而更为完善的医疗基础设施可以改善居民的健康情况进而促进经济增长（文建东、花福秀，2016）。

三是在通信基础设施的研究中，从城市、行业和企业三个维度研究互联网对中国制造业生产率的影响机制以及强度，结论显示，互联网发展显著促进了城市整体和制造业整体生产率（黄群慧等，2019）。通过构建巴罗（Barro）增长模型，利用中国1992～2006年的省级面板数据进行实证检验，结果显示能源和通信基础设施对经济增长的总效应具有规模效应，可以通过投资基础设施来增加各项生产要素的使用效率（方福前等，2020）。

（三）新型城镇化及与经济增长研究现状

一是目前关于城镇化的实证研究主要是围绕城镇化的各种核心要素组成部分开展深入研究，集中在省域或城市的人口规模变动方面、城市的土地利用效率以及城市产业发展和产业结构调整方面（薛德升，2016；王良健，2015；刘晨跃，2017）。城镇化是一个多维度的概念，从单要素视角讨论其影响和对经济高质量发展的作用机制往往可能存在片面化，因此部分学者又围绕城镇化系统内涵开展综合性研究，比较典型的有将城镇化划分为多个维度的子城镇化系统，建立耦合协调度模型（李涛，2015；郭付友，2015；贺三维、邵玺，2018），张鹏岩（2017）研究了中原城市群的人口城镇化与土地城镇化的耦合协调关系，发现研究区域的人口与土地城镇化之间的关系由土地滞后型的轻度不协调向勉强协调转变。近年来还有部分学者将各个维度的城镇化综合起来赋予权重，以全面统一的视角研究新型城镇化（彭冲，2014；王建康，2016；张国胜等，2021），如邓宗兵（2019）等人研究发现长江经济带的生态文明建设与新型城镇化处于初级协调阶段，西部的城市处于新型城镇化的滞后区域。徐雪（2021）研究了新型城镇化与经济增长和乡村振兴的互动关系，发现中部、西部地区三者的耦合协调度偏低。

二是城镇化与县域经济的研究也受到了国内诸多学者的广泛关注。主要有从理论上论证城镇化是助推县域新型工业化、转变经济发展方式等的持久推动力，以及分析城镇化助推县域经济发展过程中存在的资金、基础设施、产业等问题（闫恩虎，2011；刘国斌，2006；王智勇，2018；等）。也有部分学者用实证分析验证城镇化与县域经济的关系（王婷，2015；王智勇，2016；何燕，2018；何雄浪，2020；等），例如：张宪平（2008）用误差修正模型结合格兰杰因果分析，发现城镇化与经济增长在长期或短期都互为因果关系。张海姣（2013）研究发现城镇化水平与县域经济发展水平高度相关，尤其是第三产业产值与城镇化关系最为显著。针对中国南部陆地边境地区的城镇化与经济发展现状研究也已有部分成果（宋周莺、虞洋，2019；何一民，2018），但对其影响因素以及路径机制的研究相对缺乏。

三是边境地区城镇化与经济增长的关系已经引起一些学者的关注。中国南部陆地边境地区是少数民族聚居的地方，地理条件较差，在人口、设施方面已有一定的城镇化基础，但人口密度较低、教育水平滞后，甚至必要的基础设施尚不完善，总体上城镇发展水平滞后，城镇化促进经济增长的效果有待提升（莫小莎，2004；王新哲，2011；王新哲、陈田，2018；纪明、钟敏，2021）。

（四）贫困治理研究现状

一是关于贫困的内涵与分类方面的研究。各国学者对贫困的理解最初是建立在"绝对贫困"意义之上的，英国社会学家郎特里（Rowntree，1902）认为，贫困就是指不能维持基本生活需要的情况。根据维持最低体力所需食物的货币预算可确定绝对贫困线。相对贫困的概念最早由英国学者汤森（Townsend，1979）提出，他认为相对贫困是与一定参照物比较之下的贫困。相对贫困人口指已经具备维持基本生存需要的条件，但因为缺少社会资源、权利、能力等从而被富人排除在社会系统之外的个体。因此相对贫困是与社会上其他人的生活水平相比对于多样化生活需要匮乏的主观感受，具有主观性；阿马蒂亚·森（Sen，1983）对此提出了质疑，认为汤森定义的贫困缺乏"绝对内核"，贫困应是缺乏获得某种物质的"能力"，而不是个体之间的相对比较，即不能因为自己与周边人都处于饥饿中而自己程度较弱就认为自己不处于贫困状态，因此贫困是基于相对能力的"绝对贫困"。汤森（1983）随后对森的质疑做出回应：随着一国经济水平的不断提高，在饥饿、营养不良等问题被解决后，应将减贫的重点转移到社会资源的"相对剥夺"。

二是相对贫困的标准与测度方面的研究。随着中国绝对贫困的消除，2020 年后，相对贫困工作将成为中国贫困治理的主要方向。相对贫困的成因具有主观性和客观性，其发展具有动态性与恒久性（郑瑞坤、向书坚，2021）。个体自我"可行能力"不足或社会资源等缺失会造成"相对剥夺感"的产生，而随着社会经济发展和居民生活水平的不断提高，相对贫困的标准是随之而变化的（孙久文、张倩，2021）；绝对贫困可以被消除，但相对贫困是永远存在着的，无论一个国家多发达，相对贫困现象都会存在（张传洲，2021）。在贫困测度方面，已有研究多从收入或消费的单一维度测量相对贫困，在国际上，通常采用居民收入的一个固定比例作为相对贫困线（李鹏等，2021），如世界银行将低于社会平均收入 1/3 的人口视为相对贫困人口，经合组织将人均可支配收入的 50% 和 60% 作为基准来测定相对贫困标准。虽然收入能最简单明了地识别相对贫困人口，但是仅仅关注收入不能反映生活需求的多样性和致贫原因的复杂性（王小林、冯贺霞，2020），因此一些国家和地区也开始用多维贫困测度方法。1979 年，汤森用涵盖饮食、住房等 12 个方面的指标衡量生活状况，若有 5 项指标受到剥夺则认定为相对贫困。联合国开发计划署提出的人类发展指数（HDI）从预期寿命、教育水平和生活质量三方面衡量各国经济及社会发展水平，人类贫困指数（HPI）从健康、营养、识字率、失业率四方面计算相对贫困指数。2007年，阿尔基尔和福斯特（Alkire & Foster，2017）提出了能从多维角度对贫困进行识别的A－F模型，该模型因其能根据贫困维度对贫困人口进行城乡、区域的分解，进而受到了国内外学者的大量应用。

三是边境地区贫困治理研究。回顾中国的贫困治理实践，边境地区一直是贫困治理的"短板"。边境地区较其他地区更易陷入多维贫困的原因，学者们已做过一些探讨：王飞（2018）认为所有理论上致贫的原因都可在边境地区找到，多重致贫原因相互叠加致使边疆地区收入增长慢、贫困面大。黄国勇和张敏等（2014）发现社会发展落后与地理条件恶劣是产生区域贫困的主要原因之一，吴本健等（2020）认为民族构成复杂、地缘政治影响是造成社会发展较为落后的原因。边境地区关系着中国多民族的共同富裕和边疆稳定，因而重视边境地区贫困十分关键。丁赛等（2016）学者发现西部地区相对贫困发生率高于其他地区，李波和苏晨晨（2021）运用GIS分析和地理探测器研究相对贫困的空间分布发现西藏相对贫困度差异较大，魏后凯等（2020）发现扶持特殊类型地区发展如"兴边富民"行动能有效缓解边境少数民族地区的贫困问题。

（五）绿色发展与乡村振兴研究现状

乡村振兴与绿色发展是"十四五"规划和2035年远景目标纲要的重要部署，绿色发展是乡村发展模式和生活方式的一次革命，是对"绿水青山就是金山银山"的理论巩固和践行。以绿色发展为导向，将环保意识作为出发点和目标贯穿于乡村振兴的方方面面，才能实现人与自然和谐共生。既有文献对乡村振兴与绿色发展的研究方向大致可以分为三大类。

　　一是阐述乡村振兴视阈下绿色发展的价值意蕴。党的十八大以来，以习近平同志为核心的党中央，总结国内外经济社会发展与生态文明建设的经验得失，从理论高度提出了绿色发展理念（朱东波，2020）。乡村振兴视阈下绿色发展的价值意蕴受到了国内诸多学者的关注，并形成了很多有价值的观点。例如：绿色发展是乡村振兴的必由之路（马勇等，2019），是满足人民美好生活的需要（周宏春，2018），是促进城乡和谐协调发展重要保障（段艳丰，2020），是应对乡村生态环境挑战、建设生态文明的必然要求（王季潇和吴宏洛，2019）。

　　二是阐述绿色发展助力乡村振兴的逻辑机理。绿色发展助力乡村振兴的逻辑机理主要从促进因素与制约因素两方面进行阐述：一方面，绿色元素贯穿"农业强、农村美、农民富"的全过程（杨世伟，2020），农业可持续发展、农村产业融合、农村生态环境治理和农村基础设施建设对乡村振兴具有显著正向影响（程莉、文传浩，2018）；另一方面，化肥、农药等使用造成的农业环境污染（周莉，2019），资源约束、资源环境管理体制不健全等绿色发展不利因素，则会制约农业转型升级，影响乡村振兴战略推进（张宇、朱立志，2019）。

　　三是阐述乡村振兴过程中绿色发展的实现路径。绿色发展如何助推乡村振兴的相关文献主要从四点着手，首先要守住生态"底线"（张琦、冯丹萌，2019），其次要促进教育发展（王淑新等，2020），为美丽乡村建设提供人才支撑（张月昕，2018），再次要大力发展绿色农业，发展农村生态旅游（许国斌，2019），最后要鼓励农户绿色行为，培植乡村振兴的内生动力（高昕，2019）。

第二节　研究现状简评

经过对国内外已有文献的梳理可见：（1）在产业结构变迁对经济增长的影响方面，尽管产业结构影响经济增长已有专门且成熟的相关理论作为支撑，但理论的应用方面却缺乏系统的研究成果。实证研究方面因研究对象、研究数据和研究方法的不同而呈现不同的结果：产业结构变迁对经济增长会产生促进、抑制或呈现倒 U 型的动态作用。（2）在基础设施改善对经济增长的影响方面，已有研究对不同类型基础设施促进经济增长的路径方面形成了诸多有价值的研究成果，但缺乏对不同类型基础设施促进经济增长的机制方面，还需进一步分析。（3）在新型城镇化对经济发展的影响方面，国内外学者对新型城镇化的度量方法不断创新，城镇化已包含人口、土地、产业等多种方面，城镇化内涵不断丰富；同时城镇化促进经济增长的机制和路径研究已较为完善。但中国南部陆地边境地区新型城镇化促进经济增长的研究较少。（4）在经济发展中的贫困治理方面，部分学者对中国部分边境重点贫困地区的致贫原因及贫困治理进行了深入研究并形成了许多有价值的政策建议，但针对部分贫困县或贫困村的片区研究会过于片面，不利于整体性、全局性相对贫困标准的确定与减贫的动态监测等政策的制定与执行。（5）乡村振兴与绿色发展方面，现有研究对绿色发展促进乡村振兴的机制与乡村振兴中实现绿色发展的路径研究较为丰富，但缺乏区域间的异质性分析及比较研究。

已有研究中以中国南部陆地边境地区为研究对象或以中国南部陆地边境地区区域划分进行异质性分析的研究较少，其中的原因可能有：（1）自然条件相对恶劣：中国南部陆地边境地区多高原、山地等地形地貌，生存条件较平原地区更为恶劣。（2）研究难度较大：中国南部陆地边境地区由于自然、历史文化等要素影响，调研难度大，数据缺失较多，开展实证研究难度较大。（3）经济规模较小：中国南部陆地边境地区县域经济规模相对较小，尚没有引起专家和学者的普遍关注。（4）民族构成复杂：中国南部陆地边境地区属于多民族聚集地，历史文化传统、风俗习惯各不相同，区域划分进行异质性分析难度较大。（5）地缘政治复杂：中国南部陆地边境地区毗邻越南、老挝、缅甸、印度等多个国家，地缘政治复杂，具有较多的不确定性。基于以上多种原因，本书在进行中国南部陆地边境地区经济高质量发展研究时，以社会经济发展现状（包含经济增长、产业结构变迁、基础设施改善、新型城镇化、贫困治理、绿色发展和乡村振兴等）为依托，并相应考察产业结构变迁、基础设施改善、新型城镇化、贫困治理、绿色发展和乡村振兴对经济增长的影响，进而对中国南部陆地边境地区经济高质量发展的机制及路径进行探索。

第三节 中国南部陆地边境地区经济发展高质量的理论机制

前文已述及，经济发展内涵丰富，是以经济增长为核心的，包含经济社会发展的方方面面变迁和进步。当前中国南部陆地边境地区经济发展高质量发展面临着人民日益增长的美好生活需要和不平衡不充分的发展之间的矛盾，产业发展质量不够高、基础设施水平较低、城乡发展差距大、绿色发展效率低等问题突出，这些因素既是经济发展的构成部分，又会对经济高质量发展构成重要影响。

基于此，本书从经济发展内涵和中国南部陆地边境地区经济发展现状出发，提出促进中国南部陆地边境地区经济发展高质量关键在于推动中国南部陆地边境地区产业结构变迁、基础设施改善、新型城镇化发展、贫困状况缓解、绿色发展与乡村振兴。经济发展高质量的理论机制具体体现在：第一，产业结构变迁会促进生产要素从低生产率部门流向高生产率部门，资源的重新优化配置会加速新兴产业兴起，进而推动经济增长"结构性加速"（钱纳里，1988），产业结构变迁能够反映并直接促进中国南部陆地边境地区经济发展高质量。第二，完善基础设施是保障社会民生与经济发展的重要前提，当前中国南部陆地边境地区基础设施建设水平尚存在较大差距，协调基础设施建设水平对促进中国南部陆地边境地区经济高质量发展具有重要意义，基础设施改善能够促进经济快速增长和改善民生进而提升区域经济发展高质量。第三，新型城镇化能够通过在需求侧扩大消费需求、社会投资规模，在供给侧转移劳动力、土地流转等为经济高质量发展提供了配置更为优化的生产要素，同时还能释放制度改革的红利（王国刚，2010），为中国南部陆地边境地区经济高质量发展提供源源不断的内生动力。第四，贫困治理与乡村振兴是经济高质量发展的重要任务，当前，中国南部陆地边境地区农业农村发展取得了重大进展，但城乡发展差距仍然较大。巩固脱贫攻坚成果，推进乡村振兴对实现中国南部陆地边境地区经济高质量发展具有重要意义。第五，绿色发展是经济高质量发展的关键任务之一，党的十八大以来，以习近平同志为核心的党中央高度重视绿色发展，把生态文明建设摆到党和国家事业全局突出位置，中国南部陆地边境地区经济高质量发展要以绿色发展为导向，厚植生态底色。

第三章

中国南部陆地边境地区的
县域经济增长

中国南部陆地边境地区的县域包含广西、云南和西藏陆地边境的 51 个县域。其中，广西壮族自治区与越南接壤，边境线长达 637 公里，有 8 个边境地区县（市），面积近 1.8 万平方公里，丘陵山地面积高达 80% 以上，聚居着壮族、京族、彝族等少数民族。云南省与缅甸、老挝和越南三国接壤，有 25 个边境地区县（市），边境线长达 4060 公里，聚居着彝族、白族、哈尼族、傣族、苗族、景颇族、怒族等少数民族。西藏与缅甸、印度、不丹等国家和地区接壤，边境线长达 4000 多公里，有 18 个边境地区县（市），聚居着藏族、门巴族、珞巴族、回族、僜人、夏尔巴人、纳西族、怒族、独龙族、白族等少数民族①。

中国南部陆地边境地区地处高原山地，有青藏高原、云贵高原和广西丘陵、盆地，山区、高原和喀斯特等地形地貌分布广泛，地质条件相对较差，严重制约边境地区的经济发展。从气候条件来

---

① 资料来源：《中国民族统计年鉴 2020》。

看，中国南部陆地边境地区主要为热带、亚热气候，光照降水条件较好，生物多样性丰富，有利于当地农业发展。尽管气候条件适宜农业生产，但不利的地形地貌造就该地区大部分地区宜林宜牧不宜农，为中国南部陆地边境地区农业发展带来诸多限制。必须重点注意的是，中国南部陆地边境地区相对恶劣的地理条件制约着交通等基础设施的改善，边境通道建设投入大、成本高、建设周期长、技术难度大，再加上边境地区财政收入较少，交通建设投入低等因素，严重制约边境地区对外贸易的发展。与东部等其他地区相比，中国南部陆地边境地区铁路公路等交通基础设施覆盖程度低，产品运输成本高，也不利于边境贸易的开展。尽管"兴边富民"政策实施，国家加大对边境地区交通建设的投入，但仍难以满足边境地区经济发展的需求。

近年来，随着中国与东盟国家经济交往的不断增加，中国南部陆地边境地区县域经济也获得较大发展，成绩令人瞩目。2000年，中国南部陆地边境地区县域GDP总量为263.34亿元，2016年增长至2479.55亿元，2019年增长至2697.07亿元，19年间增长了10.24倍，年均增长率达到了13.03%，比全国GDP年均增长率的9.0%高了4.03%，占全国GDP比重也由2000年的0.26%提升至2019年的0.27%，这符合中国经济持续稳定增长，高质量发展稳步推进的方针和国情[①]。同时必须注意的是，尽管南部陆地边境地区县域经济发展取得瞩目成就，但与全国县域平均水平特别是内陆的一些县域相比，仍存在明显的发展水平差距。由于地理等自然条件

---

① 资料来源：原始数据来源于《中国统计年鉴（2001～2020）》《中国县域统计年鉴（2001～2020）》。

差异和发展基础、政治关系等条件差异的影响，中国南部陆地边境地区县域的内部不同区域的经济增长也存在较大差异。为更进一步了解南部陆地边境地区县域经济增长现状，本研究将进行经济增长各项指标的统计分析，以求全面了解中国南部陆地边境地区的经济增长情况，并相应探究南部陆地边境地区内部各县域经济增长的特点及存在的差异。

第一节　广西陆地边境地区的县域经济增长

一、区域总体情况

2000 年以来广西陆地边境地区各县域 GDP 各时期总量、增长率及广西陆地边境地区县域 GDP 总量占广西及全国 GDP 总量比重的变化情况见表 3 - 1 ~ 表 3 - 3。

表 3 - 1　　　　2000 年以来各主要年份广西陆地边境地区
县域及全国 GDP 总量　　　　　　单位：亿元

分类	2000 年	2005 年	2010 年	2015 年	2019 年
广西陆地边境地区县域 GDP 总量	88.35	133.45	380.32	720.00	724.88
广西 GDP 总量	2279.34	3742.14	8552.44	14797.8	21237.14
全国 GDP 总量	100280.12	187318.91	413030.32	689052.10	986515.21

资料来源：原始数据来源于《广西统计年鉴（2001~2020）》《中国统计年鉴（2001~2020）》。

表 3 - 2 　　　　　**2000 ~ 2019 年广西陆地边境地区县域 GDP**

各时期增长率及比较　　　　　单位：%

分类	2000 ~ 2005 年	2006 ~ 2010 年	2011 ~ 2015 年	2016 ~ 2019 年	2000 ~ 2019 年
广西陆地边境地区县域 GDP 总量	8.59	20.72	10.52	0.23	11.71
广西 GDP 总量	10.42	16.98	8.73	12.80	12.46
全国 GDP 总量	13.31	15.21	8.29	12.71	12.79

资料来源：原始数据来源于《广西统计年鉴（2001 ~ 2020）》《中国统计年鉴（2001 ~ 2020）》。

表 3 - 3 　　　　　**2000 年以来各主要年份广西陆地边境地区县域**

GDP 总量占广西及全国 GDP 总量比重　　　　　单位：%

分类	2000 年	2005 年	2010 年	2015 年	2019 年
占广西 GDP 总量比例	3.87	3.57	4.451	4.87	3.41
占全国 GDP 总量比例	0.09	0.07	0.09	0.10	0.07

资料来源：原始数据来源于《广西统计年鉴（2001 ~ 2020）》《中国统计年鉴（2001 ~ 2020）》。

总体来看，2000 年以来，广西陆地边境地区县域经济与广西 GDP 和全国 GDP 均呈现出快速稳步增长的态势。2000 ~ 2019 年间，广西陆地边境地区县域经济增长速度平稳，其 GDP 总量年均增长率达到 11.71%，略低于全国平均水平 12.79%。

分 2000 ~ 2005 年、2006 ~ 2010 年和 2011 ~ 2019 年三个阶段考察可见，广西陆地边境地区县域 GDP 增长率呈现出"2000 ~ 2005 年缓慢增长阶段、2006 ~ 2010 年快速增长阶段、2011 ~ 2019 年增长减速阶段"的倒 U 型变化趋势，而广西与全国 GDP 增长率均呈现出"2000～2005 年中高速增长阶段、2006～2010 年快速增长阶段、2011～2019 年增长减速阶段"的倒 U 型变化趋势。从发展变化趋势来看，广西陆地边境地区县域经济增长滞后于广西与全国平均水平，起步较晚。

2000～2005 年，广西陆地边境地区县域 GDP 总量年均增长率仅为 8.59%，分别低于广西及全国平均水平 10.42% 和 13.31%；2006～2010 年，广西陆地边境地区县域经济进入快速增长阶段，GDP 总量年均增长率达到 20.72%，增长幅度远远高于广西及全国平均水平，是边境地区增长最快的阶段；2011～2019 年，广西陆地边境地区县域由快速增长阶段进入减速增长阶段，2011～2015 年的广西陆地边境地区县域 GDP 总量年均增长率为 10.52%，略高于广西及全国 GDP 年均增长率，但低于前一区间年度的增长率，2016～2019 年，广西陆地边境地区县域 GDP 总量年均增长率仅为 0.23%，远远低于广西及全国 GDP 年均增长率 12.8% 和 12.21%。

广西陆地边境地区县域 GDP 总量占广西及全国 GDP 比重的变化趋势见表 3－3，呈现出波动中下降不断上升再下降的变化趋势。广西陆地边境地区县域 GDP 总量占广西 GDP 总量比例由 2000 年的 3.87% 降低到至 2019 年的 3.41%，广西陆地边境地区县域 GDP 总量占全国 GDP 总量比例也由 2000 年的 0.09% 降低至 2019 年的 0.07%。

分阶段考察广西陆地边境地区县域 GDP 总量占广西 GDP、全国 GDP 总量比例的总体变化趋势可见，经历了差距逐步拉大、缩小又拉大的变化过程，具体可分为三个阶段：第一阶段（2000～2005 年），广西陆地边境地区县域 GDP 总量占广西 GDP、全国 GDP 总量比例不断下降的阶段。这一阶段,广西陆地边境地区县域 GDP 总量年均增长率比广西 GDP 年均增长率低 1.83%,广西陆地边境地区县域 GDP 总量占广西 GDP 总量比例也由 2000 年的 3.87% 下降至 2005 年的 3.57%;广西陆地边境地区县域 GDP 总量年均增长率比全国 GDP 年均增长率低 4.72%,广西陆地边境地区县域 GDP 总量占全国 GDP 总量比例也由 2000 年的 0.09% 下降至 2005 年的 0.07%。第二阶段(2006~2015 年),广西陆地边境地区县域 GDP 总量占广西 GDP、全国 GDP 总量比例不断上升的阶段。广西陆地边境地区县域 GDP 总量占广西 GDP 总量比例由 2005 年的 3.57% 提升至 2015 年的 4.87%;广西陆地边境地区县域 GDP 总量占全国 GDP 总量比例由 2005 年的 0.07% 提升至 2015 年的 0.10%。第三阶段(2016~2019 年),广西陆地边境地区县域 GDP 总量占广西 GDP、全国 GDP 总量比例再次下降的阶段。广西陆地边境地区县域 GDP 总量占广西 GDP 总量比例由 2015 年的 4.87% 降低至 2019 年的 3.41%,广西陆地边境地区县域 GDP 总量占全国 GDP 总量比例由 2015 年的 0.10% 降低至 2019 年的 0.07%。

这种变化趋势是内外因素共同作用的结果,从外部环境看,1997 年东南亚金融危机对广西陆地边境地区县域经济增长的影响更大;从内部环境看,中国经济形势稳中有变,变中有忧。全国经济结构转型,"兴边富民""一带一路"倡议、"乡村振兴"和"新型城镇化"等政策的大力实施,使得广西陆地边境地区县域经济发展迎来良好发展契机和发展势头。与此同时,广西正处于传统增长动能衰减和转向高质量发展的"双碰头"阶段,进入 2019 年以来,全区经济下行压力依然不减。

二、广西陆地边境地区各县域情况

2000～2019 年，广西陆地边境地区各县的经济均实现了快速增长，其中增长幅度最大的是那坡县，增长了 13.42 倍，增长幅度最小的是宁明县，增长了 6.19 倍。2000 年以来，广西陆地边境地区各县域经济均实现快速增长的同时，也出现了明显的分化与差异。2000 年，广西 8 个边境地区县域 GDP 总量均值为 107163 万元，有宁明县、防城区、东兴市、靖西市 4 个县（市）的经济总量超过均值，经济总量规模最大的是防城区，名义 GDP 达到了 170789 万元，是经济总量规模最小的那坡县名义 GDP 29383 万的 5.8 倍。至 2019 年，广西 8 个边境地区县域 GDP 总量均值为 906101 万元，有宁明县、防城区、靖西市、大新县 4 个县（市）的经济总量超过均值，经济总量规模最大的是防城区，名义 GDP 达到了 1285200 万元，是经济总量规模最小那坡县名义 GDP 394214 万元的 3.26 倍，相比 2000 年差距略有缩小（见表 3 - 4）。

表 3 - 4　　2000 年以来各主要年份广西陆地边境地区各县域

GDP 总量及增长情况　　　单位：万元

地区	2000 年	2005 年	2010 年	2015 年	2019 年	2000～2019 年增长倍数
防城区	144630	255977	696295	1271298	1285200	8.89
东兴市	120689	136041	451753	854352	807264	6.69
靖西市	121992	180755	716699	1274485	1224229	10.04
那坡县	29383	49970	112555	226868	394214	13.42

地区	2000 年	2005 年	2010 年	2015 年	2019 年	2000～2019 年增长倍数
宁明县	147713	192219	550845	1083364	914834	6.19
龙州县	103809	182717	458508	926037	870540	8.39
大新县	95234	223339	565239	994395	986743	10.36
凭祥市	93855	113446	251320	569269	637269	6.78

资料来源：原始数据来源于《中国统计年鉴（2001～2020）》《广西统计年鉴（2001～2020）》。

表 3-5 分阶段考察了广西陆地边境地区各县域各阶段 GDP 年均增长率，总体上来看，广西陆地边境地区各县域经济增长速度均呈现出"2000～2005 年缓慢增长、2006～2010 年快速增长、2011～2019 年减速增长"的倒 U 型变化趋势。

表 3-5　　　　2000～2019 年广西陆地边境地区各县域各阶段

GDP 年均增长率　　　　单位：%

地区	2000～2005 年	2006～2010 年	2011～2015 年	2016～2019 年	2000～2019 年
防城区	6.71	19.24	10.51	0.36	18.29
东兴市	0.53	24.34	11.27	-1.87	15.74
靖西市	6.76	33.03	10.59	-1.33	19.41
那坡县	11.25	18.41	12.84	20.22	22.11
宁明县	2.66	18.82	9.67	-5.48	15.06
龙州县	9.61	16.41	12.03	-2.038	17.77
大新县	15.98	17.48	6.92	-0.25	19.70
凭祥市	-1.84	13.42	14.67	3.83	15.87

资料来源：原始数据来源于《广西统计年鉴（2000～2020）》。

2000～2005 年，广西陆地边境地区各县域 GDP 增长情况差异较大，除大新县经济增速高于广西及全国平均水平以外，其他各县市的经济增长速度均低于广西及全国平均水平，而出口导向型的东兴市、凭祥市的 GDP 年均增长速度较低，凭祥市出现了负增长，这说明在 1997 年东南亚金融危机后，全国工业化进程加快使得全国平均水平的经济增长速度明显提速，但金融危机对广西部分边境地区县域的影响尚未完全消除，再加上广西陆地边境地区县域的工业化进程缓慢使得广西陆地边境地区县域经济增长速度明显偏慢。

2006～2010 年，在工业化、城镇化进程加快和出口需求强劲等因素影响下，全国经济实现快速增长，年均增长率达到了 15.21%，广西经济增长速度也提升至 16.98%，而在"兴边富民"等国家及地方政策的强力推动下，广西陆地边境地区各县域经济总量也呈现出快速增长状态，其中靖西市增长速度最快，年均增速达到 33.03%，边境地区 8 县（市）中，仅有凭祥市的增长速度低于全国平均水平，仅有凭祥市和那坡县增长速度略低于广西平均水平。

2011～2019 年，由于受经济发展转型、外部环境恶化等原因的影响，全国及广西的经济发展由高速增长阶段进入减速高质量增长阶段，广西陆地边境地区各县域经济增长速度也同样出现了减速甚至负增长，在经济太热时，降低速度是好事，有利于长期的稳定发展。总体来看，2000～2019 年间，广西陆地边境地区各县域的年均增长率仍维持着较高水平，所有县市增长速度均高于全国平均水平。

第二节　云南陆地边境地区的县域经济增长

一、区域总体情况

2000 年以来，云南陆地边境地区县域经济与云南、全国 GDP 平均水平年均增长率均呈现出快速增长态势（见表 3 - 6）。总体来看，2000 ~ 2019 年，云南陆地边境地区县域 GDP 总量增长速度高于云南及全国平均水平，年均增长率达到 15.30%，高于全国平均水平 2.51%，高于云南平均水平 1.56%。

表 3 - 6　　　　2000 ~ 2019 年云南陆地边境地区县域 GDP

各时期增长率及比较　　　　单位：%

分类	2000 ~ 2005 年	2006 ~ 2010 年	2011 ~ 2015 年	2016 ~ 2019 年	2000 ~ 2019 年
云南陆地边境地区县域 GDP 总量	12.14	15.57	12.35	19.99	15.30
云南 GDP 总量	11.18	14.45	9.88	19.47	13.74
全国 GDP 总量	13.31	15.21	8.29	12.71	12.79

资料来源：原始数据来源于《云南统计年鉴（2001 ~ 2020）》《中国统计年鉴（2001 ~ 2020）》。

分 2000 ~ 2005 年、2006 ~ 2010 年、2011 ~ 2015 年、2016 ~ 2019 年几个阶段考察可见，云南陆地边境地区县域 GDP 与云南、全国 GDP 年均增长率均呈现出"2000 ~ 2005 年缓慢增长阶段、

2006~2010 年快速增长阶段、2011~2015 年减速增长阶段、2016~2019 年快速增长阶段"的变化趋势。2000~2005 年，云南陆地边境地区县域 GDP 总量年均增长率达到 12.14%，高于云南省平均水平 0.96%，但略低于全国平均水平；2006~2010 年，云南陆地边境地区县域 GDP 总量年均增长率上升至 15.57%，分别高于云南及全国 GDP 年均增长率 1.12% 和 0.36%；经历了 2006~2010 年快速增长后，2011~2016 年，云南陆地边境地区县域 GDP 与云南、全国 GDP 增长率均呈现增长速度下降的趋势；而 2016~2019 年，云南陆地边境地区县域 GDP 与云南、全国 GDP 增长速度再次进入高速阶段，这一阶段，云南陆地边境地区县域 GDP 总量年均增长率为 19.99%，相比上一阶段增长了 7.64%。

如表 3-7 所示，从云南陆地边境地区县域 GDP 总量占云南 GDP 比重的变化趋势来看，云南陆地边境地区县域 GDP 总量占云南 GDP 总量比例处于波动中不断上升的变化趋势，由 2000 年的 8.26% 不断提升，2019 年上升至 10.7%。从云南陆地边境地区县域 GDP 总量占全国 GDP 比重变化趋势来看，云南陆地边境地区县域 GDP 总量占全国 GDP 总量的比重经历了差距逐步拉大又缩小的变化过程，具体可分为两个阶段：第一阶段（2000~2008 年），云南陆地边境地区县域 GDP 总量占全国 GDP 总量比重处在波动中不断下降的变化趋势，这一阶段，云南陆地边境地区县域 GDP 总量占全国 GDP 总量比例由 2000 年的 0.17% 下降至 2008 年的 0.16%；第二阶段（2009~2019 年），云南陆地边境地区县域 GDP 总量占全国 GDP 总量比例不断上升的阶段。云南陆地边境地区县域 GDP 总量占全国 GDP 总量比例由 2009 年的 0.17% 提升至 2019 年的 0.25%。

表 3 – 7　　　**2000 年以来各主要年份云南陆地边境地区县域**

GDP 总量占云南及全国 GDP 总量比重　　单位：%

分类	2000 年	2005 年	2010 年	2015 年	2019 年
占云南 GDP 总量比例	8.26	8.83	9.48	10.56	10.70
占全国 GDP 总量比例	0.17	0.16	0.17	0.21	0.25

资料来源：原始数据来源于《云南统计年鉴（2001～2020）》《中国统计年鉴（2001～2020）》。

二、云南陆地边境地区各县域情况

表 3 – 8 是 2000 年来主要年份云南陆地边境地区各县域 GDP 总量及增长情况。

表 3 – 8　　　**2000 年以来各主要年份云南陆地边境地区**

各县域 GDP 总量及增长情况　　单位：亿元

地区	2000 年	2005 年	2010 年	2015 年	2019 年	2000～2019 年增长倍数
腾冲市	17.18	30.33	70.40	145.90	252.73	14.71
龙陵县	7.16	11.97	27.50	61.96	108.46	15.15
江城县	2.50	5.87	12.70	24.43	45.28	18.11
孟连县	2.22	5.31	10.62	23.54	45.87	20.66
澜沧县	5.67	12.92	26.90	56.54	109.97	19.40
西盟县	0.96	2.33	4.56	10.84	23.34	24.31
镇康县	3.47	7.19	16.58	35.14	52.25	15.06
耿马县	8.59	13.97	32.66	73.77	111.16	12.94
沧源县	3.78	6.46	13.33	34.05	47.71	12.62
金平县	3.83	8.06	19.89	42.24	79.8	20.84

续表

地区	2000 年	2005 年	2010 年	2015 年	2019 年	2000~2019 年增长倍数
绿春县	1.96	4.30	11.10	26.31	48.03	24.51
河口县	3.88	7.27	18.53	37.12	98.03	25.27
麻栗坡县	6.00	11.56	25.47	49.92	77.19	12.87
马关县	6.66	15.29	36.10	71.30	112.25	16.85
富宁县	7.49	17.05	33.71	72.78	116.25	15.52
景洪市	24.80	43.12	88.12	176.82	294.83	11.89
勐海县	8.82	15.08	38.88	86.58	147.39	16.71
勐腊县	11.13	19.51	39.21	72.51	125.88	11.31
瑞丽市	8.01	13.17	28.74	77.14	149.08	18.61
盈江县	7.98	13.25	40.32	75.33	110.35	13.83
陇川县	5.13	8.19	17.33	36.79	62.79	12.24
泸水市	3.87	9.03	18.71	41.87	70.85	18.31
福贡县	1.40	2.88	5.40	11.53	21.87	15.62
贡山县	0.95	1.62	3.92	9.68	17.24	18.15
芒市	12.72	19.86	44.30	84.27	156.19	12.28

资料来源：原始数据来源于《云南统计年鉴（2001~2020）》。

2000~2019 年，云南陆地边境地区各县域的经济均实现了快速增长，其中增长幅度最大的是河口县，增长了 25.27 倍，增长幅度最小的是勐腊县，增长了 11.31 倍。

2000 年以来，云南陆地边境地区各县域经济均实现快速增长的同时，也出现了明显的分化与差异。2000 年，云南陆地边境地区县域 GDP 总量的均值为 6.65 亿元，25 个边境地区县域中，经济总量规模差异较大，有 11 个县（市）GDP 总量超过平均值，有 14 个县（市）GDP 总量低于平均值，经济总量规模最大的是景洪市，名义

GDP 达到了 24.80 亿元，经济总量规模最小的是贡山县，名义 GDP 为 0.95 亿元，两者相差 26.1 倍。截至 2019 年，云南陆地边境地区县域 GDP 总量均值为 99.39 亿元，25 个边境地区县域中，有 12 个县（市）GDP 总量超过平均值，有 13 个县（市）GDP 总量低于平均值，经济总量规模最大的是景洪市，名义 GDP 达到了 294.83 亿元，经济总量规模最小的是贡山县，名义 GDP 为 17.24 亿元，两者相差 17.1 倍，相比 2000 年差距略有缩小。

如表 3 - 9 所示，2000～2019 年，云南陆地边境地区各县域的经济均实现了快速增长，增长幅度最大的河口县年均增长率达到 18.53%。

表 3 - 9　　　　2000～2019 年云南陆地边境地区各县域各阶段

GDP 年均增长率　　　　　　　　　　　　　单位：%

地区	2000～2005 年	2006～2010 年	2011～2015 年	2016～2019 年	2000～2019 年
腾冲市	11.01	17.15	11.71	20.09	15.201
龙陵县	9.83	16.71	12.67	20.52	15.38
江城县	17.01	15.12	9.75	22.84	16.47
孟连县	17.80	12.87	13.46	24.90	17.28
澜沧县	17.11	14.09	12.17	24.83	16.89
西盟县	19.84	13.54	17.03	29.13	18.29
镇康县	14.43	16.14	10.20	14.14	15.34
耿马县	9.85	16.77	11.50	14.65	14.43
沧源县	11.17	13.84	14.90	11.90	14.28
金平县	13.20	15.63	14.03	23.62	17.33
绿春县	15.81	18.76	14.09	22.22	18.34
河口县	12.48	19.12	12.20	38.22	18.53
麻栗坡县	13.13	15.57	10.80	15.64	14.39
马关县	16.66	13.91	11.91	16.33	16.03

地区	2000~2005年	2006~2010年	2011~2015年	2016~2019年	2000~2019年
富宁县	15.95	12.72	12.69	16.89	15.53
景洪市	11.86	15.15	11.86	18.58	13.92
勐海县	10.35	16.72	12.97	19.40	15.98
勐腊县	11.45	11.68	10.24	20.19	13.62
瑞丽市	10.17	15.75	20.24	24.56	16.64
盈江县	9.63	22.40	9.22	13.57	14.83
陇川县	8.47	11.11	11.16	19.51	14.09
泸水市	15.85	14.82	15.34	19.16	16.53
福贡县	12.35	12.21	15.94	23.79	15.57
贡山县	10.31	16.52	18.65	21.21	16.48
芒市	8.89	16.10	10.83	22.84	14.11

资料来源：原始数据来源于《云南统计年鉴（2001~2020）》。

分阶段考察年均增长率变化趋势可见，云南陆地边境地区各县域经济增长速度变化趋势大部分县市经济增长速度的变化趋势与云南及全国的经济增长速度的变化趋势基本相同，呈现出先缓慢增长、随后快速增长、减速增长、再次加速增加的变化趋势。

第三节　西藏陆地边境地区的县域经济增长

一、区域总体情况

2000年以来，西藏陆地边境地区县域、西藏与全国GDP增长率均呈现出快速增长态势（见表3-10）。总体来看，2000~2019

年间，西藏陆地边境地区县域 GDP 总量年均增长率达到 14.39%，
高于全国平均水平的 12.79%，但低于西藏平均水平的 15.08%。分
阶段考察可见，西藏陆地边境地区县域 GDP 和西藏 GDP 年均增长
率均呈现出"2000～2005 年快速增长、2006～2015 年增速放缓、
2016～2019 年"快速增长的变化趋势。2000～2005 年，西藏陆地
边境地区县域 GDP 总量年均增长率低于西藏年均增长率为 0.26%，
但高于同期全国年均增长率 2.22%；2006～2010 年，西藏陆地边
境地区县域 GDP 总量年均增长率分别低于西藏及全国平均水平
0.11% 和 1.61%；2011～2015 年，西藏陆地边境地区县域 GDP 总
量年均增长率高于全国 2.85%，但低于同期西藏年均增长率
1.65%。2016～2019 年间，西藏陆地边境地区县域 GDP 总量年均
增长率高于全国 3.12%，但低于同期西藏年均增长率 2.44%。

表 3-10　　　　2000～2019 年西藏陆地边境地区县域 GDP

各时期增长率及比较　　　　　单位：%

分类	2000～2005 年	2006～2010 年	2011～2015 年	2016～2019 年	2000～2019 年
西藏陆地边境地区县域 GDP 总量	14.74	13.60	11.14	15.83	14.39
西藏 GDP 总量	15.00	13.71	12.79	18.27	15.08
全国 GDP 总量	12.52	15.21	8.29	12.71	12.79

资料来源：原始数据来源于国家统计局网站、《中国县域统计年鉴（2001～2020）》。

从 GDP 总量占比的变化趋势来看，西藏陆地边境地区县域 GDP
总量占西藏 GDP 总量比例由 2000 年的 7.50% 波动降低至 2019 年的
6.69%，西藏陆地边境地区县域 GDP 总量占全国 GDP 总量比例由
2000 年的 0.0088% 提升至 2019 年的 0.0115%（见表 3-11）。

表 3 - 11　　　2000 年以来各主要年份西藏陆地边境地区县域

GDP 总量占西藏及全国 GDP 总量比例　　　　单位：%

分类	2000 年	2005 年	2010 年	2015 年	2019 年
占西藏 GDP 总量比例	7.50	7.86	7.77	7.12	6.69
占全国 GDP 总量比例	0.01	0.01	0.01	0.01	0.01

资料来源：原始数据来源于《西藏统计年鉴（2001～2020）》《中国统计年鉴（2001～2020）》。

分阶段考察西藏陆地边境地区县域 GDP 总量占西藏 GDP、全国 GDP 总量比例的总体变化趋势，具体可分三个阶段。

第一阶段（2000～2005 年），西藏陆地边境地区县域 GDP 总量占西藏 GDP、全国 GDP 总量比例波动中上升阶段。这一阶段，西藏陆地边境地区县域 GDP 总量年均增长率比西藏 GDP 年均增长低 0.26%，西藏陆地边境地区县域 GDP 总量占西藏 GDP 总量比例也由 2001 年的 8.64% 下降至 2005 年的 7.86%；西藏陆地边境地区县域 GDP 总量年均增长率比全国 GDP 年均增长率高 2.22%，西藏陆地边境地区县域 GDP 总量占全国 GDP 总量比例也由 2000 年的 0.0088% 上升至 2005 年的 0.0104%。

第二阶段（2006～2015 年），西藏陆地边境地区县域 GDP 总量占西藏 GDP、全国 GDP 总量持续下降阶段。这一阶段西藏陆地边境地区县域 GDP 总量占西藏 GDP 总量比例持续下降，占全国 GDP 总量比例在 0.01% 左右波动，西藏陆地边境地区县域 GDP 占西藏 GDP 及全国比例波动中下降。

第三阶段（2016～2019 年），西藏陆地边境地区县域 GDP 总量占西藏 GDP 总量和占全国 GDP 总量比例都波动中下降。这一阶段，西藏陆地边境地区县域 GDP 总量占西藏 GDP 总量比例也由 2015 年的 7.12% 下降至 2019 年的 6.69%。

二、西藏陆地边境地区各县域情况

2000 年以来西藏陆地边境地区各县域 GDP 总量变化及增长情况见表 3 - 12。2000 ~ 2019 年，西藏陆地边境地区各县域的经济均实现了快速增长，同时，西藏陆地边境地区的 18 个县域中，县域 GDP 总量增长幅度差异较大，县域 GDP 总量增长幅度最大的是错那县，增长了 23.91 倍，县域 GDP 总量增长幅度最小的是日土县，增长了 8.74 倍。

表 3 - 12　　2000 年以来各主要年份西藏陆地边境地区各县域

GDP 总量及增长情况　　　　单位：万元

地区	2000 年	2004 年	2010 年	2015 年	2019 年	2000 ~ 2016 年增长倍数
洛扎县	4649	9373	20319	33741	68005	14.63
错那县	2986	11438	24795	38931	71390	23.91
浪卡子县	3813	11649	25252	46764	87701	23.00
定日县	9407	18498	36270	69987	112900	12.00
康马县	4492	10663	20908	38799	58400	13.00
定结县	4820	9078	17800	31581	48500	10.06
仲巴县	6037	15266	29932	54852	83600	13.85
亚东县	6813	12123	23770	52681	78400	11.51
吉隆县	4841	10543	20671	44075	81100	16.75
聂拉木县	6938	15854	31085	49749	81600	11.76
萨嘎县	3862	8777	17209	33119	52300	13.54
岗巴县	3290	6754	13243	32757	49300	14.98

续表

地区	2000 年	2004 年	2010 年	2015 年	2019 年	2000~2016 年增长倍数
普兰县	3247	8403	16155	23189	37969	11.69
札达县	3249	7217	13876	21644	36754	11.31
噶尔县	3038	6625	12738	25126	41305	13.60
日土县	4930	9608	18473	27489	43097	8.74
墨脱县	3371	7698	16867	41600	68600	20.35
察隅县	8572	15950	34949	65100	103400	12.06

注：由于西藏陆地边境地区各县域 2005~2012 年 GDP 统计数据缺失，本书采用边境地区县域所在市级地区当年 GDP×（2004 年县域 GDP/2004 年县域所在市级地区 GDP + 2013 年县域 GDP/2013 年县域所在市级地区 GDP）/2 的计算方法补齐。以下同。

资料来源：原始数据来源于《西藏统计年鉴（2001~2020）》《中国县域统计年鉴（2001~2020）》。

2000 年以来，西藏陆地边境地区各县域经济均实现快速增长的同时，各县域的增长差异逐步增大。在 2000 年，西藏陆地边境地区 18 个县域中，经济总量规模最大的是定日县，名义 GDP 达到了 9407 万元，经济总量规模最小的是噶尔县，名义 GDP 为 3038 万元，两者相差 3.10 倍。至 2019 年，西藏陆地边境地区 18 个县域中，经济总量规模最大的仍是定日县，名义 GDP 总量达到了 112900 万元，经济总量规模最小的札达县名义 GDP 为 36754 万元，两者相差 3.07 倍，相比 2000 年差距变化不大。

分阶段考察年均增长率变化趋势可见（见表 3-13），西藏陆地边境地区各县域经济增长速度变化趋势大部分县市经济增长速度的变化趋势与西藏及全国的经济增长速度的变化趋势基本相同，呈现出先增长到增长逐步放缓再快速增长的变化趋势。

表 3 - 13　　　　**2000～2019 年西藏陆地边境地区各县域各阶段**

GDP 年均增长率　　　　单位：%

地区	2000～2005 年	2006～2010 年	2011～2015 年	2016～2019 年	2000～2019 年
洛扎县	15.14	15.46	8.37	26.32	15.17
错那县	27.06	15.46	7.40	22.40	18.18
浪卡子县	19.63	15.46	11.26	23.32	17.94
定日县	13.36	13.23	12.66	17.28	13.97
康马县	15.88	13.23	9.42	14.60	14.45
定结县	13.48	13.23	10.09	15.37	12.92
仲巴县	18.54	13.23	10.60	15.08	14.83
亚东县	10.80	13.23	14.83	14.17	13.72
吉隆县	14.80	13.23	16.94	22.54	15.99
聂拉木县	15.77	13.23	8.87	17.93	13.85
萨嘎县	14.66	13.23	11.49	16.45	14.70
岗巴县	13.96	13.23	17.44	14.60	15.31
普兰县	19.73	11.75	5.21	17.86	13.82
札达县	15.72	11.75	7.08	19.30	13.62
噶尔县	4.34	11.75	12.53	18.02	14.72
日土县	12.40	11.75	5.90	16.17	12.09
墨脱县	14.97	16.42	18.00	18.14	17.18
察隅县	11.66	16.42	11.42	16.68	14.00
西藏平均水平	15.00	13.71	12.79	26.32	15.17
全国平均水平	12.52	15.21	8.29	22.40	18.18

　　注：由于西藏陆地边境地区各县域 2005～2012 年 GDP 统计数据缺失，本表中各县 2006～2010 年年均增长率为各县所在市级地区的年均增长率。

　　资料来源：原始数据来源于《西藏统计年鉴（2001～2020）》《中国县域统计年鉴（2001～2020）》。

　　2000～2005 年，西藏陆地边境地区 18 个县域的 GDP 增长情况各异，错那县年均增长率最高，达到了 27.06%，噶尔县年均增长率最低，为4.34%，两者相差6.24倍。18个边境地区县域中，除亚东县、噶尔县、察隅县和日土县经济增速低于全国平均水平以外，其他各县的经济增长速度均高于全国平均水平；与西藏平均水平相比，仅有错那县、洛扎县等8个县年均增长率超过西藏平均水平，有10个县年均增长率低于西藏平均水平。这说明在1997年东南亚金融危机后，全国工业化进程加快使得全国平均经济增长速度明显提速，受全国工业化进程大环境的影响，西藏陆地边境地区县域经济增长速度虽明显加快，但总体上仍然不及西藏平均水平增长速度。

2006~2010年，在工业化、城镇化进程加快和出口需求强劲等因素影响下，全国经济实现快速增长，年均增长率达到了15.21%，而西藏平均水平的经济增长速度则略有下降至13.71%，这一时期西藏陆地边境地区县域的经济增长差异较大，洛扎县、错那县和浪卡子县所在的山南市年均增长率达到15.46%，墨脱县和察隅县所在的林芝市年均增长率达到16.42%，年均增长率超过西藏和全国平均水平年均增长率，而定日县等9个县所在的日喀则地区和普兰县等4个县所在的阿里地区GDP年均增长率低于西藏和全国平均水平的年均增长率。

2011~2015年，由于受经济发展转型、外部环境恶化等原因的影响，全国经济发展由高速增长阶段进入中低速高质量增长阶段，西藏陆地边境地区各县域经济增长速度也同样出现了减速，但是相比之下西藏陆地边境地区县域经济减速幅度较小，此阶段仅有错那县、普兰县、札达县、日土县4个边境地区县域年均增长速度低于全国平均水平，但与西藏平均水平相比，仅有墨脱县、岗巴县、吉隆县和亚东县 4 个县的年均增长速度高于西藏平均水平。此阶段西藏陆地边境地区 18 个县域中，经济增长速度最快的是墨脱县，达到 18.00%。

2016～2019 年，西藏陆地边境地区各县域经济增长速度加快，此阶段仅有 4 个边境地区县域年均增长速度高于或等于全国平均水平；与西藏平均水平相比，仅有洛扎县的年均增长速度等于西藏平均水平，其他县的年均增长速度均低于西藏平均水平。此阶段西藏陆地边境地区 18 个县域中，经济增长速度最快的是洛扎县，为 26.32%。

第四节　中国南部陆地边境地区县域经济增长的特征

当前，中国经济已由高速增长阶段转向高质量发展阶段，正处在转变发展方式、优化经济结构、转换增长动力的攻关期。实现高质量发展，推动区域协调发展，建设现代化经济体系，实施乡村振兴战略，基础在县域，难点在县域，活力也在县域。2000 年以来，中国南部陆地边境地区经济发展取得显著成就，居民生活水平大幅改善。但由于发展起步相对较晚，从总量上来看，南部陆地边境地区县域的各项指标依然远落后于全国平均水平，总体经济水平尚处于起步阶段。

从表 3 - 14 可知中国南部陆地边境各地区 2000～2019 年 GDP 增长率情况，2000 年以来，中国南部陆地边境地区县域经济实现快速增长，云南和西藏的经济增速均超过全国平均水平，云南陆地边境地区县域 GDP 年均增长率达到 15.3%，增速超过全国平均水平 2.51%；广西县域增速相对云南、西藏较慢，广西陆地边境地区县域增速低于全国平均水平，仅为 11.71%。

表 3 – 14 　　　　　中国南部陆地边境地区 2000～2019 年
GDP 增长率及比较

分类	2000～2019 年 年均增长率（%）	2019 年 GDP （亿元）
广西陆地边境地区县域	11.71	724.88
广西平均水平	12.46	21237.14
云南陆地边境地区县域	15.30	2484.79
云南平均水平	13.74	23223.80
西藏陆地边境地区县域	14.39	113.63
西藏平均水平	15.08	1697.80
全国平均水平	12.79	986515.21

资料来源：原始数据来源于《中国县域统计年鉴（2001～2020）》。

中国南部陆地边境地区县域经济虽实现了快速增长，由于地处边境地区、地理位置特殊、自然环境脆弱、经济发展制约因素多，受到产业基础、交通设施相对薄弱、环境等问题的影响，导致边境县域经济发展缓慢，发展质量仍不够高。如 2019 年广西陆地边境地区县域地区生产总值为 724.88 亿元，其中各边境县生产总值总和仅占广西平均水平的 3.41%，总量规模偏小问题依然突出。总而言之，从中国南部陆地边境地区县域的经济增长情况来看，经济增速明显，但规模总量偏小，经济增长质量有待提高。

第四章

中国南部陆地边境地区的产业结构变迁与经济增长

第一节 引 言

关于中国南部陆地边境地区经济增长的历史与现状说明，边境地区的经济增长的历史与现状具备特殊性，发展动力机制也有所不同。

通过对产业结构变迁与经济增长的关系和实现路径的相关文献梳理，可以发现：由于研究的样本和数据多使用多国数据与某一国家数据，对于城市级数据或更小的县域数据涉及不足，而对于中国地区差异明显的现状而言，得出的结论地区适用性有待于进一步深入探究。同时，刘国斌等（2017）认为县域城市作为联结中心城市与农村乡镇的中介，其具有能够带动经济增长的"亚核心"作用。对于边境地区县域等特殊地区而言，由于其区位、自然资源、历史文化等特殊情况，如果能够有效地提高其县域城市的经济增长水平，能够有效地带动整个边境地区的发展，对实现边境地区协调发展和高质量发展有重要意义。

据此，本章研究此部分拟运用中国南部陆地边境地区的广西、云南与西藏陆地边境地区县域 2005～2019 年公布数据，结合前文对中国南部陆地边境地区的各县域经济增长的历史与现状描述的基础上，构建产业结构变迁对经济增长影响的静态面板回归模型，据此研究中国南部陆地边境地区的各县域产业结构变迁对经济增长的贡献，为政策制定提供一定的理论依据。

第二节　中国南部陆地边境地区产业结构变迁的历史与现状

一、区域总体情况

中国南部陆地边境地区各县域和全国的产业结构变迁情况见表 4－1 和表 4－2。2005 年以来，中国南部陆地边境地区县域和全国平均水平的产业结构经历了各异的变迁过程。

表 4－1　　中国南部陆地边境地区县域与全国三次产业

各时期年均增长率

单位：%

分类	产业	2005～2009 年	2010～2014 年	2015～2019 年	2005～2019 年
中国南部陆地边境地区县域	第一产业	12.73	14.88	10.20	11.82
	第二产业	25.41	20.03	2.15	14.87
	第三产业	21.43	16.38	13.30	15.97

分类	产业	2005 ~ 2009 年	2010 ~ 2014 年	2015 ~ 2019 年	2005 ~ 2019 年
全国平均水平	第一产业	10.52	11.38	3.91	8.07
	第二产业	16.72	11.78	6.59	10.97
	第三产业	18.43	14.80	11.70	14.04

资料来源：原始数据来源于《中国统计年鉴（2006 ~ 2020）》《广西统计年鉴（2006 ~ 2020）》《西藏统计年鉴（2006 ~ 2020）》《云南统计年鉴（2006 ~ 2020）》。

表 4 - 2　　　　　主要年份中国南部陆地边境地区县域与

全国三次产业占比情况　　　　单位：%

分类	产业占比	2005 年	2009 年	2014 年	2019 年
中国南部陆地边境地区县域	第一产业占比	34.34	27.20	24.27	24.09
	第二产业占比	25.78	34.09	37.64	23.83
	第三产业占比	39.87	39.80	38.09	40.79
全国平均水平	第一产业占比	11.64	9.79	9.06	7.14
	第二产业占比	47.02	45.88	43.10	38.59
	第三产业占比	41.33	44.33	47.84	54.27

资料来源：原始数据来源于《中国统计年鉴（2006 ~ 2020）》《广西统计年鉴（2006 ~ 2020）》《西藏统计年鉴（2006 ~ 2020）》《云南统计年鉴（2006 ~ 2020）》。

2005 ~ 2019 年，中国南部陆地边境地区各县域第三产业增长速度较快，其次是第二产业，这与全国范围一致。全国平均水平的产业结构变迁自 2005 年开始，呈现出"一产占比和二产占比持续下降、三产占比持续上升"的变化趋势。2005 年以来，中国南部陆地边境地区各县域的产业结构变迁趋势则为"一产占比和三产占比持续下降，二产占比持续上升"。

从变化趋势来看，中国南部陆地边境地区县域产业结构变迁过程整体上滞后于全国产业结构变迁过程，这说明全国水平的工业化进程领先于中国南部陆地边境地区县域，且中国南部陆地边境地区县域的工业化进程尚处在初中期阶段，有加速的趋势。

受资源分布不均和社会制约因素的影响，且中国南部陆地边境地区县域经济的产业发展多依赖于当地现有资源，产业结构单一，经济弹性相对较小，给当地经济增长带来诸多限制，产业结构升级难度较大，经济转型、产业结构升级任重道远。首先，中国南部陆地边境地区县域的农业比重较大，但农业发展对气候等自然条件依赖较大，加之受地理条件限制，农业科技推广困难，农业科技含量低，现代农业发展缓慢。其次，受区域条件限制，中国南部陆地边境地区工业发展多依赖于当地的矿产和能源开发，产业带动能力较弱，同时生产力水平低下，长期对资源的过度开发严重破坏边境地区生态环境，资源开发型产业逐渐制约当地经济增长。最后，中国南部陆地边境地区县域的经济增长很大程度上依靠国家政策支持，自身发展能力严重不足，资源开发有限，经济转型面临巨大压力。

二、广西陆地边境地区产业结构变迁

（一）广西陆地边境地区县域及广西产业结构变迁

广西陆地边境地区县域和广西的产业结构变迁情况见表 4 - 3 和表 4 - 4。自 2005 年开始，广西陆地边境地区县域与广西平均水平的产业结构也经历了不同的变迁过程。

表 4 − 3　　　广西陆地边境地区县域与广西三次产业

各时期年均增长率　　　　　　单位：%

分类	产业	2005 ~ 2009 年	2010 ~ 2014 年	2015 ~ 2019 年	2005 ~ 2019 年
广西陆地边境地区县域	第一产业	11.46	12.71	5.18	9.78
	第二产业	30.66	22.52	− 51.88	0.44
	第三产业	29.12	12.40	12.84	18.12
广西平均水平	第一产业	5.56	4.59	4.52	4.89
	第二产业	14.70	11.60	4.78	10.36
	第三产业	11.54	11.64	9.54	10.91

资料来源：原始数据来源于《中国统计年鉴（2006 ~ 2020）》《广西统计年鉴（2006 ~ 2020）》。

表 4 − 4　　　2005 ~ 2019 年广西陆地边境地区县域与

广西三次产业占比情况　　　　　单位：%

分类	产业占比	2005 年	2009 年	2014 年	2019 年
广西陆地边境地区县域	第一产业占比	34.82	24.55	20.33	23.97
	第二产业占比	28.85	39.88	50.12	27.64
	第三产业占比	36.34	35.57	29.54	48.39
广西平均水平	第一产业占比	24.20	20.00	17.80	16.00
	第二产业占比	35.40	38.20	37.90	33.30
	第三产业占比	40.40	41.80	44.40	50.70

资料来源：原始数据来源于《中国统计年鉴（2006 ~ 2020）》《广西统计年鉴（2006 ~ 2020）》。

2005 ~ 2019 年，广西陆地边境地区县域及广西第三产业增长速度较快，其次是第二产业，但从表 4 − 3 中可见，广西陆地边境地区县域的第二产业增长速度不及广西全区，甚至在 2015 ~ 2019 年这一时间段内为负增长。广西陆地边境地区县域的产业结构变迁自2005年开始，变化趋势为"一产占比和三产占比持续下降、二产占比持续上升"。2005年以来，广西的产业结构变迁则呈现出"一产占比持续下降、二产占比波动中上升、三产占比持续上升"的变化趋势。

从变化趋势来看，广西陆地边境地区县域产业结构变迁过程滞后于广西产业结构变迁过程，这说明与广西全区的工业化程度相比较，广西陆地边境地区的工业化发展程度较低，尚有较大的发展空间。

（二）广西陆地边境地区各县域产业结构变迁

广西陆地边境地区各县域2005～2019年各时期年均增长率情况见表4-5。总体来看，2005～2019年，仅靖西市、宁明县和凭祥市的第二产业年均增长率高于第一产业和第三产业年均增长率，其余各县域为第三产业平均增长率高于第一产业和第二产业年均增长率，表明在样本区间内，除靖西市、宁明县和凭祥市外，广西陆地边境地区各县域均进入了工业化进程，同时，从各个时期各产业增长来看，广西陆地边境地区各县域之间的差异较大。

第一产业各阶段年均增长率情况，2005～2009年，宁明县年均增长率最高，为14.94%，靖西市最低，为3.79%；2010～2014年，仍是宁明县年均增长率最高，为14.29%，靖西市仍然最低，为10.41%，但总体增长情况较上一期间转好；2015～2019年，东兴市年均增长率最高为9.8%，而宁明县最低为0.30%，总体情况较上一期而言有所回落，且劣于上述两个期间。样本期间（2005～2019年）总体而言，除靖西市第一产业年均增长率较低为6.32%外，广西其余边境地区县域年均增长率总体在10%左右波动。

第二产业各阶段年均增长率情况，2005～2009年，广西陆地边境地区各县域中，靖西市的增长速度最快，年均增长率达到 55.36%，而龙州县增长最慢，年均增长率为 23.09%；2010~2014 年，东兴市增长最快，达到 31.12%，大新县增长最慢，为 19.07%，均低于上一期间；2015~2019 年，除凭祥市和那坡县外，其余广西陆地边境地区县域的第二产业年均增长率出现了负增长，各县域增长率有所下降，其中那坡县最高，为 9.38%，最低为东兴市，仅为 -10.95%。样本期间（2005~2019 年）总体而言，靖西市增长速度最快，达到年均 25.49%，而最低的为防城区，仅为 12.27%，两者相差 13.22%。

第三产业各阶段年均增长率情况，2005~2009 年，龙州县年均增长率最高，为 39.30%，那坡县的年均增长率最低，为 20.13%；2010~2014 年，靖西市年增长率最低，为 9.80%，东兴市最高，为 14.87%，整体情况较上一期间有所回落；2015~2019 年，那坡县年均增长率最高，为 26.09%，东兴市最低，为 6.90%，各县域增长率差距较 2005~2009 年缩小。

表 4-5　　广西陆地边境地区各县域三次产业各时期增长率　　　单位：%

地区	产业	2005~2009 年	2010~2014 年	2015~2019 年	2005~2019 年
防城区	第一产业	10.69	12.04	8.95	10.56
	第二产业	23.44	19.10	-5.72	12.27
	第三产业	32.69	13.64	9.66	18.66
东兴市	第一产业	12.74	14.20	9.80	12.25
	第二产业	24.14	31.12	-10.95	14.77
	第三产业	29.98	14.87	6.90	17.25
靖西市	第一产业	3.79	10.41	4.77	6.32
	第二产业	55.36	22.95	-1.85	25.49
	第三产业	32.24	9.80	16.13	19.39

续表

地区	产业	2005~2009年	2010~2014年	2015~2019年	2005~2019年
那坡县	第一产业	13.97	11.98	7.15	11.04
	第二产业	23.24	23.55	9.38	18.72
	第三产业	20.13	11.14	26.09	19.12
宁明县	第一产业	14.94	14.29	0.30	9.84
	第二产业	35.29	26.76	-3.53	19.50
	第三产业	21.11	12.48	15.08	16.22
龙州县	第一产业	12.87	13.91	4.64	10.47
	第二产业	23.09	23.19	-3.17	14.37
	第三产业	39.30	11.26	14.07	21.55
大新县	第一产业	13.72	12.09	4.61	10.14
	第二产业	30.08	19.07	-4.27	14.96
	第三产业	31.88	11.62	15.22	19.57
凭祥市	第一产业	12.20	12.47	4.71	9.79
	第二产业	30.70	22.78	2.81	18.76
	第三产业	28.54	12.98	13.88	18.46

资料来源：原始数据来源于《广西统计年鉴（2006~2020）》。

2005年以来各主要年份广西陆地边境地区各县域第一产业总量变化及增长情况见表4-6。2005年，广西陆地边境地区各县域第一产业总量差距较大，防城区最高为86389万元，凭祥市最低为16686万元，两者相差了5.18倍。2005~2019年，广西陆地边境地区各县域第一产业增长幅度最大的是东兴市，增长了5.24倍，增长最小的是靖西市，增长了2.42倍。经历了快速增长后，到2019年时，第一产业总量最大仍为防城区，一次产业总量达到374841万元，而2005年总量最小的凭祥市一次产业总量虽增长到60393万元，但总量仍然最低。

表4－6　　　主要年份广西陆地边境地区各县域各年

第一产业总量及增长情况 单位：万元

地区	2005 年	2010 年	2015 年	2019 年	2005～2019 年增长倍数
防城区	86389	162706	271196	374841	4.34
东兴市	41905	81186	154447	219780	5.24
靖西市	74905	95368	150658	181486	2.42
那坡县	21266	42746	68546	92606	4.35
宁明县	82969	208148	291617	265867	3.20
龙州县	71285	151062	227372	264152	3.71
大新县	69203	148059	212161	247858	3.58
凭祥市	16686	35916	49908	60393	3.62

资料来源：原始数据来源于《广西统计年鉴（2006～2020）》。

2005 年以来各主要年份广西陆地边境地区各县域第二产业总量变化及增长情况见表4－7。2005 年以来，广西陆地边境地区各县域二次产业增长迅猛，其中靖西市 2019 年第二产业总量达到 529400 万元，较 2005 年其第二产业总量的 47119 万元增长 11.24 倍，增长幅度最低的为大新县，其第二产业总量较 2005 年相比增长 3.44 倍。

表4－7　　　主要年份广西陆地边境地区各县域各年

第二产业总量及增长情况 单位：万元

地区	2005 年	2010 年	2015 年	2019 年	2005～2019 年增长倍数
防城区	83750	308966	550165	341030	4.07
东兴市	34091	165975	362265	137891	4.04
靖西市	47119	462721	823348	529400	11.24

续表

地区	2005 年	2010 年	2015 年	2019 年	2005～2019 年增长倍数
那坡县	8721	20785	52712	75880	8.70
宁明县	52384	202225	462495	231069	4.41
龙州县	49656	151676	365922	185822	3.74
大新县	91281	277384	452462	314448	3.44
凭祥市	17951	67020	164172	152233	8.48

资料来源：原始数据来源于《广西统计年鉴（2006～2020）》。

2005 年以来各主要年份广西陆地边境地区各县域第三产业总量变化及增长情况见表 4-8。总体上看，各县域第三产业增长高于第一产业增长幅度。2005 年以来，第三产业增长速度幅度最大的是那坡县，增长了 11.30 倍，增长幅度最小的是凭祥市，增长了 5.39 倍。

表 4-8　　　　主要年份广西陆地边境地区各县域各年
第三产业总量及增长情况　　　　　　单位：万元

地区	2005 年	2010 年	2015 年	2019 年	2005～2019 年增长倍数
防城区	85838	224623	449938	569328	6.63
东兴市	60045	204592	337639	449593	7.49
靖西市	58731	158610	300479	513343	8.74
那坡县	19983	49024	105610	225728	11.30
宁明县	56866	140473	329253	417898	7.35
龙州县	61776	155770	332743	420566	6.81
大新县	62854	139795	329773	424437	6.75
凭祥市	78809	148384	355190	424643	5.39

资料来源：原始数据来源于《广西统计年鉴（2006～2020）》。

三、云南陆地边境地区产业结构变迁

（一）云南陆地边境地区县域及云南产业结构变迁

云南陆地边境地区县域和云南的产业结构变迁情况见表4－9和表4－10。2005年以来，云南陆地边境地区县域与云南平均水平的产业结构经历了不同的变迁过程。

表4－9　　　　　云南陆地边境地区县域与云南三次产业

各时期年均增长率一览　　　　　单位：%

分类	产业	2005～2009年	2010～2014年	2015～2019年	2005～2019年
云南陆地边境地区县域	第一产业	13.71	16.22	8.96	12.34
	第二产业	23.29	18.10	11.11	17.46
	第三产业	18.94	18.52	18.42	16.51
云南平均水平	第一产业	12.09	13.56	9.01	11.55
	第二产业	15.20	15.54	8.91	13.21
	第三产业	16.18	17.23	17.35	16.92

资料来源：原始数据来源于《中国统计年鉴（2006～2020）》《云南统计年鉴（2006～2020）》。

表4－10　　　　　主要年份云南陆地边境地区县域与

云南三次产业占比情况　　　　　单位：%

分类	产业占比	2005年	2009年	2014年	2019年
云南陆地边境地区县域	第一产业占比	34.45	28.31	26.55	21.53
	第二产业占比	24.69	31.30	31.54	28.34
	第三产业占比	40.86	40.39	41.92	50.13

分类	产业占比	2005 年	2009 年	2014 年	2019 年
云南平均水平	第一产业占比	19.11	17.30	15.53	13.10
	第二产业占比	41.19	41.86	41.22	34.30
	第三产业占比	39.70	40.84	43.25	52.60

资料来源：原始数据来源于《中国统计年鉴（2006～2020）》《云南统计年鉴（2006～2020）》。

2005～2019 年，云南陆地边境地区各县域的第二产业增速较快，而云南整体第三产业增长速度较快。云南陆地边境地区各县域自 2005 年开始，变化趋势均为"一产占比持续下降、二产和三产占比持续上升"。2005 年以来，云南的产业结构变迁则呈现出"一产占比持续下降、二产占比相对稳定、三产占比持续上升"的变化趋势。

从变化趋势来看，云南陆地边境地区县域产业结构变迁过程滞后于云南产业结构变迁过程，这说明与云南整体的工业化程度相比较，云南陆地边境地区的工业化发展程度较低，虽然云南陆地边境地区县域的产业结构已经在向"三二一"分布优化，但其整体进程较云南整体而言还较为滞缓。

（二）云南陆地边境地区各县域产业结构变迁

云南陆地边境地区各县域 2005～2019 年各时期年均增长率情况见表 4-11。总体来看，2005～2019 年间，除了腾冲市、沧源县等 9 个县域的第二产业年均增长率高于第一产业和第三产业年均增长率外，剩余的 16 个县域均为第三产业平均增长率高于第一产业和第二产业年均增长率，表明在样本区间内，云南陆地边境地区大多数县域均进入了工业化进程，同时，从各个时期各产业增长来看，云南陆地边境地区各县域之间存在较大差异。

表 4 – 11　　　　云南陆地边境地区各县域三次产业

各时期增长率一览　　　　单位：%

地区及变量	产业	2005～2009 年	2010～2014 年	2015～2019 年	2005～2019 年
腾冲市	第一产业	14.61	13.57	9.65	12.61
	第二产业	24.31	24.43	15.90	21.55
	第三产业	17.08	17.49	14.03	16.20
龙陵县	第一产业	17.09	17.85	7.95	14.30
	第二产业	25.12	20.73	14.90	20.25
	第三产业	14.55	18.34	20.22	17.70
江城县	第一产业	14.36	21.53	6.42	14.10
	第二产业	28.64	13.16	6.26	16.02
	第三产业	15.03	16.92	36.36	22.77
孟连县	第一产业	18.17	19.88	11.48	16.51
	第二产业	10.04	17.77	7.37	11.73
	第三产业	16.83	19.30	28.78	21.64
澜沧县	第一产业	13.39	15.00	9.99	12.79
	第二产业	19.51	22.92	11.33	17.92
	第三产业	18.88	15.93	27.05	20.62
西盟县	第一产业	16.22	16.91	9.98	14.37
	第二产业	8.73	24.44	14.28	15.82
	第三产业	14.29	20.13	28.34	20.92
镇康县	第一产业	11.15	15.91	9.60	12.22
	第二产业	24.87	19.31	7.51	17.23
	第三产业	26.76	23.46	11.61	20.61
耿马县	第一产业	17.31	17.48	8.37	14.38
	第二产业	11.67	30.55	8.49	16.90
	第三产业	16.53	21.09	14.02	17.21
沧源县	第一产业	8.12	20.00	9.24	12.45
	第二产业	16.12	33.65	4.99	18.25
	第三产业	20.22	19.38	12.67	17.42

续表

地区及变量	产业	2005~2009年	2010~2014年	2015~2019年	2005~2019年
金平县	第一产业	14.90	16.63	8.93	13.49
	第二产业	50.79	14.33	11.17	25.43
	第三产业	83.15	3.63	33.71	40.16
绿春县	第一产业	17.69	17.19	9.71	14.86
	第二产业	29.67	25.27	10.55	21.83
	第三产业	21.88	21.49	29.70	24.36
河口县	第一产业	12.49	25.28	8.20	15.32
	第二产业	32.86	15.66	35.42	27.98
	第三产业	18.98	16.94	26.68	20.87
麻栗坡县	第一产业	11.81	13.13	6.78	10.57
	第二产业	22.35	18.86	9.59	16.93
	第三产业	17.03	17.99	16.10	17.04
马关县	第一产业	12.59	16.35	8.74	12.56
	第二产业	27.54	17.20	9.72	18.15
	第三产业	22.65	17.54	15.01	18.40
富宁县	第一产业	11.34	18.42	7.70	12.49
	第二产业	25.15	21.83	11.72	18.24
	第三产业	23.47	15.60	15.18	18.08
景洪市	第一产业	10.74	12.26	7.73	10.24
	第二产业	18.81	16.88	9.79	14.39
	第三产业	14.02	20.00	17.34	17.12
勐海县	第一产业	13.78	18.69	14.66	15.71
	第二产业	38.73	29.67	6.90	21.47
	第三产业	21.57	18.02	20.57	20.05
勐腊县	第一产业	12.75	14.73	9.31	12.27
	第二产业	27.08	16.91	14.00	15.26
	第三产业	16.27	18.32	18.36	17.65
瑞丽市	第一产业	15.40	12.20	7.33	11.64
	第二产业	21.25	22.20	13.80	19.46
	第三产业	16.58	29.84	18.08	21.50

地区及变量	产业	2005~2009 年	2010~2014 年	2015~2019 年	2005~2019 年
盈江县	第一产业	21.07	18.42	8.30	15.93
	第二产业	30.81	25.37	4.17	17.94
	第三产业	16.65	20.81	16.05	17.84
陇川县	第一产业	16.35	19.37	8.42	14.71
	第二产业	24.66	21.94	9.62	17.65
	第三产业	20.61	20.92	20.37	20.63
泸水市	第一产业	9.08	23.49	10.68	14.41
	第二产业	26.67	22.43	11.53	18.51
	第三产业	24.34	18.27	16.07	19.56
福贡县	第一产业	5.10	19.39	12.66	12.38
	第二产业	44.86	24.90	26.97	24.26
	第三产业	25.90	28.60	14.84	23.11
贡山县	第一产业	11.81	20.35	9.80	13.99
	第二产业	37.03	25.31	23.65	23.98
	第三产业	15.66	36.77	13.12	21.85
芒市	第一产业	14.07	15.23	8.03	12.44
	第二产业	19.24	16.44	11.26	14.53
	第三产业	18.64	19.09	20.24	19.32

资料来源：原始数据来源于《云南统计年鉴（2006~2020）》。

　　第一产业各阶段年均增长率情况，2005~2009 年，盈江县年均增长率最高，为 21.07%，福贡县最低，为 5.10%；2010~2014 年，河口县年均增长率最高，为 25.28%，瑞丽市最低，为 12.20%，但总体增长情况较上一期间转好；2015~2019 年，勐海县年均增长率最高为 14.66%，而江城县最低为 6.42%，总体情况较上一期而言有所回落。样本期间（2005~2019 年）总体而言，云南陆地边境地区县域年均增长率均在 10% 以上。

第二产业各阶段年均增长率情况，2005～2009 年期间，云南陆地边境地区各县域中，金平县的增长速度最快，年均增长率达到50.79%，而西盟县增长最慢，年均增长率为8.73%；2010～2014 年期间，耿马县增长最快，达到30.55%，江城县增长最慢，为13.16%，均高于上一期间；2015～2019 年期间，云南陆地边境地区各县域第二产业年平均增长率差距较大，其中河口县最高，为35.42%，最低为盈江县，仅为4.17%，二者相差31.25%。样本期间（2005～2019 年）总体而言，河口县的增长速度最快，年均增长率达到27.98%，而孟连县增长最慢，年均增长率为11.73%，两者相差13.22%。

第三产业各阶段年均增长率情况，2005 年至 2009 年期间，金平县年均增长率最高，为83.15%，景洪市的年均增长率最低，为14.02%；2010 年至 2014 年期间，金平县年增长率最低，为3.63%，贡山县最高，为36.77%；2015 年至 2019 年期间，江城县年均增长率最高，为36.36%，镇康县最低，为11.61%，各县市增长率差距较 2005 年至 2009 年期间缩小。

2005 年以来各主要年份云南陆地边境地区各县域第一产业总量变化及增长情况见表 4－12。2005 年，云南陆地边境地区各县域第一产业总量差距较大，景洪市最高为 130700 万元，贡山县最低为5000 万元，两者相差了 26.14 倍。2005～2019 年，云南陆地边境地区各县域第一产业增长幅度最大的是勐海县，增长了 7.27 倍，增长最小的是景洪市，增长了 3.59 倍。经历了快速增长后，到 2019 年时，第一产业总量最大仍为景洪市，一次产业总量达到469000 万元，而 2005 年总量最小的贡山县一次产业总量虽增长到30400 万元，但总量仍然最低。

表 4 – 12　　　　　主要年份云南陆地边境地区各县域

第一产业总量及增长情况　　　单位：万元

地区	2005 年	2010 年	2015 年	2019 年	2005～2019 年 增长倍数
腾冲市	98000	177500	321700	468859	4.78
龙陵县	44200	92800	185800	265106	6.00
江城县	24500	36200	84500	114563	4.68
孟连县	21100	40000	93900	143514	6.80
澜沧县	51700	87100	163400	253913	4.91
西盟县	6600	13500	26200	41903	6.35
镇康县	26200	45300	84300	127119	4.85
耿马县	60800	139600	273600	390075	6.42
沧源县	23800	37700	88500	131352	5.52
金平县	30400	49800	103900	151703	4.99
绿春县	18700	34900	73900	111100	5.94
河口县	17800	48900	88700	126000	7.08
麻栗坡县	38700	59600	108900	145700	3.76
马关县	51800	78200	164700	241000	4.65
富宁县	58000	85500	196000	275100	4.74
景洪市	130700	220500	319800	469000	3.59
勐海县	47600	89100	237900	346000	7.27
勐腊县	93400	158700	297700	432300	4.63
瑞丽市	31700	57300	92200	128200	4.04
盈江县	46200	107100	225200	318700	6.90
陇川县	36000	68100	144400	204700	5.69
泸水市	15200	23300	66300	96200	6.33
福贡县	8300	10200	27900	41300	4.98
贡山县	5000	8400	22700	30400	6.08
芒市	66300	110100	211000	295600	4.46

资料来源：原始数据来源于《云南统计年鉴（2006～2020）》。

2005 年以来各主要年份云南陆地边境地区各县域第二产业总量变化及增长情况见表 4 - 13。2005 年以来，云南陆地边境地区各县域二次产业增长迅猛，其中河口县 2019 年第二产业总量达到 290700 万元，较 2005 年其第二产业总量的 13600 万元增长 21.38 倍，增长幅度最低的为孟连县，其第二产业总量较 2005 年相比增长 4.93 倍。

表 4 - 13 　　　　　　　　**主要年份云南陆地边境地区各县域**

第二产业总量及增长情况 　　　　单位：万元

地区	2005 年	2010 年	2015 年	2019 年	2005～2019 年增长倍数
腾冲市	70600	231600	522500	992160	14.05
龙陵县	38200	104700	253400	461946	12.09
江城县	13600	58300	88400	112667	8.28
孟连县	12400	23600	47600	61074	4.93
澜沧县	34900	82800	210500	344669	9.88
西盟县	4200	8900	23300	41415	9.86
镇康县	22700	66000	111000	157027	6.92
耿马县	33900	82300	220800	300256	8.86
沧源县	15600	41400	116600	131460	8.43
金平县	26800	93800	191900	275743	10.29
绿春县	7700	39400	100700	136200	17.69
河口县	13600	37700	79000	290700	21.38
麻栗坡县	39000	105600	197500	272400	6.98
马关县	45100	162200	281600	401900	8.91
富宁县	53100	117900	249400	386000	7.27
景洪市	108200	284300	545300	751200	6.94
勐海县	30800	149800	299600	413100	13.41

地区	2005 年	2010 年	2015 年	2019 年	2005~2019 年增长倍数
勐腊县	32900	80900	101500	175300	5.33
瑞丽市	21600	58600	141200	262600	12.16
盈江县	35600	201200	288100	343700	9.65
陇川县	16900	48900	78600	119700	7.08
泸水市	20200	62000	146100	223300	11.05
福贡县	8700	21200	17500	52400	6.02
贡山县	3300	15700	17100	48600	14.73
芒市	44700	138100	173300	287100	6.42

资料来源：原始数据来源于《云南统计年鉴（2006~2020）》。

2005 年以来各主要年份云南陆地边境地区各县域第三产业总量变化及增长情况见表 4-14。总体上看，各县域第三产业增长高于第一产业增长幅度。2005 年以来，第三产业增长速度幅度最大的是金平县，增长了 15.84 倍，增长幅度最小的是泸水市，增长了 7.10 倍。

表 4-14　　　　主要年份云南陆地边境地区各县域
第三产业总量及增长情况　　　　单位：万元

地区	2005 年	2010 年	2015 年	2019 年	2005~2019 年增长倍数
腾冲市	134700	294900	614800	1066200	7.92
龙陵县	37300	77600	180400	357600	9.59
江城县	20600	32600	71400	225500	10.95
孟连县	19600	42600	93900	254100	12.96
澜沧县	42500	99100	190600	501100	11.79
西盟县	12500	23200	58800	150100	12.01

续表

地区	2005 年	2010 年	2015 年	2019 年	2005～2019 年 增长倍数
镇康县	22900	54500	156100	238400	10.41
耿马县	44900	104700	243300	421200	9.38
沧源县	25200	54200	135400	214200	8.50
金平县	23400	55300	126600	370600	15.84
绿春县	16600	36700	88500	233000	14.04
河口县	41200	98700	203500	563600	13.68
麻栗坡县	37900	89500	192800	353800	9.34
马关县	56100	120600	266700	479600	8.55
富宁县	59300	133700	282400	501400	8.46
景洪市	192300	376500	903100	1728100	8.99
勐海县	72400	149900	328300	714800	9.87
勐腊县	68800	152500	325900	651200	9.47
瑞丽市	78400	171500	538000	1100000	14.03
盈江县	50600	95000	240000	441100	8.72
陇川县	29000	56300	144900	303500	10.47
泸水市	54800	101800	206300	389000	7.10
福贡县	11800	22600	69900	125000	10.59
贡山县	7900	15200	57000	93400	11.82
芒市	87600	194800	458400	979200	11.18

资料来源：原始数据来源于《云南统计年鉴（2006～2020）》。

四、西藏陆地边境地区产业结构变迁

（一）西藏陆地边境地区县域及西藏产业结构变迁

西藏陆地边境地区县域和西藏的产业结构变迁情况见表 4 – 15 和表 4 – 16。2005 年以来，西藏陆地边境地区县域与西藏平均水平的产业结构经历了不同的变迁过程。

表 4 – 15　　**西藏陆地边境地区县域与西藏三次产业各时期年均增长率**

单位：%

分类	产业	2005～2009 年	2010～2014 年	2015～2019 年	2005～2019 年
西藏陆地边 境地区县域	第一产业	7.19	7.38	9.37	7.98
	第二产业	13.24	26.81	15.76	18.60
	第三产业	20.41	9.69	12.61	14.24
西藏平均水平	第一产业	4.40	3.58	3.93	3.97
	第二产业	17.00	15.38	12.24	14.87
	第三产业	12.74	11.76	8.96	11.15

资料来源：原始数据来源于《中国统计年鉴（2006～2020）》《西藏统计年鉴（2006～2020）》。

表 4 – 16　　　　　**主要年份西藏陆地边境地区县域与**

西藏三次产业占比情况　　单位：%

分类	产业占比	2005 年	2009 年	2014 年	2019 年
西藏陆地 边境地区县域	第一产业占比	29.43	23.54	17.71	14.91
	第二产业占比	21.88	21.03	36.20	40.12
	第三产业占比	48.69	55.43	46.10	44.97
西藏平均水平	第一产业占比	18.47	13.57	9.38	8.2
	第二产业占比	24.9	29.19	33.03	37.4
	第三产业占比	56.64	57.24	57.6	54.4

资料来源：原始数据来源于《中国统计年鉴（2006～2020）》《西藏统计年鉴（2006～2020）》。

2005～2019 年间，西藏陆地边境地区县域及西藏第二产业增长速度较快，其次是第三产业，西藏陆地边境地区县域的产业结构变迁自 2005 年开始，变化趋势为"一产占比持续下降，二产占比持续上升，三产占比波动中下降"。2005 年以来，西藏的产业结构变迁则呈现出"一产占比持续下降、二产和三产占比持续上升"的变化趋势。

从变化趋势来看，西藏陆地边境地区县域的一产、二产和三产年平均增长速度快于西藏整体，说明西藏陆地边境地区各县域整体工业化进度滞后于西藏整体，但有加速发展的趋势。

（二）西藏陆地边境地区各县域产业结构变迁

西藏陆地边境地区各县域 2005～2019 年各时期年均增长率情况见表 4－17。总体来看，2005～2019 年，仅岗巴县、普兰县、札达县和日土县的第三产业年均增长率高于第一产业和第二产业年均增长率，其余各县为第二产业平均增长率高于第一产业和第三产业年均增长率，表明在样本区间内，除岗巴县、普兰县、札达县和日土县外，西藏陆地边境地区各县域均还未进入了工业化进程，同时，从各个时期各产业增长来看，西藏陆地边境地区各县域之间的差异较大。

第一产业各阶段年均增长率情况，2005～2009 年，聂拉木县年均增长率最高，为 14.94%，康马县最低，为 4.28%；2010～2014年，墨脱县年均增长率最高，为 14.69%，浪卡子县最低，为 5.13%，但总体增长速度较上一期间减缓；2015～2019 年，吉隆县年均增长率最高为 14.97%，而洛扎县最低为 4.80%，总体情况较上一期而言转好。样本期间（2005～2019 年）总体而言，除亚东县、聂拉木县、噶尔县和墨脱县第一产业年均增长率在 10% 以上外，西藏其余边境地区县域年均增长率总体均低于 10%。

第二产业各阶段年均增长率情况，2005～2009 年期间，西藏陆地边境地区各县域中，萨嘎县的增长速度最快，年均增长率达到259.81%，而错那县增长最慢，年均增长率为 0.27%，两极化严重；2010～2014 年期间，吉隆县增长最快，达到 44.91%，康马县增长最慢，为 11.31%，整体差距较上一期回落；2015～2019 年期间，各县增长率有所减弱，其中康马县最高，为 49.72%，最低为岗巴县，仅为 -0.54%。样本期间（2005～2019 年）总体而言，墨脱县增长速度最快，达到年均 23.45%，而最低的为定结县，仅为 13.52%，两者相差 9.93%。

第三产业各阶段年均增长率情况，2005 年至 2009 年期间，日土县年均增长率最高，为 42.00%，定日县的年均增长率最低，为 16.20%；2010 年至 2014 年期间，康马县年增长率最低，为 -1.18%，墨脱县最高，为 27.78%，整体情况较上一期间有所回落；2015 年至 2019 年期间，康马县年均增长率最高，为 40.30%，聂拉木县最低，为 2.78%，各县市增长率差距较 2005 年至 2009 年期间扩大。

表 4-17　西藏陆地边境地区各县域三次产业各时期增长率　　单位：%

地区	产业	2005～2009 年	2010～2014 年	2015～2019 年	2005～2019 年
洛扎县	第一产业	5.99	6.14	4.80	5.64
	第二产业	20.98	41.63	21.63	28.08
	第三产业	26.99	4.38	9.55	13.64
错那县	第一产业	10.79	5.55	6.81	7.71
	第二产业	0.27	37.59	20.98	19.61
	第三产业	36.07	2.88	7.55	15.50
浪卡子县	第一产业	6.42	5.13	6.69	6.08
	第二产业	57.07	19.71	24.15	33.64
	第三产业	25.89	15.37	10.53	17.26
定日县	第一产业	8.41	7.69	5.66	7.25
	第二产业	19.04	32.81	22.17	24.67
	第三产业	16.20	12.76	6.09	11.68

续表

地区	产业	2005～2009 年	2010～2014 年	2015～2019 年	2005～2019 年
康马县	第一产业	4.28	8.59	9.03	7.30
	第二产业	6.88	11.31	49.72	22.64
	第三产业	21.59	−1.18	40.30	20.23
定结县	第一产业	4.51	6.24	12.43	7.72
	第二产业	5.05	21.99	19.45	15.50
	第三产业	20.90	11.31	8.36	13.52
仲巴县	第一产业	11.57	5.66	8.98	8.74
	第二产业	12.22	17.47	18.07	15.92
	第三产业	16.62	19.86	10.06	15.52
亚东县	第一产业	4.38	7.54	18.77	10.23
	第二产业	26.96	36.02	9.29	24.09
	第三产业	18.05	14.16	12.63	14.95
吉隆县	第一产业	5.43	7.16	14.97	9.19
	第二产业	16.57	44.91	21.89	27.79
	第三产业	21.52	6.74	13.23	13.83
聂拉木县	第一产业	14.94	6.13	8.94	10.00
	第二产业	27.03	16.63	28.14	23.93
	第三产业	20.81	18.97	2.78	14.19
萨嘎县	第一产业	5.90	8.40	11.99	8.76
	第二产业	259.81	27.45	10.95	99.40
	第三产业	18.28	12.28	13.84	14.80
岗巴县	第一产业	8.94	7.73	15.12	10.60
	第二产业	7.14	40.38	−0.54	15.66
	第三产业	17.76	10.85	25.25	17.95
普兰县	第一产业	11.78	7.82	7.55	9.05
	第二产业	2.91	32.58	8.51	14.67
	第三产业	21.98	5.19	17.28	14.82
札达县	第一产业	1.92	8.89	11.19	7.33
	第二产业	1.02	27.03	8.51	12.19
	第三产业	36.97	5.63	18.43	20.34

地区	产业	2005～2009 年	2010～2014 年	2015～2019 年	2005～2019 年
噶尔县	第一产业	11. 19	8. 06	12. 46	10. 57
	第二产业	72. 33	18. 96	8. 23	33. 17
	第三产业	37. 22	15. 54	17. 56	23. 44
日土县	第一产业	5. 16	7. 23	8. 72	7. 04
	第二产业	14. 53	21. 26	8. 67	14. 82
	第三产业	42. 00	8. 99	15. 07	22. 02
墨脱县	第一产业	10. 62	14. 69	7. 20	10. 84
	第二产业	56. 19	37. 00	6. 69	33. 29
	第三产业	18. 44	27. 78	24. 14	23. 45
察隅县	第一产业	8. 19	9. 63	9. 41	9. 08
	第二产业	15. 21	30. 51	8. 47	18. 06
	第三产业	19. 23	8. 20	17. 97	15. 13

资料来源：原始数据来源于《西藏统计年鉴（2006～2020）》。

2005 年以来各主要年份西藏陆地边境地区各县域第一产业总量变化及增长情况见表 4 - 18。2005 年，西藏陆地边境地区各县域第一产业总量整体水平均较低，定日县最高为 8542 万元，墨脱县最低为 922 万元。2005～2019 年，西藏陆地边境地区各县域第一产业增长幅度最大的是噶尔县，增长了 5. 12 倍，增长最小的是洛扎县，增长了 2. 12 倍。经历了快速增长后，到 2019 年时，第一产业总量最大仍为仲巴县，一次产业总量达到 25134 万元，而错那县一次产业总量仅增长到 2805 万元，总量为西藏陆地边境地区各县域中最低。

表 4 – 18　　　　　主要年份西藏陆地边境地区各县域

第一产业总量及增长情况　　　　单位：万元

地区	2005 年	2010 年	2015 年	2019 年	2005 ~ 2019 年增长倍数
洛扎县	2408	3170	4242	5107	2. 12
错那县	1058	1610	2207	2805	2. 65
浪卡子县	2578	3210	4381	5491	2. 13
定日县	8542	12816	17855	21975	2. 57
康马县	4309	5623	8339	11981	2. 78
定结县	3518	4653	6318	10063	2. 86
仲巴县	8276	13404	17171	25134	3. 04
亚东县	2985	3840	6005	11278	3. 78
吉隆县	3040	4210	6425	10815	3. 56
聂拉木县	3940	6249	8313	11850	3. 01
萨嘎县	2762	3895	6124	9297	3. 37
岗巴县	1558	2404	3432	6169	3. 96
普兰县	1243	2740	3829	5326	4. 28
札达县	1023	1667	2700	4017	3. 93
噶尔县	1512	3205	4613	7739	5. 12
日土县	3052	4871	6986	9744	3. 19
墨脱县	922	1769	3002	4140	4. 49
察隅县	4815	7400	11441	16601	3. 45

资料来源：原始数据来源于《西藏统计年鉴（2006 ~ 2020）》。

　　2005 年以来各主要年份西藏陆地边境地区各县域第二产业总量变化及增长情况见表 4 – 19。2005 年以来，西藏陆地边境地区各县域二次产业增长迅猛，其中吉隆县 2019 年第二产业总量达到 45998

万元，较 2005 年其第二产业总量的 1694 万元增长 27.15 倍，增长幅度最低的为岗巴县，其第二产业总量较 2005 年相比增长 4.34 倍。

表 4-19　　　　　　主要年份西藏陆地边境地区各县域
第二产业总量及增长情况　　　　单位：万元

地区	2005 年	2010 年	2015 年	2019 年	2005~2019 年增长倍数
洛扎县	2713	4711	14795	43554	16.06
错那县	4630	4999	17115	44628	9.64
浪卡子县	4797	8279	17438	50742	10.58
定日县	3036	9066	26339	61132	20.13
康马县	1834	3729	8892	25576	13.95
定结县	2192	3337	9742	17324	7.90
仲巴县	2871	5230	12903	24503	8.54
亚东县	2231	5808	19376	25657	11.50
吉隆县	1694	4972	18992	45998	27.15
聂拉木县	3218	6025	8297	29504	9.17
萨嘎县	1595	2688	11145	15895	9.97
岗巴县	1474	2466	10453	6399	4.34
普兰县	1679	1365	5856	7403	4.41
札达县	1473	2603	6487	8071	5.48
噶尔县	869	3585	8112	10047	11.56
日土县	984	2330	5078	6375	6.48
墨脱县	1891	12164	21000	27155	14.36
察隅县	3592	7902	28600	33243	9.25

资料来源：原始数据来源于《西藏统计年鉴（2006~2020）》。

2005 年以来各主要年份西藏陆地边境地区各县域第三产业总量变化及增长情况见表 4-20。总体上看，各县域第三产业增长高于第一产业增长幅度。2005 年以来，第三产业增长速度幅度最大的是岗巴县，增长了 9.87 倍，增长幅度最小的是错那县，增长了 4.17 倍。

表 4-20　　　　　　　主要年份西藏陆地边境地区各县域

第三产业总量及增长情况　　　单位：万元

地区	2005 年	2010 年	2015 年	2019 年	2005~2019 年增长倍数
洛扎县	4253	12438	14704	19344	4.55
错那县	5750	18186	19609	23957	4.17
浪卡子县	4274	13763	24945	31468	7.36
定日县	6920	14388	25793	29793	4.31
康马县	4521	11556	21569	20844	4.61
定结县	3369	9810	15521	21113	6.27
仲巴县	4119	11298	24778	33963	8.25
亚东县	6906	14122	27300	41465	6.00
吉隆县	5808	11489	18658	24287	4.18
聂拉木县	8696	18811	33139	40246	4.63
萨嘎县	4420	10626	15850	27108	6.13
岗巴县	3723	8373	18872	36731	9.87
普兰县	5481	12050	13504	25240	4.60
札达县	4721	9606	12457	24666	5.22
噶尔县	4244	5948	12401	23519	5.54
日土县	5572	11272	15425	26977	4.84
墨脱县	4885	2934	17598	37305	7.64
察隅县	7543	19647	25059	53557	7.10

资料来源：原始数据来源于《西藏统计年鉴（2006~2020）》。

第三节　中国南部陆地边境地区产业结构变迁与经济增长的实证分析

一、变量选取及数据来源

（一）变量选取

对于产业结构变迁影响经济增长实现路径问题的探讨，不同的研究侧重点有很大不同，本章研究此部分的核心解释变量主要为产业结构变迁的相关衡量指标，被解释变量主要为经济增长的衡量指标。

1. 核心解释变量说明

对于产业结构变迁的衡量，以往的研究大多从产业结构合理化和产业结构高级化这两个维度来衡量地区产业结构变迁，结合本章研究范围，本章侧重于从产业结构高级化这一维度考察各县域产业结构的变迁。本章采用第三产业产值与第二产业产值之比（CIS）作为产业结构变迁的度量指标。

2. 被解释变量说明

对于经济增长的衡量，多数学者的研究中直接使用各期名义GDP或人均GDP总量以及剔除价格趋势的实际GDP或人均GDP总量来衡量，本章沿用地区名义GDP总量来度量经济增长情况，同时，为避免经济类变量的经济惯性，对地区GDP做了对数处理。

3. 控制变量说明

本章选择一般财政支出（$\ln FE$）、小学在校生人数（$\ln STU$）和固定电话用户数（$\ln USER$）作为控制变量，从政府干预、区域人口变化和信息化程度三个角度控制对经济增长的影响。合理的地方政府财政行为能够通过收入再分配、促进资源合理配置，进而增强地方发展动力，促进地区经济增长，本章选取各县域的一般财政支出取对数来衡量政府干预程度，预计政府干预程度与县域经济增长呈正相关。对于区域人口变化的衡量，本章选取小学生在校人数衡量。原因是在全国范围内小学入学率接近100%，且小学在校生人数的总量受到统计误差等因素的影响较少，因此，小学招生人数与6年或7年前的本地出生人口数量相对应，同时也能在一定程度上反映适龄就学儿童及其家长的流动情况，即区域人口变化情况，预计小学在校生人数可能与县域经济增长为正向关系。固定电话用户数在过去是代表信息产业发展的正向指标，但随着通信业的持续壮大，移动电话逐渐取代其成为最主要的通信工具，彼时固定电话用户数反而可能成为了信息产业发展的负向化指标，因此，初步估计固定电话用户数与经济增长为负向关系。各变量定义见表4-21。

表4-21 各实证变量定义

类别	变量名称	变量定义
被解释变量	$\ln GDP$	各县域地区生产总值取对数
解释变量	CIS	第三产业产值与第二产业产值之比
控制变量	$\ln FE$	一般财政支出取对数
	$\ln STU$	小学在校生人数取对数
	$\ln USER$	固定电话用户数取对数

（二）变量描述性统计

基于上述对所需变量的解释说明，为了更直观地观察到变量是否存在异常值，对各变量进行描述性统计，各变量的详细统计情况见表4-22。

表 4 – 22　　　　　　　　实证变量的描述性统计结果

变量名称	观测值个数	平均值	标准差	最小值	最大值
lnGDP	765	11.81	1.482	8.799	14.897
CIS	765	1.829	2.068	0.230	48.286
lnFE	765	11.077	1.263	6.760	13.546
lnSTU	765	9.021	1.345	6.138	11.070
ln$USER$	765	8.832	1.579	3.611	12.003

注：由 Stata16.0 分析整理。

从表 4 – 22 可知，通过对中国南部陆地边境地区 51 个县域相关指标统计性描述，所选取各实证变量的标准差都较小，即在样本范围内各指标变化较小，在中国南部陆地边境地区县域的产业结构变迁指标中，第三产业增加值与第二产业增加值比值的最大值为 48.286，最小值仅为 0.23，平均值为 1.829，说明中国南部陆地边境地区各县域产业结构变迁程度差距较大。在中国南部陆地边境地区县域的经济增长指标中，地区生产总值取对数的最大值为 14.897，最小值为 8.799，平均值为 11.81，说明在中国南部陆地边境地区各县域的经济增长状况一般。

（三）数据来源

基于上面对所需变量的解释说明，本章研究此部分所需统计指标主要为中国南部陆地边境地区的广西、云南与西藏 51 个边境地区县域 2005 ~ 2019 年的数据。本章节研究的原始数据主要来自中经网数据库、《中国县域统计年鉴（2006 ~ 2020）》、《中国民族统计年鉴（2006 ~ 2020）》、《广西统计年鉴（2006 ~ 2020）》、《云南统计年鉴（2006 ~ 2020）》和《西藏统计年鉴（2006 ~ 2020）》，其他缺失数据由政府各年统计公报与插值法补齐。

二、模型构建

为进一步考察中国南部陆地边境地区各县域产业结构变迁对其经济增长的影响，本章节选择用地区 GDP 的对数形式来度量中国南部陆地边境各县域的经济增长程度作为本节实证分析的被解释变量，构建静态面板数据回归模型检验中国南部陆地边境地区各县域产业结构变迁对其经济增长的影响，模型如下：

$$\ln GDP_{it} = \beta_0 + \beta_1 CIS_{it} + \beta_2 \ln FE_{it} + \beta_3 \ln STU_{it} + \beta_4 \ln USER_{it} + \varepsilon_{it}$$

$$(4-1)$$

其中，i 与 t 表示第 i 个地区的第 t 期，β 表示各解释变量的系数，ε 为随机干扰项。

三、实证结果

本章运用 Hausman 检验选择采用固定效应或随机效应估计方法对前面设定的静态面板模型进行估计，同时，在异质性分析中分地区进行实证检验中国南部陆地边境的不同地区产业结构变迁对经济增长的影响，最后，在稳健性检验中，采用更改自变量测量指标、因变量测量指标和系统矩估计（GMM）的方法对实证进行检验。

（一）单位根检验

由于本章研究此部分采用的是典型的长面板数据，并涉及不同类型的经济类变量，为确保数据不出现伪回归，本章研究此部分对所有参与回归变量进行了 HT 单位根检验，检验结果见表 4 – 23。由检验结果可见，所有变量均在 1% 的显著性水平上拒绝了存在单位根的原假设，因此可以直接纳入模型进行回归。

表 4 – 23　　　　　　　　　　各变量的 HT 检验结果

变量名称	含义	P 值
ln*GDP*	地区生产总值取对数	0.0050
CIS	第三产业增加值与第二产业增加值之比	0.0000
ln*FE*	一般财政支出取对数	0.0000
ln*STU*	小学在校生人数取对数	0.0000
ln*USER*	固定电话用户数取对数	0.0000

注：由 Stata16.0 分析整理。

（二）静态面板估计结果分析

静态面板估计结果见表 4 – 24，根据模型 1 的 Hausman 检验结果，本部分选择固定效应估计样本范围内的面板数据。从表 4 – 24 中模型（4 – 1）估计结果来看，核心解释变量产业结构变迁对地区经济增长的影响在统计上显著为正，产业结构高级化水平的提高显著提高了中国南部陆地边境地区各县域的经济增长程度，同时，一般财政支出和小学在校生人数对中国南部陆地边境地区各县域的经济增长具有显著的促进作用，说明中国南部陆地边境地区各县域政府能够依据地区特色，制定特定的财政扶助政策，吸引外商投资，促进地区经济增长，同时人力资本依旧能发挥其拉动经济增长的作用。而固定电话用户数对中国南部陆地边境地区各县域的经济增长有明显的抑制作用，这与预期一致。

表 4 – 24   静态面板回归结果

变量名称	模型（4 – 1） ln*GDP*
CIS	0.0136 *** （0.00456）
ln*FE*	0.615 *** （0.00853）
ln*STU*	0.587 *** （0.0312）
ln*USER*	– 0.0859 *** （0.0121）
Constant	0.436 （0.279）
Observations	765
Number of id	51
Hausman 检验	Prob > chi2 = 0. 0000
模型选择	固定效应

注：由 Stata16.0 分析整理；括号内为稳健标准误差； *** 、 ** 、 * 分别表示在 1% 、5% 和10% 显著性水平下显著。

（三）异质性分析

采用分样本的方式检验不同地区产业结构变迁对经济增长的影响，本章节将中国南部陆地边境地区各县域整体细化到广西、云南和西藏这三个地区进行分样本检验，结果见表4 – 25，其中，模型（4 –2）、模型（4 – 3）和模型（4 – 4）分别为广西、云南和西藏陆地边境各县域产业结构变迁对经济增长影响的实证结果。

从模型（4 –2）的估计结果可见，广西陆地边境地区产业结构变迁对其地区经济增长的影响是显著负向的，产业结构变迁程度每提高 1 个单位，地区经济增长水平降低 0.0994。一般而言，产业结构变迁能够提高地区经济增长，但本章使用的产业结构变迁中的产业高级化指标与经济增长之间的关系不稳定，在广西陆地边境地区中的产业结构高级化对经济增长产生了负向影响，因此，在调整广西的产业结构的同时还需要协调地区要素禀赋，推动产业结构合理化的变迁，促进地区经济高质量发展。同时，一般财政支出和小学在校生人数对广西陆地边境各县域的经济增长也具有显著的促进作用，但固定电话用户数对广西陆地边境各县域的经济增长有明显的抑制作用。

从模型（4-3）的估计结果可见，云南陆地边境地区产业结构变迁对其地区经济增长的影响是显著正向的，这与上述实证结果一致。同时，一般财政支出和小学在校生人数对云南陆地边境各县域的经济增长也具有显著的促进作用，但固定电话用户数对云南陆地边境各县域的经济增长有明显的抑制作用。

从模型（4-4）的估计结果可见，西藏陆地边境地区产业结构变迁对其地区经济增长的影响是负向的，但不显著。可能的原因是西藏地区整体工业化进程滞缓，产业结构高级化程度较低，对经济增长的作业不明显。同时，一般财政支出对西藏陆地边境各县域的经济增长具有显著的促进作用，但小学在校生人数能够显著抑制西藏陆地边境地区的经济增长，这可能与西藏地区人口出生率持续走低以及适龄学童及其家长流出有关，学童家长作为城市发展的中坚力量，适龄儿童及其家长的流出会对原地区的经济增长产生不利影响。

整体而言，中国南部陆地边境地区的产业结构变迁对经济增长在不同片区发挥的作用不尽相同。因此，对于中国南部陆地边境地区不同片区的扶助政策要因地制宜，适应当地的经济状况，以期更好地促进边境地区经济增长。

表 4-25   分样本检验结果

变量名称	模型（4-2）lnGDP	模型（4-3）lnGDP	模型（4-4）lnGDP
CIS	-0.0994*** (0.0326)	0.0673*** (0.0173)	-0.000300 (0.00406)
lnFE	0.671*** (0.0246)	0.742*** (0.0124)	0.447*** (0.0110)
lnSTU	0.297* (0.151)	0.505*** (0.0626)	-0.143* (0.0733)
lnUSER	-0.0930** (0.0405)	-0.0786*** (0.0201)	0.00977 (0.0131)
Constant	3.355** (1.429)	-0.403 (0.656)	6.681*** (0.569)
Observations	120	375	270
R-squared	0.953		0.898
Number of id	8	25	18
Hausman 检验	chi2(4) = -2.07	Prob > chi2 = 0.9350	Prob > chi2 = 0.0021
模型选择	固定效应	随机效应	固定效应

注：由 Stata16.0 分析整理；括号内为稳健标准误差；***、**、* 分别表示在 1%、5% 和 10% 显著性水平下显著。

（四）稳健性检验

为了使得上述静态面板估计结果更加可信，本部分利用改变估计方法、改变自变量衡量指标以及因变量衡量指标这三个方法对实证数据进行稳健性实证检验。

1. 系统矩估计（GMM）

因为本章数据处理时采用插值法对部分缺失值进行了补充，为了避免数据可能存在的异方差和内生性问题导致最终结果出现伪回归，本章采用广义矩估计（GMM）方法对所选变量再次进行实证检验，同时引入滞后一期的被解释变量解决可能产生的内生性问题，实证结果见表 4 - 26 模型（4 - 5）。结果显示，在改变回归估计方法后，中国南部陆地边境地区各县域的产业结构变迁对其本身的经济增长仍有非常显著的促进作用，即进一步证实中国南部陆地边境地区各县域的产业结构变迁对其本身的经济增长确实有显著影响。同时，对 GMM 的估计效果进行序列自相关检验和过度识别检验，结果显示均通过检验，即估计结果是可信的。

表 4 - 26　　　　　　　　　稳健性检验结果

变量名称	模型（4 - 5） lnGDP	模型（4 - 6） lnGDP	模型（4 - 7） Growth
L. lnGDP	0. 873 *** （0. 00434）		
CIS	0. 00105 ** （0. 000420）		0. 0763 （0. 133）
lnFE	0. 0572 *** （0. 00322）	0. 563 *** （0. 00864）	- 2. 303 *** （0. 509）
lnSTU	0. 0858 *** （0. 00541）	0. 0993 （0. 0638）	- 8. 808 ** （3. 836）
lnUSER	- 0. 00991 *** （0. 00209）	- 0. 0968 *** （0. 0112）	0. 505 （0. 624）
cis		0. 00780 *** （0. 000941）	

变量名称	模型（4-5） ln*GDP*	模型（4-6） ln*GDP*	模型（4-7） *Growth*
Constant	0.303 *** （0.0267）	3.825 *** （0.592）	116.2 *** （36.40）
Observations	714	765	765
R-squared		0.899	0.046
Number of id	51	51	51

注：由 Stata16.0 分析整理；括号内为稳健标准误差；***、**、* 分别表示在 1%、5%和10%显著性水平下显著；系统 GMM 序列自相关检验 p 值为0.3427，过度识别检验 p 值为1.0000，均通过检验。

2. 改变自变量衡量指标

为降低由于指标选取的片面性带来的影响，本章将改变产业结构变迁测度指标，用 1 × 第一产业占比 + 2 × 第二产业占比 + 3 × 第三产业占比（*cis*）衡量地区的产业结构变迁程度进行进一步分析，结果见表4-26 模型（4-6）。该结果表明，在改变自变量衡量指标后，中国南部陆地边境地区各县域的产业结构变迁对其本身的经济增长仍有非常显著的促进作用，即说明中国南部陆地边境地区各县域的产业结构变迁对其本身的经济增长有显著的影响。

3. 改变因变量衡量指标

为减少由于指标定义带来的误差，本章用地区 GDP 年均增长率衡量经济增长进行实证分析，结果见表4-26 模型（4-7）。该结果表明，在改变因变量衡量指标后，中国南部陆地边境地区各县域的产业结构变迁对其本身的经济增长有促进作用，但不显著，进一步证实了中国南部陆地边境地区各县域的产业结构变迁对其本身经济增长的影响是正向的。

第四节　本章研究结论与政策建议

一、研　究　结　论

本书此部分构建了产业结构变迁对经济增长影响的静态面板回归模型，基于2005～2019年中国南部陆地边境地区县域层面的面板数据，实证检验了中国南部陆地边境地区各县域产业结构变迁对经济增长影响，主要研究结论如下：

第一，中国南部陆地边境地区产业结构变迁对其经济增长有显著正向的影响。2005～2019年，中国南部陆地边境地区的产业结构变迁对于经济增长有显著正向的影响。产业结构变迁能够使得投入要素从低效率的产业向高效率的产业流动以此促进整个社会生产率的提高，由此带来的红利带动了地区经济的持续增长。

第二，从分样本实证结果来看，中国南部陆地边境地区中，广西陆地边境地区产业结构变迁对其地区经济增长的影响是显著负向的，云南陆地边境地区产业结构变迁对其地区经济增长的影响是显著正向的，西藏产业结构变迁对其经济增长的影响不明显。一般而言，产业结构变迁能够有效地提高地区经济增长，但本章使用的产业结构变迁中的产业高级化指标与经济增长之间的关系不稳定，而在何维达等（2020）的研究中也认为产业结构的高级化并不能够明显地促进中国经济增长，而要素禀赋的合理分配才能够明显地促进地区经济增长。

第三，一般财政支出、小学在校生人数和固定电话用户数对于中国南部陆地边境地区各县域的经济增长作用不容忽视。结合上述实证结果可知，一般财政支出和小学在校生人数能够有效地促进中国南部陆地边境地区各县域经济增长，其中，小学生在校生人数在一定程度上反映了区域人口变化以及人力资本的流出，因此需警惕小学在校生人数的变化，避免人才的大量流出，产生对区域经济增长的不利影响。固定电话用户数对中国南部陆地边境地区各县域经济增长有明显的抑制作用，需要特别说明的是，固定电话用户数在过去是代表信息产业发展的正向指标，但随着通信业的持续壮大，移动电话逐渐取代其成为最主要的通信工具，彼时固定电话用户数反而成为了信息产业发展的负向化指标，进而在实证过程对经济增长产生负向影响，实际上，信息产业的发展能够有效地推动区域经济增长及其结构的调整。

二、政策建议

（一）促进产业的有效融合，转变单一的农业发展模式

中国南部陆地边境地区各县域目前核心还在农业的发展，各县域的农业发展与二三产业的生产尚未得到良好的协调，产业整体抗风险的能力较低。因此，中国南部陆地边境地区各县域可以将产业发展的重心转移到农业与第二产业和第三产业的有效融合上来，结合国家和政府特定的扶助和优惠政策，转变各县域单一的农业发展模式，提升边境地区县域农业生产效率和资源利用率。同时，中国南部陆地边境地区各县域还要加大力度发展信息化产业，实现农业

与信息产业有效融合，促进区域经济增长。

（二）加强协调地区要素禀赋的力度，推动产业结构合理化的变迁

结合在上述实证过程中广西陆地边境地区产业结构高级化对经济增长产生了负向影响这一结果，因此，在调整中国南部陆地边境地区的产业结构的同时还需要协调地区要素禀赋，推动产业结构合理化的变迁，促进各地区经济高质量发展。

（三）因地制宜提供扶助政策，增强政策倾斜力度

中国南部陆地边境地区更需要特定的扶助政策和高效的政府，制定合理有效的政策，合理的地方政府财政行为能够通过收入再分配、促进资源合理配置，进而增强地方发展动力，促进地区经济增长。

第五章

中国南部陆地边境地区的
基础设施改善与经济增长

第一节　引　　言

　　基础设施建设与经济增长以及减贫的关系问题一直以来就是学术界研究的焦点，由于中国国土面积辽阔，各地区间的经济基础以及基础设施建设情况都存在很大的差别。因此，本章此部分拟对中国南部陆地边境地区基础设施改善与经济增长的研究进行分析，期望对当地政府今后的基础设施建设政策的制定起到一定的参考性作用。

　　许多已有的研究都表明基础设施的改善可以有效地推动经济增长，其中基础设施主要包括交通基础设施、电网基础设施和医疗基础设施等。现有研究的样本和数据多使用多省数据与某一国家数据，对于城市级数据或更小的县域数据涉及不足，而对于中国地区差异明显的现状而言，得出的结论地区适用性有待于进一步深入考究。同时，如曹宗平（2010）所述，县域是中国经济发展的基础性单元，在经济发展过程中应该起到基础性作用。因此，在共同富裕的背景下，为了增加财政支出的利用效率，对中国南部陆地边境地区县域基础设施改善与经济增长的关系进行补充研究具有极大的理论意义与现实意义。

据此，本章此部分的研究拟运用中国南部陆地边境地区的广西、云南与西藏陆地边境地区县域 2005~2019 年所公布数据，结合前面对中国南部陆地边境地区的各县域经济增长情况进行描述的基础上，进一步对南部陆地边境地区的各县域的基础设施建设情况进行描述，并通过熵权法构建信息基础设施建设水平、教育基础设施建设水平、公共卫生基础设施建设水平的指标并使用 GMM 工具变量法控制基础设施建设水平与经济增长之间的双向因果关系，据此得到五种类型基础设施的改善情况与经济增长之间的系数关系，并分析各项指标对经济增长的影响程度大小，从而为政策制定提供一定的理论依据。

第二节　中国南部陆地边境地区基础设施改善的历史与现状

一、基本统计指标说明

基础设施的改善主要表现为基础设施普及率和基础设施密度的提升。本章基于现有研究的基础设施指标选择，并结合中国南部陆地边境地区的实际情况，从多个角度对不同基础设施的建设情况进行测度，其中包括道路基础设施、公共卫生基础设施、教育基础设施、信息基础设施以及电力基础设施。

（一）道路基础设施方面

本章研究借用张莎莎等（2021）所用的方法，使用公路密度作为本章的道路基础设施指标，用各县域内公路里程与各县域行政区域面积之比来表示公路密度。

（二）公共卫生基础设施方面

本章研究借用曹琳剑等（2021）所用的方法，用各县域的每万人卫生技术人员数、每万人执业医师数以及每万人医疗机构床位数作为公共卫生基础设施的衡量指标。

（三）教育基础设施方面

本章从几个方面综合考虑教育基础设施的改善情况，分别为：普通小学在校生人数、普通中学在校生人数、普通小学专任教师数、普通中学专任教师数、普通小学学校数、普通中学学校数。

（四）信息基础设施方面

本章研究借用黄书雷等（2021）的做法，使用固定电话普及率、移动电话普及率以及互联网普及率作为衡量信息基础设施的指标，具体来说：固定电话普及率＝固定电话用户／人口数，移动电话普及率＝移动电话用户／人口数，互联网普及率＝互联网宽带接入用户数／人口数。

（五）电力基础设施方面

由于中国南部陆地边境地区县域电网设施建设情况数据缺乏，

故本章研究借用卓乐（2021）的做法，将总用电量作为电力基础设施的代理变量。

二、广西陆地边境地区基础设施改善的历史与现状

（一）广西陆地边境地区公路基础设施改善的历史与现状

运用上面提及的指标计算方法，本章此部分研究使用广西陆地边境地区 8 个县域：防城区、东兴市、凭祥市、大新县、宁明县、龙州县、靖西市、那坡县 2005～2019 年主要年份的公路基础设施数据，估算公路基础设施的改善情况，具体情况见表 5－1。

表 5－1　　　　　　2005 年以来各主要年份广西陆地边境地区

各县域道路基础设施情况　　单位：千米/平方千米

地区	2005 年	2010 年	2015 年	2018 年	2019 年	2005～2019 年增长倍数	2005～2019 年年均增长率（%）
东兴市	0.3552	0.4645	0.5127	1.2003	1.2343	3.4749	9.30
凭祥市	0.5138	0.6148	0.6667	0.6667	0.6667	1.2976	1.88
大新县	0.2775	0.3431	0.3398	0.3650	0.3650	1.3153	1.98
宁明县	0.2636	0.3812	0.3875	0.3893	0.3898	1.4788	2.83
龙州县	0.3352	0.4045	0.4135	0.4029	0.4184	1.2482	1.60
靖西市	0.2628	0.4200	0.5060	0.4862	0.5307	2.0194	5.15
那坡县	0.2878	0.4541	0.4989	0.5488	0.5556	1.9305	4.81
防城区	0.3247	0.4101	0.5089	0.4476	0.4476	1.3785	2.32
广西平均	0.2610	0.4284	0.4966	0.5280	0.5380	2.0615	5.30

资料来源：原始数据来源于《中国区域经济统计年鉴（2006～2020）》《广西统计年鉴（2006～2020）》。

从总体上来说，广西陆地边境地区的各县市的道路基础设施在 2005 ~ 2019 年的 15 年间都呈现出了明显的增加趋势，具体到每一个县域来说，东兴市的公路基础设施在 2005 ~ 2019 年这 15 年的增长最为迅猛，总增长倍数为 3.47，年均增长率为 9.30%，远高于其他县区 1 ~ 2 倍的增长率，而同期广西的公路基础设施总增长倍数为 2.06 倍，年均增长率为 5.3%。显然，在公路基础设施的建设方面东兴市的增长率是明显领先于广西平均水平；最慢的道路基础设施增长率出现在龙州县，该县的公路基础设施在 15 年间仅增加了 1.25 倍，公路密度仅从 2005 年的 0.3352 千米/平方千米增加至 2019 年的 0.4184 千米/平方千米，年均增长率为 1.6% 与最高年均增长率的东兴市的差距高达 7.7%，并且其 1.6% 的年均增长率同样远低于广西 5.3% 的年平均增长率。总的来说，广西陆地边境地区的 8 个县域除东兴市外，公路基础设施在 2005 ~ 2019 年这 15 年间的增长倍数以及年均增长率均小于广西的平均增长倍数及年均增长率。从已有公路基础设施的密度角度考虑，广西 2005 年的公路密度为 0.2610 千米/平方千米，相比之下低于所有广西陆地边境地区县区同期的公路密度，而到了 2019 年，仅有东兴市、凭祥市、那坡县三个市县的公路密度高于广西平均公路密度 0.5380 千米/平方千米，这说明广西陆地边境地区各县域道路基础设施发展情况不及广西平均水平，有较大的提升空间。

（二）广西陆地边境地区公共卫生基础设施的历史与现状

该部分运用上面提到的公共卫生基础设施衡量指标，使用广西陆地边境地区 8 个县域主要年份的公共卫生基础设施数据，对公共卫生基础设施的改善情况进行了估算，具体结果见表 5 - 2。

表 5 - 2　　**2005 年以来各主要年份广西陆地边境地区各县域公共卫生基础设施情况**

地区	指标	2005 年	2010 年	2015 年	2018 年	2019 年	2005～2019 年增长倍数	2005～2019 年年均增长率（%）
东兴市	每万人床位数（张/万人）	16.04	18.68	30.31	30.62	30.62	1.91	4.73
	每万人医师数（人/万人）	8.07	9.77	26.02	25.75	26.29	3.26	8.80
	每万人卫生技术人员（人/万人）	14.85	29.22	66.78	64.49	63.85	4.30	10.98
凭祥市	每万人床位数（张/万人）	10.55	20.02	25.55	28.26	31.49	2.98	8.12
	每万人医师数（人/万人）	18.01	11.47	23.09	25.67	20.36	1.13	0.88
	每万人卫生技术人员（人/万人）	8.91	30.73	63.82	60.73	67.00	7.52	15.50
大新县	每万人床位数（张/万人）	35.87	18.29	31.47	30.36	34.06	0.95	- 0.37
	每万人医师数（人/万人）	12.27	6.56	8.50	12.96	14.55	1.19	1.23
	每万人卫生技术人员（人/万人）	5.66	19.51	33.76	34.44	34.73	6.14	13.84
宁明县	每万人床位数（张/万人）	40.26	15.47	20.98	27.05	31.97	0.79	- 1.63
	每万人医师数（人/万人）	10.73	5.31	10.95	8.24	10.81	1.01	0.06
	每万人卫生技术人员（人/万人）	5.14	14.14	28.30	35.25	39.84	7.75	15.75

续表

地区	指标	2005 年	2010 年	2015 年	2018 年	2019 年	2005～2019 年增长倍数	2005～2019 年年均增长率（％）
龙州县	每万人床位数（张/万人）	26.94	29.55	40.81	43.34	40.91	1.52	3.03
	每万人医师数（人/万人）	18.63	7.76	14.15	14.30	11.60	0.62	-3.33
	每万人卫生技术人员（人/万人）	6.61	27.86	45.85	50.30	45.49	6.88	14.77
靖西市	每万人床位数（张/万人）	58.78	17.25	26.62	29.10	29.12	0.50	-4.89
	每万人医师数（人/万人）	11.08	4.78	6.01	8.98	9.68	0.87	-0.96
	每万人卫生技术人员（人/万人）	4.13	15.72	23.41	35.45	36.81	8.91	16.91
那坡县	每万人床位数（张/万人）	19.91	23.88	35.49	36.91	37.46	1.88	4.62
	每万人医师数（人/万人）	19.59	6.75	10.29	12.39	12.23	0.62	-3.31
	每万人卫生技术人员（人/万人）	5.93	24.39	57.10	46.56	47.68	8.04	16.05
防城区	每万人床位数（张/万人）	37.60	36.83	22.04	23.10	24.40	0.65	-3.04
	每万人医师数（人/万人）	16.68	11.74	8.59	11.34	10.89	0.65	-3.00
	每万人卫生技术人员（人/万人）	8.46	39.48	25.56	28.20	36.64	4.33	11.04

地区	指标	2005 年	2010 年	2015 年	2018 年	2019 年	2005～2019 年增长倍数	2005～2019 年年均增长率（%）
广西平均	每万人床位数（张/万人）	27.74	41.12	57.27	65.15	68.83	2.48	6.71
	每万人医师数（人/万人）	11.72	15.36	19.10	21.51	23.20	1.98	5.00
	每万人卫生技术人员（人/万人）	20.16	31.17	44.72	51.96	55.92	2.77	7.56
全国平均	每万人床位数（张/万人）	34.91	43.82	57.89	67.80	72.01	2.06	5.31
	每万人医师数（人/万人）	12.41	14.71	18.13	21.42	22.77	1.83	4.43
	每万人卫生技术人员（人/万人）	25.75	35.70	50.71	59.80	62.46	2.43	6.53

资料来源：原始数据来源于《中国区域经济统计年鉴（2006～2020）》《中国卫生统计年鉴（2006～2020）》。

从上述指标分别考察广西陆地边境地区各县域的公共卫生基础设施情况，可以发现不同县域之间的公共卫生基础设施建设情况差距较大。

1. 每万人床位数

在 2005 年，每万人拥有床位数最多的县域为靖西市，每万人拥有 58.78 张床位，每万人拥有床位数最少的县域为凭祥市，每万人仅拥有 10.55 张床位两者相差 5.57 倍，同时，大新县、宁明县、靖西市和防城区的每万人床位数大于广西平均每万人床位数的 27.74 张和全国平均每万人床位数的 34.91 张。

在 2019 年，每万人拥有床位数最多的县域为龙州县，每万人拥有 40.91 张床位，每万人拥有床位数最少的县域为防城区，每万人拥有 24.40 张床位，两者相差 1.68 倍，广西陆地边境地区 8 个县域之间每万人拥有床位数的差距较 2005 年有了明显的缩小。但是此时，广西平均每万人拥有床位数为 68.83 张，全国平均每万人床位数已经增至 72.01 张，广西陆地边境地区 8 个县域的每万人床位数已经全部落后于广西以及全国平均水平。

从增长倍数以及平均增长率来看，增长倍数最大的县域为凭祥市，15 年间增长倍数为 2.98 倍，增长率为 8.12%；增长倍数最小的县域为靖西市，15 年间的增长倍数为 0.5 倍，增长率为 -4.89%，同一时期内广西平均增长倍数为 2.48，增长率为 6.71%，全国平均增长率为 2.06，增长率为 5.31%，8 个县域中只有凭祥市的增长率高于广西与全国的平均增长率，值得注意的是 8 个县域中的防城区、靖西市、宁明县、大新县出现了每万人床位数负增长的情况，这与广西与全国的趋势有着较大出入。

2. 每万人执业医师数

在 2005 年，每万人执业医师数最多的县域为那坡县，每万人拥有 19.79 名执业医师，每万人拥有执业医师数最少的县域为东兴市，每万人拥有 8.07 名执业医师两者相差 2.45 倍，此时，广西的平均每万人执业医师人数为 11.72 人，全国平均的每万人执业医师数为 12.41 人。在 8 个样本县域中，仅凭祥市、大兴县、龙州县、那坡县和防城区的每万人执业医师数大于广西与全国平均每万人执业医师数。

在 2019 年，每万人执业医师数最多的县域为东兴市，每万人拥有执业医师 26.29 人,每万人拥有执业医师数最少的县域为靖西市,每万人拥有执业医师 9.68 人,两者相差 2.72 倍,广西陆地边境地区 8 个县域之间每万人拥有执业医师数的差距较 2005 年变化不大。此时,广西平均每万人床位数已经增至 23.2 人,全国平均每万人执业医师数为 22.77 人,广西陆地边境地区 8 个县域的每万人执业医师数只有东兴市一地领先于广西以及全国平均水平。

从增长倍数以及平均增长率来看,增长倍数最大的县域为东兴市,15 年间增长倍数为 3.26 倍,增长率为 8.80%;增长倍数最小的县域为那坡县与龙州县,15 年间的增长倍数为 0.62 倍,增长率为 -3.3%,同一时期内广西平均增长倍数为 1.98,增长率为 5%,全国平均增长率为 1.83,增长率为 4.43%,8 个县域中同样只有东兴市的增长率高于广西与全国的平均增长率。与每万人床位数相同的是,8 个县域中的防城区、靖西市、那坡县和龙州县也出现了每万人执业医师数负增长的情况,这与广西与全国的趋势有着较大出入。

3. 每万人卫生技术人员数

在 2005 年,每万人拥有卫生技术人员最多的县域为东兴市,每万人拥有 14.85 名卫生技术人员,每万人拥有卫生技术人员数最少的县域为靖西市,每万人拥有 4.13 名卫生技术人员,两者相差 3.60 倍,广西平均每万人卫生技术人员数为 20.16 人,全国平均每万人卫生技术人员数为 25.75 人,此时广西陆地边境地区 8 个县域的每万人卫生技术人员数全面落后于广西平均水平与全国平均水平。

在 2019 年,每万人医疗技术人员数最多的县域为凭祥市,每万人拥有 67 名卫生技术人员，每万人卫生技术人员数最少的县域为大新县，每万人拥有 34.73 名卫生技术人员，两者相差 1.93 倍，广西陆地边境地区 8 县域之间每万人拥有卫生技术人员数的差距较 2005 年有了明显的缩小。此时，广西平均每万人拥有卫生技术人员数为 55.92 人，全国平均每万人卫生技术人员数增至 62.46 人，广西陆地边境地区 8 个县域的每万人卫生技术人员数除东兴市和凭祥市外仍然落后于广西平均水平以及全国平均水平。

从增长倍数以及平均增长率来看，增长倍数最大的县域为靖西市，15 年间增长倍数为 8.91 倍，增长率为 15.5%；增长倍数最小的县域为东兴市，15 年间的增长倍数为 4.3 倍，增长率为 10.98%，同一时期内广西平均增长倍数为 2.77，增长率为 7.56%，全国平均增长率为 2.43%，增长率为 6.53%，所有样本县域的每万人卫生技术人员数增长率均高于广西与全国的平均增长率。

从上述的数据中可以清晰地看出，广西陆地边境地区各县域的公共卫生基础设施建设与广西全域以及全国范围内的公共卫生基础设施建设情况相对比还处于相对不足的状态，并且在每万人床位数与每万人执业医师数这两个指标方面，广西陆地边境地区各县域的增长率也远低于广西平均增长率与全国平均增长率，可以预见，在未来的一段时期内，广西陆地边境地区各县域与广西全域以及全国的公共卫生基础设施建设的差距将进一步增大。

（三）广西陆地边境地区教育基础设施改善的历史与现状

该部分运用上面提到的教育基础设施衡量指标，使用广西陆地边境地区 8 个县域主要年份的教育基础设施数据：普通小学在校生人数、普通中学在校生人数、普通小学专任教师数、普通中学专任教师数、普通小学学校数、普通中学学校数，对公共卫生基础设施的改善情况进行了估算，具体结果见表5-3。

表5-3 2005年以来各主要年份广西陆地边境地区各县域教育基础设施情况

地区	指标	2005年	2010年	2015年	2018年	2019年	2005～2019年增长倍数	2005～2019年年均增长率（%）
东兴市	中小学在校学生数（人）	21044	23248	29259	34713	36713	1.74	4.06
	中小学专任教师数（人）	1147	1232	1345	2152	2328	2.03	5.19
	教师学生比	0.0545	0.0530	0.0460	0.0620	0.0634	1.16	1.09
	中小学学校数（所）	45	42	58	34	34	0.76	-1.98
凭祥市	中小学在校学生数（人）	14778	12528	14600	16490	17171	1.16	1.08
	中小学专任教师数（人）	1077	994	995	905	955	0.89	-0.86
	教师学生比	0.0729	0.0793	0.0682	0.0549	0.0556	0.76	-1.91
	中小学学校数（所）	47	43	40	36	39	0.83	-1.32
大新县	中小学在校学生数（人）	34336	32111	33577	32189	40044	1.17	1.10
	中小学专任教师数（人）	2010	2562	2475	2115	2449	1.22	1.42
	教师学生比	0.0585	0.0798	0.0737	0.0657	0.0612	1.04	0.31
	中小学学校数（所）	171	164	196	127	114	0.67	-2.85

续表

地区	指标	2005 年	2010 年	2015 年	2018 年	2019 年	2005 ~ 2019 年增长倍数	2005 ~ 2019 年年均增长率（%）
宁明县	中小学在校学生数（人）	49632	44184	47664	50339	51658	1.04	0.29
	中小学专任教师数（人）	3299	3198	2557	2918	2943	0.89	- 0.81
	教师学生比	0.0665	0.0724	0.0536	0.0580	0.0570	0.86	- 1.10
	中小学学校数（所）	197	178	50	216	220	1.12	0.79
龙州县	中小学在校学生数（人）	31097	23479	23734	25441	26424	0.85	- 1.16
	中小学专任教师数（人）	1788	1647	1521	1672	1847	1.03	0.23
	教师学生比	0.0575	0.0701	0.0641	0.0657	0.0699	1.22	1.40
	中小学学校数（所）	135	105	70	30	30	0.22	- 10.19
靖西市	中小学在校学生数（人）	77539	73481	74046	76892	78533	1.01	0.09
	中小学专任教师数（人）	4119	4086	3823	4419	4315	1.05	0.33
	教师学生比	0.0531	0.0556	0.0516	0.0575	0.0549	1.03	0.24
	中小学学校数（所）	313	293	311	73	71	0.23	- 10.05
那坡县	中小学在校学生数（人）	21813	20772	25484	26871	27122	1.24	1.57
	中小学专任教师数（人）	1307	1384	1508	1578	1656	1.27	1.70
	教师学生比	0.0599	0.0666	0.0592	0.0587	0.0611	1.02	0.13
	中小学学校数（所）	137	118	131	40	39	0.28	- 8.58

续表

地区	指标	2005 年	2010 年	2015 年	2018 年	2019 年	2005 ~ 2019 年增长倍数	2005 ~ 2019 年年均增长率（%）
防城区	中小学在校学生数（人）	56631	51218	49886	55545	57650	1.02	0.13
	中小学专任教师数（人）	3183	2880	2448	2994	3089	0.97	− 0.21
	教师学生比	0.0562	0.0562	0.0491	0.0539	0.0536	0.95	− 0.34
	中小学学校数（所）	203	182	152	80	81	0.40	− 6.35

资料来源：原始数据来源于《中国区域经济统计年鉴（2006~2020）》《广西统计年鉴（2006~2020）》。

与上面分析的公共卫生基础设施相似，广西陆地边境地区 8 个县域的教育基础设施的完善情况也有着较大差别。但是各项数据在 15 年间的变动幅度较其他类型基础设施而言较小。

1. 中小学在校学生数

2005 年中小学在校生人数最多的县域为靖西市，在校中小学生人数为 77539 人，在校生人数最少的县域为凭祥市，在校中小学生人数为 14778 人，两者相差 5.25 倍；2019 年时中小学在校生人数最多的县域仍为靖西市，中小学在校生人数为 78533 人，中小学在校生人数最少的县域依旧为凭祥市，中小学在校生人数为 17171 人，两者相差 4.57 倍——较 2005 年有所缩小。就增长倍数与增长率而言，2005 ~ 2019 年中小学在校生人数增长倍数最多的县域为东兴市，其增长倍数为 1.74 倍，增长率为 4.06%；增长倍数最小的县域为龙州县，倍数为 0.85 倍，增长速率为 − 1.16%。但是由于不同

县域人口基数的不同，所以单从中小学在校学生数这一指标并不能
直接得出一县域的教育基础设施的水平。

2. 中小学专任教师数

2005 年中小学专任教师数最多的县域为靖西市，中小学专任教师
人数为 4119 人，中小学专任教师数最少的县域为凭祥市，中小学专
任教师人数为 1077 人，两者相差 3.82 倍。2019 年，中小学专任教师
数最多的县域为靖西市，专任教师人数为 4315 人，专任教师数最少
的县域为凭祥市，教师人数为 955 人，两者的差距进一步拉大至 4.52
倍。进一步考察所有县域 15 年间的专任教师增长倍数和增加速率，
最大的增长倍数出现在东兴市，最低的增长倍数出现在凭祥市和宁明
县，二者分别为 2.03 倍与 0.89 倍，增速分别为 5.19%，0.86% 与
0.81%。

3. 教师学生比

中小学专任教师数指标存在与中小学在校学生数一样的缺陷，
即容易受到人口基数的影响，从而造成不同县域之间的数据无法进
行直接比较，故本章在分析中加入了一个新的指标即每位在校学生
所拥有的专任教师数，具体来说：每位在校学生所拥有的专任教师
数 = 中小学专任教师数/中小学在校生人数，该指标可以更好地描述
教育基础设施的情况且有利于比较不同县域间的教育基础设施建设
情况。2005 年教师学生比最高的县域为凭祥市，教师学生比为
0.0729，即每位中小学在校生拥有的教师数为 0.0729 名，教师学
生比最低的县域为靖西市，其教师学生比为 0.0531。由此我们可以
看出，虽然凭祥市 2005 年的中小学在校生人数与中小学专任教师人
数均是广西陆地边境地区 8 个县域中最低的，但是其教师学生比反

而是八个县域中最高的；与此同时，靖西市在 2005 年时的中小学在校学生数与中小学专任教师数是南部陆地边境地区 8 个县域内最多的，但是其教师学生比反而是最低的。2019 年时，教师学生比最高的县域为龙州县，教师学生比为 0.0699，最低的县域为防城区，教师学生比为 0.0536。15 年间教师学生比增加倍数最多的县域为龙州县，倍数为 1.22 倍，平均增长率为 1.40%；增加倍数最少的县域为凭祥市，15 年间增加的倍数为 0.76 倍，平均增速为 -1.91%。

4. 中小学学校数

该项指标在除宁明县以外的所有县域都呈现明显的下降趋势，这可能是由于近年来对中小学的不断改革所造成的，即虽然中小学的数量在不断下降，但每所学校的办学质量以及学校的基础硬件设施都在不断地改善。

（四）广西陆地边境地区信息基础设施改善的历史与现状

该部分运用上面提到的信息基础设施衡量指标，使用广西陆地边境地区 8 个县域主要年份的信息基础设施数据：固定电话普及率，移动电话普及率以及互联网普及率，对信息基础设施的改善情况进行了估算，具体结果见表 5 - 4。

表 5 - 4　　　2005 年以来各主要年份广西陆地边境地区

各县域信息基础设施情况　　　　单位：%

地区	指标	2005 年	2010 年	2015 年	2018 年	2019 年	2005 ~ 2019 年增长倍数	2005 ~ 2019 年年均增长率
东兴市	固定电话普及率	46.95	30.23	24.07	14.63	15	0.32	-7.83
	移动电话普及率	77.38	85.71	138.07	196.87	209.63	2.71	7.38
	互联网普及率	5.83	8.45	15.79	31.42	35.19	6.03	13.70

续表

地区	指标	2005 年	2010 年	2015 年	2018 年	2019 年	2005～2019 年增长倍数	2005～2019 年年均增长率
凭祥市	固定电话普及率	27.05	21.02	13.69	9.14	8.65	0.32	-7.82
	移动电话普及率	47.01	88.36	101.3	142.64	170.32	3.62	9.63
	互联网普及率	8.77	20.99	25.2	33.7	33.52	3.82	10.05
大新县	固定电话普及率	9.28	8.34	6.19	5.62	5.62	0.61	-3.52
	移动电话普及率	15.7	52.03	55.96	66.42	55.64	3.54	9.46
	互联网普及率	2.04	6.67	7.33	13.94	16.05	7.88	15.89
宁明县	固定电话普及率	10.49	6.48	2.99	1.4	1.81	0.17	-11.81
	移动电话普及率	16.48	33.36	58.47	63.9	71.91	4.36	11.10
	互联网普及率	1.46	4.19	5.66	7.96	9.41	6.43	14.22
龙州县	固定电话普及率	13.59	7.73	5.43	0.93	3.38	0.25	-9.47
	移动电话普及率	20.64	37.32	70.42	84.05	82.35	3.99	10.39
	互联网普及率	3.25	9.15	8.13	14.8	17.25	5.31	12.66
靖西市	固定电话普及率	8.39	7.88	3.91	1.33	2.53	0.30	-8.21
	移动电话普及率	9.33	22.12	43.28	64.3	61.67	6.61	14.44
	互联网普及率	0.97	4.65	4.42	11.91	11.52	11.88	19.34
那坡县	固定电话普及率	11.73	11.96	4.22	1.82	1.84	0.16	-12.38
	移动电话普及率	9.86	27.32	49.27	75.12	81.39	8.26	16.28
	互联网普及率	1.39	6.59	3.97	15.39	18.23	13.13	20.19
防城区	固定电话普及率	17.05	16.81	7.18	5	4.43	0.26	-9.18
	移动电话普及率	21.88	87.99	88.48	113.52	123.01	5.62	13.13
	互联网普及率	6.88	11.09	8.19	15.84	16.85	2.45	6.61
全国平均	固定电话普及率	26.8	21.95	16.7	13.67	13.55	0.51	-4.76
	移动电话普及率	30.09	64.06	91.91	111.43	113.56	3.77	9.95
	互联网普及率	8.49	34.1	49.76	58.95	64.08	7.55	15.53

资料来源：原始数据来源于《中国区域经济统计年鉴（2006～2020）》《广西统计年鉴（2006～2020）》。

从表 5 - 4 的分析中可以看出，对比公路基础设施、教育基础设施、公共卫生基础设施而言，同一信息基础设施的指标在不同县域和全国范围内变动趋势一致。具体来说，广西陆地边境地区 8 个县域以及全国的固定电话普及率这一指标在 2005 ~ 2019 年都表现出了不同程度的下降，这可能是由于随着经济的增长和移动通信设备的普及，家庭对固定电话的需求量出现了减少而造成的。随着互联网时代的到来，移动电话普及率与互联网普及率将能更好地衡量信息基础设施的建设情况，而移动电话普及率以及互联网普及率这两个指标在十五年间都出现了显著的上升。

1. 固定电话普及率

2005 年广西陆地边境地区 8 个县域中固定电话普及率最高的是东兴市，为 46.95%，远大于全国平均水平的 26.8%，8 个县域中固定电话普及率高于全国平均水平的还有凭祥市，其固定电话普及率为 27.05%，其他县的普及率均低于全国平均水平。固定电话普及率最低的县域为靖西市，普及率仅为 8.39%，与全国平均水平还有着较大差距；2019 年全国平均的固定电话普及率为 13.55%，此时广西陆地边境地区 8 个县域中普及率大于全国平均水平的县域仅有东兴市，其普及率为 15%，最低的普及率为 1.81%，出现在宁明县。从 15 年间固定电话普及率的变动倍数与变动率来看，变动最大的县域为那坡县，2019 年的普及率仅为 2005 年的 0.16 倍，年增长率为 - 12.38%，变动最小的县域为大新县，15 年间的增长率为 - 3.52%。

2. 移动电话普及率

如上面所提，2005 ~ 2019 年的 15 年间，由于居民收入增加、基站的建设以及科技的进步，移动电话的普及率在广西陆地边境地区的 8 个县域以及全国范围内都有了飞跃式的增长。2005 年全国范围的平均移动电话普及率为 30.09%，广西陆地边境地区 8 个县域范围内最高的移动电话普及率出现在东兴市，为 77.38%，移动电话普及率大于全国平均水平的县域有凭祥市与东兴市。最低的移动电话普及率出现在靖西市，普及率为 9.33%，与东兴市的普及率相差 8.29 倍。2019 年全国平均移动电话普及率增长至 113.56%，此时 8 个县域中普及率高于全国平均水平的为东兴市、凭祥市和防城区，普及率分别为 209.63%、170.32% 和 123.01%，最低的普及率出现在大新县，仅为 55.64%，与最高普及率差距为 3.77 倍，较 2005 年差距有所缩小。从 15 年间移动电话普及率的变动倍数与变动率来看，变动最大的县域为那坡县，2019 年的普及率为 2005 年的 8.26 倍，年增长率为 16.28% 远大于全国平均的 9.95% 的增长率，变动最小的县域为东兴市，15 年间的增长率为 7.38%，这可能与东兴市初始移动电话普及率较高有关。

3. 互联网普及率

作为衡量信息基础设施建设情况的较为优秀的指标，全国平均互联网普及率与各县域的互联网普及率在 15 年间都有明显的上升。全国 15 年间的平均增长率为 15.53%，8 个县域内最高的增长率为 20.19%，最低的增长率为 6.61%，多数县域的增长率都与全国平均增长率相当。但是具体到互联网普及率的数值来说，8 个县域的互联网普及率均远低于全国平均普及率。

由表 5-4 可以看出，东兴市、凭祥市和防城区等边境贸易、经济运行情况较好的地区拥有着较为完善的信息基础设施，但是总体来说，广西陆地边境地区县域的信息基础设施还是远远落后于全国平均水平。

（五）广西陆地边境地区电力基础设施改善的历史与现状

电力基础设施是其他基础设施发挥作用的必要条件。该部分运用上面提到的电力基础设施衡量指标，使用广西陆地边境地区8个县域主要年份的用电量衡量电力基础设施的建设情况。具体结果见表5－5。

表5－5　　　　2005年以来各主要年份广西陆地边境地区
各县域电力基础设施情况　　　　单位：万千瓦

地区	指标	2005年	2010年	2015年	2018年	2019年	2005～2019年增长倍数	2005～2019年年均增长率（%）
东兴市	用电量	11667	25941	43931	55170	59700	5.12	12.37
凭祥市	用电量	6566	13750	21754	24536	25034	3.81	10.03
大新县	用电量	48961	75957	58134	37286	37319	0.76	-1.92
宁明县	用电量	15380	26719	28822	33921	35770	2.33	6.21
龙州县	用电量	10732	22329	26677	36848	40152	3.74	9.88
靖西市	用电量	60247	187401	123969	675920	871881	14.47	21.03
那坡县	用电量	9669	14231	21906	23814	23692	2.45	6.61
防城区	用电量	26054	34791	103140	82621	99072	3.80	10.01

资料来源：原始数据来源于《中国区域经济统计年鉴（2006～2020）》《广西统计年鉴（2006～2020）》。

2005～2019年，除大新县以外所有县域的社会用电量都有了飞跃式的增长，最高的增长率出现在靖西市，15年间的年均增长率为

21.03%，此外边境贸易、经济运行情况较好的地区如东兴市，凭祥市以及防城区15年间用电量的平均增长率也都达到了10%以上，与其经济增长的趋势基本吻合，唯一的例外出现在大新县，在这15年间其社会用电量反而出现了下滑趋势，年均增长率为 -1.92%，这可能是统计口径的变动或行政区划的调整所造成的。

（六）小结

2005年以来，广西陆地边境地区的各项基础设施的建设情况普遍呈现以下特点：第一，8个县域的基础设施建设情况普遍落后于全国平均水平。第二，8个县域的基础设施建设情况存在着很大的差异，经济增长水平良好的县域的基础设施建设情况要好于经济增长水平较低的县域，尤其是在信息基础设施和电力基础设施方面。第三，8个县域的基础设施建设基本与全国的基础设施建设保持同一方向，但是多数基础设施的增速慢于全国平均水平。

三、云南陆地边境地区基础设施改善的历史与现状

考虑到云南陆地边境地区各项基础设施指标的可得性，本章仅从部分教育基础设施、公共卫生基础设施和信息基础设施角度对云南陆地边境地区基础设施改善的历史与现状进行分析。

（一）云南陆地边境地区公共卫生基础设施改善的历史与现状

由于数据的可得性，本部分仅从公共卫生基础设施的其中一个指标即每万人所拥有的床位数角度对公共卫生基础设施的改善情况进行分析，具体结果见表5-6。

表 5 - 6　　**2005 年以来各主要年份云南陆地边境地区**

各县域公共卫生基础设施情况　　单位：张/万人

地区	指标	2005 年	2010 年	2015 年	2018 年	2019 年	2005～2019 年增长倍数	2005～2019 年年均增长率（%）
河口县	每万人床位数	53.09	71.16	72.54	62.34	61.98	1.17	1.11
金平县	每万人床位数	11.26	13.52	27.85	60.98	66.09	5.87	13.47
绿春县	每万人床位数	5.68	25.81	26.83	31.16	35.21	6.19	13.91
麻栗坡县	每万人床位数	10.66	32.52	31.92	32.79	42.41	3.98	10.37
马关县	每万人床位数	15.24	21.61	27.04	33.85	34.88	2.29	6.09
富宁县	每万人床位数	7.37	12.03	25.31	36.38	37.04	5.02	12.22
江城县	每万人床位数	15.31	17.67	37.18	39.00	39.55	2.58	7.02
澜沧县	每万人床位数	10.88	12.37	23.95	29.21	36.05	3.31	8.93
孟连县	每万人床位数	11.66	16.80	30.20	44.35	44.37	3.80	10.02
西盟县	每万人床位数	15.36	20.68	29.80	31.19	43.48	2.83	7.72
景洪市	每万人床位数	46.74	51.62	81.70	83.51	86.36	1.85	4.48
勐海县	每万人床位数	17.38	24.44	33.78	54.57	51.20	2.95	8.02
勐腊县	每万人床位数	27.25	42.87	44.46	45.72	44.95	1.65	3.64
腾冲市	每万人床位数	19.44	25.00	37.51	51.81	57.56	2.96	8.06
龙陵县	每万人床位数	17.49	20.89	25.67	38.66	38.62	2.21	5.82
芒市	每万人床位数	39.93	48.32	66.88	102.83	104.26	2.61	7.10
盈江县	每万人床位数	20.28	28.22	36.91	46.50	47.53	2.34	6.27
陇川县	每万人床位数	19.67	33.22	53.84	59.53	59.53	3.03	8.23
瑞丽市	每万人床位数	38.15	41.48	49.14	63.94	88.51	2.32	6.20
福贡县	每万人床位数	24.95	33.23	29.29	35.26	36.97	1.48	2.85
贡山县	每万人床位数	38.36	27.18	45.79	45.92	73.67	1.92	4.77
泸水市	每万人床位数	32.36	41.08	58.62	78.46	79.77	2.46	6.66
镇康县	每万人床位数	14.33	26.01	41.80	59.99	57.45	4.01	10.43
耿马县	每万人床位数	19.48	22.56	38.27	45.01	49.06	2.52	6.82
沧源县	每万人床位数	15.55	20.13	35.99	43.34	46.55	2.99	8.15

续表

地区	指标	2005 年	2010 年	2015 年	2018 年	2019 年	2005 ~ 2019 年增长倍数	2005 ~ 2019 年年均增长率（%）
云南	每万人床位数	23.94	34.15	50.11	60.29	64.20	2.68	7.30
全国	每万人床位数	34.91	43.82	57.89	67.80	72.01	2.06	5.31
云南陆地边境地区25县域	每万人床位数	20.93	28.36	40.56	52.14	55.55	2.65	7.22

资料来源：原始数据来源于《中国区域经济统计年鉴（2006~2020）》《云南统计年鉴（2006~2020）》。

2005~2019 年这 15 年间云南陆地边境地区 25 个县域的每万人医疗机构床位数都经历了不同程度的增长，且所有县域的变化趋势皆与云南省、全国的变化趋势相同。2005 年时，每万人平均床位数大于云南平均数值的有河口瑶族自治县、景洪市、勐腊县、芒市、瑞丽市、福贡县、贡山独龙族怒族自治县和泸水市 8 个县域，大于全国平均数值的有河口瑶族自治县、景洪市、芒市、瑞丽市和贡山独龙族怒族自治县 5 个县域，但是 25 个县域的平均每万人床位数仅有 20.93 张，远低于全国水平的 34.91 张，也略低于云南省的 23.94 张，说明在 2005 年时，云南的公共卫生基础设施在医疗机构床位数这一方面是较为落后的。2019 年每万人平均床位数大于云南平均水平的县域有金平苗族瑶族傣族自治县、景洪市、芒市、瑞丽市、贡山独龙族怒族自治县和泸水市 6 个县域，大于全国平均水平的有景洪市、芒市、瑞丽市、贡山独龙族怒族自治县和泸水市 5 个县域，从 25 个县域的平均床位数来看，云南陆地边境地区 25 个县域的平均床位数为 55.55 张/万人，而同期云南与全国的每万人床位数分别为 64.2 张/万人与 72.01 张/万人，边境地区县域的公共卫生基础设施发展情况依旧落后于云南与全国平均水平。从增长率角度来看，2005～2019 年 15 年间平均增长率大于云南平均增长率的有包括金平苗族瑶族傣族自治县、绿春县、麻栗坡县和富宁县等在内的 12 个县域，增长率大于全国平均增长率的有包括金平苗族瑶族傣族自治县、绿春县、麻栗坡县和马关县等在内的 20 个县域。15 年间，全国平均增长率为 5.31%，云南与云南陆地边境地区 15 个县域的增长率分别为 7.30% 和 7.22%，虽然云南陆地边境地区 25 个县域的公共卫生基础设施存量较全国平均水平而言还存在着"底子薄"的情况，但是其与全国平均水平的差距在逐年减小。

（二）云南陆地边境地区教育基础设施改善的历史与现状

基于本章研究此部分数据的可得性，本部分云南陆地边境地区 25 个县域的中小学生在校生数作为衡量其教育基础设施的指标，具体情况见表 5－7。

表 5－7　　　　2005 年以来各主要年份云南陆地边境地区

各县域教育基础设施情况　　　　　　　单位：人

地区	指标	2005 年	2010 年	2015 年	2018 年	2019 年	2005～2019 年增长倍数	2005～2019 年年均增长率（%）
河口县	中小学在校生人数	12343	14080	12069	11705	12124	0.98	-0.13
金平县	中小学在校生人数	50199	57186	54512	55867	57216	1.14	0.94
绿春县	中小学在校生人数	37693	36723	31435	32568	34676	0.92	-0.59

续表

地区	指标	2005 年	2010 年	2015 年	2018 年	2019 年	2005～2019 年增长倍数	2005～2019 年年均增长率（%）
麻栗坡县	中小学在校生人数	42003	37737	35939	38218	39147	0.93	-0.50
马关县	中小学在校生人数	47667	45439	42032	48810	51092	1.07	0.50
富宁县	中小学在校生人数	60485	68243	68604	70968	72460	1.20	1.30
江城县	中小学在校生人数	16801	15296	14776	15310	14313	0.85	-1.14
澜沧县	中小学在校生人数	57101	54430	48338	50825	53003	0.93	-0.53
孟连县	中小学在校生人数	20697	18731	17453	17862	19534	0.94	-0.41
西盟县	中小学在校生人数	15384	13350	11093	11173	11478	0.75	-2.07
景洪市	中小学在校生人数	58814	63427	70014	71229	73421	1.25	1.60
勐海县	中小学在校生人数	45882	39002	34520	36815	41514	0.90	-0.71
勐腊县	中小学在校生人数	35537	37564	39664	40168	40966	1.15	1.02
腾冲市	中小学在校生人数	104983	105129	100957	98664	104114	0.99	-0.06
龙陵县	中小学在校生人数	41741	40745	40147	42269	42884	1.03	0.19
芒市	中小学在校生人数	48067	52453	47822	60319	61862	1.29	1.82

续表

地区	指标	2005 年	2010 年	2015 年	2018 年	2019 年	2005 ~ 2019 年增长倍数	2005 ~ 2019 年年均增长率（%）
盈江县	中小学在校生人数	52054	45197	44605	42737	48146	0.92	-0.56
陇川县	中小学在校生人数	27321	27222	26230	27611	28464	1.04	0.29
瑞丽市	中小学在校生人数	17101	21830	27242	29497	30718	1.80	4.27
福贡县	中小学在校生人数	13976	16756	13124	14526	15446	1.11	0.72
贡山县	中小学在校生人数	4843	4734	4290	4005	4071	0.84	-1.23
泸水市	中小学在校生人数	23567	26502	25966	28633	30214	1.28	1.79
镇康县	中小学在校生人数	25599	27683	26082	28210	29311	1.15	0.97
耿马县	中小学在校生人数	42997	45442	37545	40594	42317	0.98	-0.11
沧源县	中小学在校生人数	25311	25177	21476	19305	22477	0.89	-0.84

资料来源：原始数据来源于《中国区域经济统计年鉴（2006 ~ 2020）》《云南统计年鉴（2006 ~ 2020）》。

由表 5 - 7 可以看出，云南陆地边境地区 25 个边境县在 2005 ~ 2019 年这 15 年中中小学在校生人数这一指标变化不大，大多县域的增长率都在 0% 上下浮动，考虑到人口流动以及年龄结构变动对中小学在校生人数的影响，该指标似乎不能反映出教育基础设施的变动情况，但是中小学在校生人数能够反映当地中小学的承载能力，所以该指标也能在一定程度上反映当地的教育基础设施的建设情况。

（三）云南陆地边境地区信息基础设施改善的历史与现状

考虑到数据的可得性，该部分仅用固定电话普及率作为信息基础设施的指标。在经济增长较好的区域，由于居民收入增加，基站的建设以及科技的进步，移动电话的普及率将会大大上升，而移动电话与固定电话可以近似地被认为是一组替代品，并且通信设备可以被看作是一种生活必需品，所以固定电话普及率的下降往往意味着移动电话普及率的上升。由于缺乏云南陆地边境地区 25 个县域的移动电话用户数的统计资料，所以本部分将固定电话普及率作为信息基础设施建设的负向指标来衡量其信息基础设施的建设情况。见表 5 - 8。

表 5 - 8 　　　　2005 年以来各主要年份云南陆地边境地区

各县域信息基础设施情况　　　　　单位：%

地区	指标	2005 年	2010 年	2015 年	2018 年	2019 年	2005 ~ 2019 年增长倍数	2005 ~ 2019 年年均增长率
河口县	固定电话普及率	18.84	17.51	14.36	7.96	7.80	0.41	-6.10
金平县	固定电话普及率	5.44	6.61	1.55	0.70	0.66	0.12	-13.99
绿春县	固定电话普及率	5.15	4.68	1.41	0.85	1.35	0.26	-9.12
麻栗坡县	固定电话普及率	7.22	5.77	1.77	4.12	1.85	0.26	-9.27

地区	指标	2005 年	2010 年	2015 年	2018 年	2019 年	2005 ~ 2019 年增长倍数	2005 ~ 2019 年年均增长率
马关县	固定电话普及率	8.07	10.58	2.77	1.68	1.66	0.21	−10.68
富宁县	固定电话普及率	6.01	8.58	5.50	3.26	6.10	1.01	0.11
江城县	固定电话普及率	13.01	13.43	4.79	4.31	8.01	0.62	−3.41
澜沧县	固定电话普及率	5.25	7.78	4.48	2.19	1.96	0.37	−6.80
孟连县	固定电话普及率	13.32	16.83	6.28	3.93	4.19	0.31	−7.93
西盟县	固定电话普及率	8.55	11.55	2.33	6.50	4.15	0.49	−5.03
景洪市	固定电话普及率	33.98	22.07	18.02	13.45	9.05	0.27	−9.02
勐海县	固定电话普及率	18.67	9.81	7.77	5.05	3.53	0.19	−11.22
勐腊县	固定电话普及率	20.60	20.93	13.51	11.15	5.32	0.26	−9.22
腾冲市	固定电话普及率	7.33	5.81	3.50	3.04	3.43	0.47	−5.28
龙陵县	固定电话普及率	5.45	3.83	1.50	1.24	1.56	0.29	−8.55
芒市	固定电话普及率	19.26	14.50	5.46	4.20	4.69	0.24	−9.60
盈江县	固定电话普及率	11.13	18.00	6.76	3.26	3.01	0.27	−8.92

地区	指标	2005 年	2010 年	2015 年	2018 年	2019 年	2005～2019 年增长倍数	2005～2019 年年均增长率
陇川县	固定电话普及率	10.41	10.03	6.45	4.37	4.22	0.41	-6.25
瑞丽市	固定电话普及率	30.38	63.09	21.43	11.82	11.06	0.36	-6.96
福贡县	固定电话普及率	3.52	5.07	6.54	3.09	2.02	0.57	-3.89
贡山县	固定电话普及率	8.48	7.44	6.09	6.73	6.97	0.82	-1.39
泸水市	固定电话普及率	9.74	22.35	9.52	3.68	3.88	0.40	-6.36
镇康县	固定电话普及率	8.15	12.74	8.60	5.55	1.55	0.19	-11.18
耿马县	固定电话普及率	8.93	8.99	6.08	3.95	5.43	0.61	-3.49
沧源县	固定电话普及率	7.60	8.28	5.55	2.84	3.79	0.50	-4.85
全国	固定电话普及率	26.8	21.95	16.7	13.67	13.55	0.51	-4.76
云南陆地边境地区25县域	固定电话普及率	12.02	12.62	6.72	4.62	4.10	0.34	-7.39

资料来源：原始数据来源于《中国区域经济统计年鉴（2006～2020）》《云南统计年鉴（2006～2020）》。

2005～2019 年的 15 年间云南陆地边境地区 25 个县域的固定电话普及率普遍小于全国平均水平，由于技术落后等原因，在 2005 年时移动电话尚未得到广泛普及，因此 2005 年各县域的固定电话普及率可以较好地反映出各县域原有的信息基础设施建设情况，2005 年全国的固定电话普及率为 26.8%，而云南陆地边境地区的固定电话普及率仅有 12.02%，远低于全国平均水平。但是在固定电话普及率的增长速度方面，全国平均增长速度为 -4.76%，而 25 个县域的平均增长水平为 -7.39%，按照上文的假设，25 个县域的移动电话普及率的增长率应该高于全国平均水平，所以如果单从通信设施普及率角度来测度云南陆地边境地区的 25 个县域的信息基础设施，其信息基础设施的建设在不断完善。

（四）小结

从已有数据来考察云南陆地边境地区 25 个县域的基础设施建设情况可以得出以下结论：第一，除个别经济较为发达的县域外，大多数县域的基础设施建设情况明显落后于全国平均水平。第二，虽然云南陆地边境地区的基础设施建设情况较全国平均水平而言处于落后状态，但是从增长率角度看，其平均增长率大于全国平均增长率，这说明云南陆地边境地区县域与全国平均的基础设施建设差距在不断地缩小。第三，云南陆地边境地区 25 个县域的基础设施建设基本与全国的基础设施建设保持同一方向。

四、西藏陆地边境地区基础设施改善的历史与现状

同云南一样，考虑到西藏陆地边境地区各项基础设施指标的可得性，本章仅从部分教育基础设施，公共卫生基础设施，和信息基础设施角度对西藏陆地边境地区基础设施改善的历史与现状进行分析。

（一）西藏陆地边境地区公共卫生基础设施改善的历史与现状

由于数据的可得性，本部分仅从公共卫生基础设施的其中一个指标即每万人所拥有的床位数角度对公共卫生基础设施的改善情况进行分析，具体结果见表5-9。

表5-9　　　　　　2005年以来各主要年份西藏陆地边境地区
各县域公共卫生基础设施情况　　　单位：张/万人

地区	指标	2005年	2010年	2015年	2018年	2019年	2005~2019年增长倍数	2005~2019年年均增长率（%）
定日县	每万人床位数	11.80	21.65	22.95	17.56	41.44	3.51	9.39
康马县	每万人床位数	27.32	30.73	30.61	33.20	37.79	1.38	2.34
定结县	每万人床位数	16.57	21.18	28.77	28.59	54.77	3.31	8.91
吉隆县	每万人床位数	23.26	30.00	40.53	52.42	51.84	2.23	5.89
岗巴县	每万人床位数	27.84	31.43	37.75	39.75	36.12	1.30	1.88
聂拉木县	每万人床位数	49.66	54.55	40.77	65.63	68.18	1.37	2.29
亚东县	每万人床位数	39.17	34.88	47.73	54.13	58.66	1.50	2.93
萨嘎县	每万人床位数	14.52	46.43	54.82	59.34	58.29	4.01	10.44
仲巴县	每万人床位数	15.54	46.49	45.37	41.88	50.50	3.25	8.78

续表

地区	指标	2005 年	2010 年	2015 年	2018 年	2019 年	2005 ~ 2019 年增长倍数	2005 ~ 2019 年年均增长率（%）
洛扎县	每万人床位数	40.76	45.41	39.83	41.90	41.64	1.02	0.15
浪卡子县	每万人床位数	42.98	12.93	14.11	14.78	17.34	0.40	- 6.28
错那县	每万人床位数	23.65	29.14	34.67	36.47	49.76	2.10	5.46
察隅县	每万人床位数	32.42	32.97	30.61	32.15	28.06	0.87	- 1.03
墨脱县	每万人床位数	75.50	74.55	94.58	100.06	91.84	1.22	1.41
普兰县	每万人床位数	32.14	36.08	53.96	62.70	73.41	2.28	6.08
札达县	每万人床位数	43.86	50.72	69.27	94.67	92.69	2.11	5.49
噶尔县	每万人床位数	25.81	31.95	130.15	23.31	24.09	0.93	- 0.49
日土县	每万人床位数	46.75	46.39	89.15	90.27	124.95	2.67	7.27
全国	每万人床位数	34.91	43.82	57.89	67.80	72.01	2.06	5.31
西藏	每万人床位数	24.52	29.46	43.25	48.80	48.67	1.98	5.02
西藏陆地边境地区18县域	每万人床位数	29.63	33.33	42.77	39.50	47.04	1.59	3.36

资料来源：原始数据来源于《中国区域经济统计年鉴（2006~2020）》《西藏统计年鉴（2006~2020）》。

　　2005～2019 年这 15 年间西藏陆地边境地区各县域的每万人医
疗机构床位数除噶尔县、察隅县和浪卡子县外都经历了不同程度的
增长，且西藏陆地边境地区 18 个县域平均增长率的变化趋势与西藏
自治区、全国的变化趋势相同。2005 年时每万人平均床位数大于西
藏平均数值的有除定日县、定结县、吉隆县、萨嘎县、仲巴县和错
那县等以外的 12 个县域，大于全国平均数值的有聂拉木县、亚东
县、洛扎县、浪卡子县、墨脱县、札达县和日土县 7 个县域，从西
藏陆地边境地区 18 个县域的平均水平来看，其 2005 年平均每万人
床位数为 29.63 张，大于西藏平均的 24.52 张/万人，小于全国平均
的 34.91 张/万人，并且也高于同期广西与云南的平均水平，说明在
2005 年时，西藏的公共卫生基础设施在医疗机构床位数这一方面是
较为完善的。2019 年每万人平均床位数大于西藏平均水平的县域有
包括定结县、吉隆县、聂拉木县和亚东县等在内的 11 个县域，大于
全国平均水平的仅剩墨脱县、普兰县、札达县和日土县 4 个县区，
从 18 个县区的平均床位数来看，西藏陆地边境地区 18 个县域的平
均床位数为 47.04 张/万人，而同期西藏与全国的每万人床位数分别
为 48.67 张/万人与 72.01 张/万人，边境地区县域的公共卫生基础
设施发展情况落后于西藏与全国平均水平。从增长率角度来看，
2005～2019 年 15 年间平均增长率大于西藏平均增长率的有包括定
日县、定结县、吉隆县和萨嘎县等在内的九个县域，增长率大于全
国平均增长率的同样为上述的 9 个县域。15 年间，全国平均增长率
为 5.31%，西藏与西藏陆地边境地区 18 个县域的增长率分别为
5.02% 和 3.36%，虽然西藏陆地边境地区 18 个县域的目前公共卫
生基础设施存量较全国平均水平相比差距不大，但是其与全国平均

水平的差距有逐年增大的趋势。

（二）西藏陆地边境地区教育基础设施改善的历史与现状

由于数据的可得性，本部分以西藏陆地边境地区 18 个县域的中小学生在校生数作为衡量其教育基础设施的指标，具体情况见表 5 – 10。

表 5 – 10　　　　2005 年以来各主要年份西藏陆地边境地区

各县域教育基础设施情况　　　　　　单位：人

地区	指标	2005 年	2010 年	2015 年	2018 年	2019 年	2005～2019 年增长倍数	2005～2019 年年均增长率（%）
定日县	中小学在校生人数	8028	8534	8076	9044	9274	1.16	1.04
康马县	中小学在校生人数	3199	2666	2808	2932	2940	0.92	- 0.60
定结县	中小学在校生人数	3206	2885	2513	2697	2831	0.88	- 0.88
吉隆县	中小学在校生人数	2608	2613	2400	2290	2641	1.01	0.09
岗巴县	中小学在校生人数	1697	1442	1513	1429	1504	0.89	- 0.86
聂拉木县	中小学在校生人数	3026	2730	2744	2521	2490	0.82	- 1.38
亚东县	中小学在校生人数	1644	1338	1375	1444	1445	0.88	- 0.92
萨嘎县	中小学在校生人数	1776	2579	2214	2352	2490	1.40	2.44
仲巴县	中小学在校生人数	2134	3917	3475	4333	4458	2.09	5.40

续表

地区	指标	2005 年	2010 年	2015 年	2018 年	2019 年	2005～2019 年增长倍数	2005～2019 年年均增长率（%）
洛扎县	中小学在校生人数	2736	2461	2389	2266	2235	0.82	-1.43
浪卡子县	中小学在校生人数	6114	5658	4753	4711	4680	0.77	-1.89
错那县	中小学在校生人数	2200	1821	1344	1141	1148	0.52	-4.54
察隅县	中小学在校生人数	4678	4521	3810	3492	3580	0.77	-1.89
墨脱县	中小学在校生人数	1779	1862	1597	1717	1747	0.98	-0.13
普兰县	中小学在校生人数	1079	1296	1181	1145	1149	1.06	0.45
札达县	中小学在校生人数	896	999	737.5	617	592	0.66	-2.92
噶尔县	中小学在校生人数	1604.5	2570	2760.8	4060.5	2786	1.74	4.02
日土县	中小学在校生人数	1019.75	1547	1638.5	950	1303	1.28	1.77

资料来源：原始数据来源于《中国区域经济统计年鉴（2006～2020）》《西藏统计年鉴（2006～2020）》。

由表5-10可以看出，西藏陆地边境地区18个县域在2005～2019年这15年中中小学在校生人数这一指标变化情况与云南类似，大多县域的增长率都在0%上下浮动，考虑到人口流动以及年龄结构变动对中小学在校生人数的影响，该指标似乎不能反映出教育基础设施的变动情况，但是中小学在校生人数能够反映当地中小学的

承载能力，所以该指标也能在一定程度上反映一地的教育基础设施
的建设情况。

（三）西藏陆地边境地区信息基础设施改善的历史与现状

考虑到数据的可得性，该部分与云南一样，仅用固定电话普及
率作为信息基础设施的指标，具体情况见表 5 - 11。

表 5 - 11　　　2005 年以来各主要年份西藏陆地边境地区
各县域信息基础设施情况　　　单位：%

地区	指标	2005 年	2010 年	2015 年	2018 年	2019 年	2005 ~ 2019 年增长倍数	2005 ~ 2019 年年均增长率
定日县	固定电话普及率	1.89	1.56	0.79	4.44	4.41	2.33	6.23
康马县	固定电话普及率	8.78	14.92	12.77	3.49	3.44	0.39	- 6.48
定结县	固定电话普及率	3.36	9.58	8.54	81.41	78.01	23.19	25.17
吉隆县	固定电话普及率	15.19	3.05	1.97	12.37	3.90	0.26	- 9.25
岗巴县	固定电话普及率	9.33	14.68	4.15	14.59	14.99	1.61	3.45
聂拉木县	固定电话普及率	9.06	21.59	27.21	1.40	4.37	0.48	- 5.07
亚东县	固定电话普及率	44.11	28.48	22.03	23.00	22.54	0.51	- 4.68
萨嘎县	固定电话普及率	3.63	2.34	11.09	12.29	19.68	5.42	12.83
仲巴县	固定电话普及率	1.67	7.57	1.82	13.29	13.29	7.94	15.95

续表

地区	指标	2005 年	2010 年	2015 年	2018 年	2019 年	2005 ~ 2019 年增长倍数	2005 ~ 2019 年年均增长率
洛扎县	固定电话普及率	15.49	14.48	3.16	0.90	5.02	0.32	-7.73
浪卡子县	固定电话普及率	5.26	2.36	1.26	2.59	4.14	0.79	-1.70
错那县	固定电话普及率	2.74	17.88	6.05	0.78	12.76	4.66	11.62
察隅县	固定电话普及率	5.10	19.41	4.06	12.59	16.79	3.29	8.88
墨脱县	固定电话普及率	1.05	10.91	41.63	31.43	23.60	22.48	24.90
普兰县	固定电话普及率	11.38	38.14	23.05	18.94	22.18	1.95	4.88
札达县	固定电话普及率	4.02	24.23	13.99	31.60	73.43	18.28	23.07
噶尔县	固定电话普及率	3.91	0.51	31.43	32.01	59.58	15.23	21.47
日土县	固定电话普及率	5.69	15.72	9.92	3.58	3.65	0.64	-3.12
全国	固定电话普及率	26.8	21.95	16.7	13.67	13.55	0.51	-4.76
西藏陆地边境地区18县域	固定电话普及率	7.26	11.11	9.57	14.67	18.29	2.52	6.82

资料来源：原始数据来源于《中国区域经济统计年鉴（2006~2020）》《西藏统计年鉴（2006~2020）》。

2005～2019年的15年间西藏陆地边境地区18个县域的固定电话普及率逐渐增加，这与广西、云南二省及全国平均固定电话普及率的变化情况相反，这可能是因为西藏自治区南部陆地边境地区经济基础较为薄弱，居民生活条件较云南、广西、全国而言还存在一定的差距，导致当地居民对移动电话的需求较低；另一方面，由于西藏地处高原，通信基站的建设存在一定的困难，基建困难阻碍了移动通信设备的普及，故当地居民更青睐于使用固定电话。2005年时，除亚东县以外17个县域的固定电话普及率均低于全国平均水平，2019年固定电话普及率高于全国平均水平的县域增加至9个，分别为定结县、岗巴县、亚东县、萨嘎县、察隅县、墨脱县、普兰县、札达县和噶尔县，从增长率角度来看，全国平均固定电话普及率在15年间呈现负增长态势，意味着全国范围内信息基础设施的不断完善，考察同一时期，西藏陆地边境地区的18个县域，一部分县域的固定电话普及率在15年间经历了较慢速度的下降，但是还有很大一部分县域呈现出高增长率上升的态势；从18个县域平均增长率的角度来看，其15年间的平均增长率为6.82%，依据上面假设，这说明西藏陆地边境地区信息基础设施建设情况较为落后。

（四）小结

从已有数据来考察西藏陆地边境地区18个县域的基础设施建设情况可以得出以下结论：第一，西藏陆地边境地区基础设施建设较全国平均水平来说还有着一定差距。第二，西藏陆地边境地区中经济较为发达县域的基础设施建设远好于较经济情况较差县域。

第三节 中国南部陆地边境地区基础设施改善
与经济增长关系的实证分析

根据前面的统计分析中大致可以看出，2005～2019 年这 15 年间，中国南部陆地边境地区的县域在基础设施的建设上大多都有了一定幅度的增长，以道路基础设施为例：道路基础设施作为一项基础设施，其对于改善居民的生产生活条件、交通运输条件以及就业条件都发挥着巨大的作用。同时，道路基础设施也可以使各种生产要素充分流动，协调区域间的发展，发挥城市发展对农村的带动作用。此外，根据新古典增长理论阿罗和克鲁兹（Arrow & Kurz，1970）所述，各项基础设施的建设相当于物质资本存量的增长，能够有效地增加总产出。

本部分根据上面所做出的假设，使用 2005～2019 年 15 年间广西陆地边境的 8 个县域的各项基础设施建设数据以及经济增长数据对基础设施改善与经济增长的关系进行实证分析。

一、变量选取及数据来源

（一）变量选取

基础设施的改善主要表现为基础设施普及率的提升以及基础设施密度的提升。本章基于现有研究的基础设施指标选取，并结合中国南部陆地边境地区的实际情况，从多个角度对不同基础设施的建设情况进行测度，本部分的核心解释变量主要为基础设施建设水平的相关衡量指标，被解释变量为经济增长的衡量指标。

1. 核心解释变量

第一，道路基础设施建设情况。本章研究借用张莎莎等（2021）所用的方法，使用公路密度作为本章的道路基础设施建设情况指标，用各县域内公路里程与各县域行政区域面积之比来表示公路密度，单位（千米/平方千米）。

第二，公共卫生基础设施建设情况。本章研究借用曹琳剑等（2021）所用的方法使用各县的每万人卫生技术人员数，每万人执业医师数以及每万人医疗机构床位数作为公共卫生基础设施建设情况的基本指标，对三个基本指标进行标准化后，使用Stata16.0通过熵权法计算出各项基本指标的权重，将各项基本指标与所计算后的权重值相乘并相加最终得出综合得分用于衡量公共卫生基础设施的建设情况（见表5–12）。

表5–12　　　　　　　公共卫生基础设施指标权重

基本指标	单位	指标类型	权重
每万人医疗机构床位数	张	正向	0.2519
每万人卫生技术人员数	人	正向	0.3722
每万人执业医师数	人	正向	0.3759

注：由Stata16.0分析整理。

第三，教育基础设施建设情况。本章从几个方面综合考虑教育基础设施的改善情况，分别为：普通中小学在校生人数、普通中小学专任教师数普通中小学学校数。同样使用熵权法计算出各项基本指标的权重，最终计算出用于衡量教育基础设施建设情况的综合得分（见表 5 – 13）。

表 5 – 13　　　　　　　　　教育基础设施指标权重

基本指标	单位	指标类型	权重
普通中小学在校生人数	人	正向	0.4178
普通中小学专任教师数	人	正向	0.4283
普通中小学学校数	所	负向	0.1539

注：由 Stata16.0 分析整理。

第四，信息基础设施建设情况。本章研究借用黄书雷等（2021）的做法，使用固定电话普及率，移动电话普及率以及互联网普及率作为衡量信息基础设施的基本指标，具体来说：固定电话普及率 = 固定电话用户/人口数，移动电话普及率 = 移动电话用户/人口数，互联网普及率 = 互联网宽带接入用户数/人口数。同样使用熵权法对三个基本指标进行权重的计算，最终得出衡量信息基础设施建设情况的综合得分（见表 5 – 14）。

表 5 – 14　　　　　　　　　信息基础设施指标权重

基本指标	单位	指标类型	权重
固定电话普及率	%	负向	0.0556
移动电话普及率	%	正向	0.3703
互联网普及率	%	正向	0.5741

注：由 Stata16.0 分析整理。

第五，电力基础设施建设情况。由于中国南部陆地边境县域电网设施建设情况数据缺乏，因此本章研究借用卓乐（2021）的做法，将总用电量作为电力基础设施的代理变量，单位为万千瓦时。

2. 被解释变量

经济增长。对于经济增长的衡量，多数研究直接使用各期的 GDP 或人均 GDP 衡量，本部分沿用各县域的 GDP 来衡量经济增长水平。

（二）数据来源

基于上面对各项核心解释变量的解释说明，本部分所需的统计数据主要为广西陆地边境地区 8 个县域 2005～2019 年的人口、行政区域面积及各项基础设施建设情况等数据。原始数据主要来源于 EPS 数据库、《广西统计年鉴（2006～2020 年）》《中国县域统计年鉴（2006～2020 年）》以及各县域统计年鉴与当地政府统计公报，部分缺失数据使用插值法补齐。各变量描述性统计的详细情况见表 5 - 15。

表 5 - 15　　　　　　　各变量的描述性统计结果

变量	观测值	平均值	标准差	最小值	最大值
公路密度（千米/平方千米）	120	0.45	0.15	0.15	1.23
每万人医疗机构床位数（张）	120	24.50	8.25	10.50	44.61
每万人卫生技术人员数（人）	120	31.43	15.86	9.95	67.98
每万人执业医师数（人）	120	10.76	5.98	3.14	27.67
普通中小学在校生人数（人）	120	3728.2	18849.86	12500	78533
普通中小学专任教师数（人）	120	2211.82	978.63	905	4419
普通中小学学校数（所）	120	130.31	81.32	29	327
固定电话普及率（%）	120	0.11	0.09	0.01	0.47
移动电话普及率（%）	120	0.64	0.44	2.10	0.03
互联网普及率（%）	120	0.10	0.09	0.01	0.36
总用电量（万千瓦时）	120	60761.97	114567.7	5000	871881

注：由 Stata16.0 分析整理。

二、计量模型设定

本部分利用 2005～2019 年 15 年间的县域面板数据检验广西陆地边境地区基础设施建设对于经济增长的影响计量方程如下：

$$\ln gdp_{it} = \alpha_0 + \alpha_1 \ln tran_{it} + \alpha_2 teach_{it} + \alpha_3 com_{it} +$$

$$\alpha_4 \ln elec_{it} + \alpha_5 med_{it} + \beta X_{it} + \varepsilon_{it} \qquad (5-1)$$

其中，下角标 i、t 表示地区与时间，$\ln gdp$ 表示经济增长的水平，$\ln tran$ 表示公路基础设施水平，$teach$ 表示教育基础设施的建设水平，com 表示通信基础设施的建设情况，$\ln elec$ 表示电力基础设施的建设情况，med 表示医疗基础设施的建设情况，X 代表控制变量，ε 代表随机扰动项，α 表示各项核心解释变量的待估参数，β 表示控制变量的待估参数。

（一）实证过程及结果

考虑到可能存在的内生性问题，即核心解释变量在对被解释变量产生影响的情况下也会同时对随机扰动项产生影响，为最大程度避免因内生性导致的回归结果偏差，本部分使用一期滞后的自变量，并采用 GMM 广义矩阵法控制可能存在的反向因果关系。使用 Stata16.0 进行计量模型参数的估计，估计结果见表 5 - 16。

表 5 - 16　　　　　基础设施改善与经济增长的回归结果

核心解释变量	系数	标准差	Z 值	P 值
公路基础设施水平	- 0.3400	0.2370	- 1.43	0.151
教育基础设施水平	1.3751	0.3182	4.32	0.000 ***
信息基础设施水平	0.4035	0.1660	2.43	0.015 **

核心解释变量	系数	标准差	Z值	P值
电力基础设施水平	0.1110	0.0637	1.74	0.082 *
公共卫生基础设施水平	1.0600	0.2504	4.23	0.000 ***
常数项	10.2100	0.6173	16.54	0.000 ***

注：由 Stata16.0 分析整理，***、**、* 分别表示在 1%、5% 和 10% 显著性水平下显著。

由各变量回归结果的 P 值可得，教育基础设施水平、公共卫生基础设施水平对经济增长的影响均在 1% 的显著性水平上显著，信息基础设施建设水平对经济增长的影响在 5% 的显著性水平上显著，电力基础设施水平在 10% 的显著性水平上显著，公路基础设施水平没有通过 10% 显著性水平的检验。

上述回归结果显示，教育基础设施水平、信息基础设施建设水平、电力基础设施建设水平和公共卫生基础设施水平对经济增长的影响均为正值，这意味着教育基础设施水平、信息基础设施建设水平、电力基础设施建设水平和公共卫生基础设施水平的改善均能显著地促进经济增长。其中，在三个进行熵权法处理的综合得分基础设施指标中，对经济增长影响最大的为教育基础设施水平综合得分，系数达到了 1.3751，公共卫生基础设施综合得分对经济增长的影响力次之，系数为 1.0600，信息基础设施水平综合得分对经济的拉动力最小，系数仅为 0.4035。电力基础设施的系数为 0.1110，意味着电力基础设施水平增加 1% 将会使经济增长 0.1110%。在上述模型中，公路基础设施水平对经济增长的影响没有通过 P 值为 10% 的检验，这可能是因为边境地区的道路基础设施建设情况还处于相对不足的状态，其建设情况的小规模改善并不能对经济增长产生显著的影响；边境地区在对道路基础设施进行统计时存在着统计口径差异，这可能导致用于构建公路基础设施指标的统计数据存在着一定的误差，使得回归结果存在偏差。

（二）稳健性检验

为了检验所用模型的回归结果的稳健性，本章用两阶段最小二乘法替换 GMM 法重新对模型进行重新估计，估计结果见表 5 – 17。

表 5 – 17　　　　　　　　　稳健性检验结果

核心解释变量	系数	标准差	Z 值	P 值
公路基础设施水平	– 0. 3467	0. 2548	– 1. 36	0. 174
教育基础设施水平	1. 3917	0. 3240	4. 30	0. 000 ***
信息基础设施水平	0. 4374	0. 1742	2. 51	0. 012 **
电力基础设施水平	0. 1224	0. 0651	1. 88	0. 060 *
公共卫生基础设施水平	0. 9906	0. 2554	3. 88	0. 000 ***
常数项	10. 0909	0. 6489	15. 55	0. 000 ***

注：由 Stata16.0 分析整理，***、**、* 分别表示在 1%、5% 和 10% 显著性水平下显著。

稳健性检验的结果表明，在更换计量方法后教育基础设施水平、信息基础设施建设水平、电力基础设施建设水平和公共卫生基础设施水平对经济增长的影响依旧为正值，意味着教育基础设施水平、信息基础设施建设水平、电力基础设施建设水平和公共卫生基础设施水平的改善均能显著地促进经济增长，并且各项核心解释变量系数的回归结果以及显著性水平与使用 GMM 法进行回归所得到的系数差别不大，这说明本章基准回归的结果是稳健的。

第四节　本章研究结论与政策建议

一、研究结论

本章运用中国南部陆地边境地区广西、云南与西藏三个省区的南部陆地边境地区县域 2005～2019 年所公布数据，分别对中国南部陆地边境地区的基础设施改善情况进行描述，通过构建计量模型以广西为例对中国南部陆地边境地区基础设施改善与经济增长的关系进行实证研究，得出如下结论：

第一，中国南部陆地边境地区的基础设施情况普遍落后于全国平均基础设施建设水平，同时，部分经济基础较为薄弱县域基础设施改善的年均增长率也低于全国平均水平，需要重点注意的是，这可能导致中国南部陆地边境地区部分县域的基础设施水平与全国平均水平的差距越来越大。

第二，中国南部陆地边境地区各县域的基础设施建设水平有着明显的异质性，经济较为发达的县域基础设施建设水平远优于经济较为落后的县域，而较为发达的基础设施建设水平又将促使其经济以更快的速度增长，从而使得县域之间的经济增长水平差距拉大。

第三，实证分析的结果表明，中国南部陆地边境地区基础设施建设水平对当地经济增长有着显著的拉动作用，随着教育基础设施水平、信息基础设施建设水平、电力基础设施建设水平、公共卫生基础设施水平的改善，当地的经济增长水平也会显著上升，并且教育基础设施对经济增长的拉动作用最为明显，其次为公共卫生基础设施和信息基础设施。

二、政策建议

基于本章描述性分析以及实证部分得出的上述结论，为促进中国南部陆地边境地区县域的经济增长，减小边境县域经济增长水平与全国平均水平的差距，提升政府基础设施建设投资的效率，本章给出如下建议：

第一，中国南部陆地边境地区以山区、高原和喀斯特等地形地貌为主，地理、自然环境复杂，这些因素对地区基础设施提升改善带来较大难度。当地政府应该积极推进中国南部陆地边境地区县域的各项基础设施建设，树立"经济发展，基础设施先行"的发展理念，持续增加地方财政对各项基础设施的投入，同时也应改善当地的投资条件，以便吸引各方资金投入到当地的基础设施建设中去，从而改善各县域的基础设施建设情况，进而推动经济增长。

第二，为保证不同区域基础设施建设水平的协调发展，国家财政及省一级财政应加大对中国南部陆地边境地区经济水平较为落后县域的基础设施建设的投入，加大资金倾斜支持力度。由于在道路基础设施密度较低的县域，一开始对基础设施的投资及建设带来的经济增长效应较小，可能使地方政府承受较大的财政压力，此时需要中央政府更好地发挥财政的补助作用，减少地方政府的后顾之忧，加快提升经济落后地区的基础设施建设水平，为实现共同富裕打下扎实物质基础。

第六章

中国南部陆地边境地区的新型城镇化与经济增长

第一节 引 言

城镇化是现代化的必由之路，是推动经济高质量发展的动力所在。党的十八大以来，中国就将新型城镇化作为社会经济发展的一项重大任务。"十四五"规划中更是提出推进以人为核心、以提高质量为导向、以县城为重要载体的新型城镇化战略。在过去的几十年里，中国的城镇化水平呈现快速提升趋势，但城镇化的发展质量还存在较大的区域差异，边境地区的城镇化发展明显存在一定的滞后性。边境地区受到地理区位的约束，人口密度较低且分布不均匀，经济发展动力不足，制约了城镇空间格局优化的进程，不利于实现全社会共同富裕。同时，随着"一带一路"倡议的全面深入，边境地区作为中国内陆省域及城市开放发展的重要门户，研究边境地区的新型城镇化是探索边境地区经济高质量发展的重要路径之一。

目前对于省域、城市群、地级市等层面的城镇化研究已较为丰富,边境地区城镇化研究主要集中在模式研究、模式选择、格局研究、驱动因素、机制路径等方面。例如,谢学兴(2019)等分析了中越边境口岸城镇化模式的演进和动力;宋周莺(2020)分析了边境地区城镇化的格局以及驱动因素;高金龙(2018)探究了县域城镇化的驱动因素,认为县域经济发展阶段、固定资产投资、离中心城市距离、二三产业水平、农民人均纯收入、人口密度是影响县域城镇化格局的主要因素。总体看来,多数关于新型城镇化的研究视野聚焦在全国层面或是东部地区、发达城市,对于边境地区的研究尚且不足。由于边境地区的特殊地缘,其城镇化与经济发展的驱动机制一定也具有特殊性,与其他地区存在明显差异。从自然环境方面来说,中国南部陆地边境地区自然环境差异大,且制约城镇化发展的不利因素较多。如西藏地区,喜马拉雅山脉等山川连片,不利于城市的建设和空间扩张。同时很多边境县域气候寒冷干旱,各种自然灾害频发,不利于人口集聚。中国南部陆地边境地区少数民族人口占比高,边境地区人口密度较低,教育水平滞后,甚至部分地区必要的基础设施尚不完善。但中国南部陆地边境地区均在西部大开发规划范围内,自然资源与生态环境优势比北部大多数地区明显,经济发展状况却始终达不到预期。基于此,本章将中国南部陆地边境地区县域作为研究对象,分析其城镇化与经济增长的状况,运用动态面板模型研究 2005~2019 年中国南部陆地边境县域的城镇化助推经济增长的路径机制,以丰富边境地区的相关研究,为边境地区发展提供经验参考。

第二节　中国南部陆地边境地区新型城镇化测度及发展现状

关于城镇化的测度方式现有的相关研究已非常丰富。城镇化涵盖的所有要素中，人口、产业和土地是核心要素。其中，人口是城镇化的核心，城镇化的最终目的是提高人的福祉。同时，城镇的发展和人口的转移都需要产业的发展作为保障和支撑；而土地作为空间载体，其资源配置是推进新型城镇化的物质基础。实现人口、产业和土地的协调发展，是城镇化健康发展的关键（赵明月，2016）。因此，本章从人口、产业、土地三个维度对新型城镇化进行测度，对整体中国南部陆地边境地区和每个省域的现状进行统计描述分析。

一、中国南部陆地边境地区城镇化发展现状

运用 2005 ~ 2019 年中国南部陆地边境地区县域层面的人口数据、产业产值数据和农作物播种面积等数据分别度量人口、产业和土地城镇化，测算结果见表 6 - 1。

表 6 - 1　中国南部陆地边境地区城镇化主要年份变化总体情况　　单位：%

地区	城镇化分类	2005 年	2010 年	2015 年	2019 年	2005 ~ 2019 年增速
中国南部陆地边境地区县域	人口城镇化	23.00	24.49	27.03	29.24	27.13
	产业城镇化	57.30	63.52	68.64	83.11	45.04
	土地城镇化	14.13	15.31	16.25	16.78	18.75

续表

地区	城镇化分类	2005 年	2010 年	2015 年	2019 年	2005~2019 年增速
全国平均水平	人口城镇化	42.99	49.95	56.10	62.71	45.87
	产业城镇化	88.36	90.67	91.61	92.86	5.09
	土地城镇化	16.20	16.74	17.33	17.28	6.67

资料来源：原始数据来源于《中国县域统计年鉴（2006~2020）》《中国统计年鉴（2006~2020）》。

总体上看，中国南部陆地边境地区县域的人口城镇化平均值处于较低水平，不及全国平均水平的一半。但中国南部陆地边境地区县域的人口城镇化水平整体上呈现增长态势，从 2005 年的 23.00% 上升到 2019 年的 29.24%。中国南部陆地边境地区县域的产业城镇化水平也处于相对滞后状态，2005 年仅有 57.3%，与全国平均水平相差接近 30%，到 2019 年时差距缩小至 10% 以内，同时，中国南部陆地边境地区县域的产业城镇化水平的年均增速高达 45.04%，反映出中国南部陆地边境地区县域的产业结构调整迅速。在土地城镇化方面，中国南部陆地边境地区县域与全国较为接近，2005 年中国南部陆地边境地区县域的土地城镇化水平为 14.13%，全国平均水平为 16.20%。此外，中国南部陆地边境地区县域的土地城镇化年均增速为 18.75%，高于全国平均水平。整体而言，中国南部陆地边境地区县域的城镇化基础相对薄弱，但发展势头迅猛。

分阶段来看，表 6-2 中汇报了每 5 年期的人口、产业和土地城镇化水平均值以及 15 年间整体城镇化水平均值。可以看出，中国南部陆地边境地区县域土地城镇化率在 2010~2014 年就超过了整体均值，与全国平均水平的增长趋势相一致。而人口城镇化和产业城镇化在2015～2019年增长幅度较大。其中，中国南部陆地边境地区县域的产业城镇化水平在2015～2019年的均值达到了74.91%，极大地缩小了与全国水平的差距。

表6-2　　　　　　中国南部陆地边境地区城镇化各阶段

均值变化总体情况　　　　　　　单位：%

地区	城镇化分类	2005～2009 年	2010～2014 年	2015～2019 年	2005～2019 年
中国南部陆地边境地区县域	人口城镇化	23.33	25.83	28.38	25.85
	产业城镇化	60.93	65.32	74.91	67.05
	土地城镇化	14.74	16.26	16.64	15.88
全国平均水平	人口城镇化	45.71	52.46	59.58	52.58
	产业城镇化	89.54	90.96	92.38	90.96
	土地城镇化	16.27	17.01	17.32	16.86

资料来源：原始数据来源于《中国县域统计年鉴（2006～2020）》《中国统计年鉴（2006～2020）》。

二、广西陆地边境地区城镇化发展现状

（一）人口城镇化

广西陆地边境地区及全国平均水平人口城镇化率的测算结果见图6-1。总体上看，广西陆地边境地区县域人口城镇化率水平低于30%，远低于全国平均水平且增长缓慢。

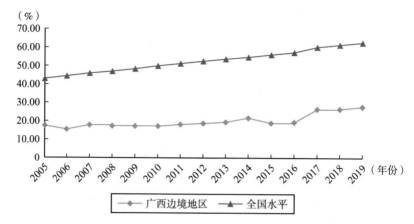

图6-1 广西陆地边境地区及全国平均水平人口城镇化率变动趋势

资料来源：原始数据来源于《中国县域统计年鉴（2006～2020）》、《广西统计年鉴2006～2020》、国家统计局官方网站相关材料。

2005～2019年，全国平均水平人口城镇化率年均增长率为3.06%，而广西陆地边境地区人口城镇化率年均增长率为4.24%，超过全国平均水平，尤其在2016～2017年达到了近年增速的峰值。至2019年，广西陆地边境地区人口城镇化率为27.78%，而全国平均水平则达到62.71%。这说明在全国城镇化进程快速推进过程中，广西陆地边境地区县域由于人口基数相对较少且集聚能力相对较弱，人口城镇化率远低于全国平均水平，但人口的集聚速度呈现增长趋势。

表6-3反映的是广西陆地边境地区人口城镇化水平与广西全区人口城镇化水平的均值对比情况。2005～2009年，广西陆地边境地区与广西全区均值差距接近20%，至2019年时差距扩大到23%，同时在2015～2019年广西陆地边境县域的人口城镇化水平均值不及全区平均水平的1/2。说明在广西全区人口城镇化高速发展阶段，县域范围的人口城镇化发展稍显乏力。

表 6 – 3　　　　广西陆地边境地区县域人口城镇化主要年份及

各时期变化总体情况　　　　单位：%

地区	2005 年	2005～2009 年	2010～2014 年	2015～2019 年	2019 年
广西陆地边境县域	17.43	17.04	19.02	23.78	27.78
广西平均水平	36.62	36.38	43.23	49.13	51.09

资料来源：原始数据来源于《广西统计年鉴（2006～2020）》《中国县域统计年鉴（2006～2020）》。

进一步考察广西陆地边境地区各县域主要年份人口城镇化率（见表 6 – 4），广西陆地边境地区各县域之间人口城镇化率差距较大，部分县域波动较大且增长缓慢。2005 年，东兴市人口城镇化率最高，为 31.26%，凭祥市紧随其后为 29.57%，靖西市最低，仅为 7.69%；2019 年，东兴市人口城镇化率仍为最高，为 50.79%，靖西市的人口城镇化率最低，为 18.71%。2005～2019 年，广西陆地边境地区各县域人口城镇化率总体变化不大，东兴市的人口城镇化发展最快，其次是靖西市、那坡县、大新县、龙州县等。虽然广西陆地边境地区各县域人口城镇化水平不高，但除宁明县和凭祥市外，其余县域的增速均高于全国平均水平。2019 年东兴市的人口城镇化率达到 50%，东兴市作为中越边境贸易的重要口岸，发展潜力大，其边境贸易的快速增长促进人口集聚，利于人口城镇化的发展。

表 6 – 4　　广西陆地边境地区各县域主要年份人口城镇化情况　　单位：%

地区	2005 年	2010 年	2015 年	2019 年	2005～2019 年年均增长率
东兴市	31.26	27.33	36.20	50.79	3.53
靖西市	7.69	8.24	8.93	18.71	6.56
那坡县	9.84	9.65	10.69	27.30	7.56

续表

地区	2005 年	2010 年	2015 年	2019 年	2005~2019 年 年均增长率
大新县	11.71	12.89	11.75	19.33	3.65
龙州县	13.07	17.50	18.65	23.81	4.38
宁明县	18.60	15.64	16.26	23.27	1.61
凭祥市	29.57	28.91	29.78	31.25	0.40
全国平均水平	42.99	49.95	56.10	62.71	2.73

注：防城区因数据缺失未纳入统计，本节下同。

资料来源：原始数据来源于《广西统计年鉴（2006~2020）》《中国县域统计年鉴（2006~2020）》。

（二）产业城镇化

本书此部分的产业城镇化率由二三产业占比计算而来，广西陆地边境地区县域及全国产业城镇化率的情况见图 6-2。整体上看，广西陆地边境地区县域的产业城镇化率比全国产业城镇化率平均水平低，但差距情况比人口城镇化好，并呈现差距不断缩小的变化趋势。

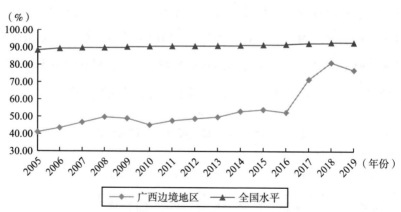

图 6-2 广西陆地边境地区及全国平均水平产业城镇化率变动趋势

资料来源：原始数据来源于《中国县域统计年鉴（2006~2020）》、《广西统计年鉴（2006~2020）》、国家统计局官方网站相关材料。

2005 年全国平均水平的产业城镇化率为 88.36%，广西陆地边境地区县域的产业城镇化率为 41.00%，两者相差一倍之多。至 2019 年，全国平均水平的产业城镇化率达到 92.86%，广西陆地边境地区县域的产业城镇化率上升至 76.93%，两者相差 15.93%，差距明显缩小。

从产业城镇化率的年均增长率比较而言，2005～2019 年，全国平均水平的产业城镇化率年均增长率为 0.36%，而广西陆地边境地区县域的产业城镇化率年均增长率为 4.60%，大大超过全国平均增速。但必须要注意的是，广西全区产业基础相对薄弱，且发展滞后，广西陆地边境地区县域的产业发展速度虽然较快，但仍存在产业发展质量较低等问题。

分阶段看（见表 6-5），广西全区产业城镇化平均水平从 2005 年的 77.6% 增长至 2019 年的 84%。与此同时，广西陆地边境县域的产业城镇化从 2005 年的 41% 增长至 2019 年的 76.93%，增长迅速，缩小了与广西全区平均水平的差距。在 2005～2019 年广西陆地边境县域的产业城镇化增长速度最快，均值达到了 67.29%，是上一阶段的 1.38 倍。

表 6-5　　　　广西陆地边境地区县域产业城镇化主要
年份及各时期变化总体情况　　　　单位：%

地区	2005 年	2005～2009 年	2010～2014 年	2015～2019 年	2019 年
广西陆地边境县域	41.00	45.93	48.87	67.29	76.93
广西平均水平	77.60	79.26	83.32	84.62	84.00

资料来源：原始数据来源于《广西统计年鉴（2006～2020）》《中国县域统计年鉴（2006～2020）》。

分县域考察广西陆地边境地区各县域产业城镇化率，见表6-6。总体上来说，广西陆地边境地区各县域产业城镇化率较人口城镇化率要高，同时进程较快，但各县域差异明显。2005年东兴市产业城镇化率最高，为69.20%，靖西市产业城镇化率最低，为26.07%，两者相差43.13%；2019年东兴市产业城镇化率出现下滑，由2015年的81.92%下降为72.78%，凭祥市的产业城镇化率上至第一位，为89.80%，龙州县产业城镇化率最低，为69.59%，两者相差接近20%，差距比2005年明显缩小；2005~2019年，广西陆地边境地区各县域中，那坡县、龙州县与宁明县产业城镇化率出现先衰退，再增长的趋势。其中那坡县在2010年之前的下降幅度最大，达到17.49%。靖西市、大新县和凭祥市保持着增长态势，其中靖西市的年均增长率最高，为8.80%。

表6-6　　广西陆地边境地区各县域主要年份产业城镇化情况　　单位：%

地区	2005年	2010年	2015年	2019年	2005~2019年年均增长率
东兴市	69.20	82.03	81.92	72.78	0.36
靖西市	26.07	64.56	67.74	84.91	8.80
那坡县	35.96	18.47	32.05	76.50	5.54
大新县	40.87	49.07	55.56	74.88	4.42
龙州县	42.01	33.08	50.31	69.59	3.67
宁明县	45.12	38.85	52.20	70.08	3.20
凭祥市	27.75	30.27	38.46	89.80	8.75
全国平均水平	88.36	90.67	91.61	92.86	0.36

资料来源：原始数据来源于《广西统计年鉴（2006~2020）》《中国县域统计年鉴（2006~2020）》。

（三）土地城镇化

在对广西陆地边境地区县域进行土地城镇化测度时，由于指标获取难度较大，因此本部分采用农作物播种面积占总面积之比度量土地的利用效率。图 6－3 反映的是广西陆地边境地区土地城镇化与全国平均水平在 2005～2019 年的演进情况。总体上看，广西陆地边境地区县域的土地城镇化率总体水平高于全国水平，整体趋势与全国土地城镇化率波动情况高度一致，仅在 2008 年出现下降趋势，变化趋势在时序上略滞后于全国平均水平的变化趋势。这体现了广西陆地边境地区以种植业为主，县域农业生产占比相对较高的现状。全国平均水平较低的原因是大部分地区已经处于工业化后期阶段，农业占比非常低。

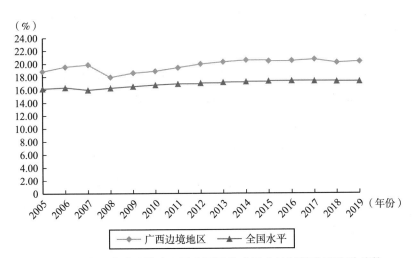

图 6－3　广西陆地边境地区及全国平均水平土地城镇化率变动趋势

资料来源：原始数据来源于《中国县域统计年鉴（2006～2020）》、《广西统计年鉴 2006～2020》、国家统计局官方网站相关材料。

表 6 – 7 体现的是广西平均水平与广西陆地边境县域的土地城镇化率变化情况。整体上看，广西整体土地城镇化率呈现缓慢下降趋势，从 2005 年的 27.31% 下降至 2019 年的 25.21%，下降幅度较小。而广西陆地边境县域呈现出上升趋势，从 2005 年的 18.84% 增长至 2019 年的 20.32%。这表明了广西的大部分城市存在农作物面积减少的趋势，而广西陆地边境县域的农业用地不减反增，农业产业有向边境县域转移的趋势。

表 6 – 7　　　广西陆地边境地区县域土地城镇化主要年份

及各时期变化总体情况　　　　单位：%

地区	2005 年	2005～2009 年	2010～2014 年	2015～2019 年	2019 年
广西陆地边境县域	18.84	18.95	19.80	20.38	20.32
广西平均水平	27.31	25.31	25.29	25.43	25.21

资料来源：原始数据来源于《广西统计年鉴（2006～2020）》《中国县域统计年鉴（2006～2020）》。

分县域来看，从表 6 – 8 汇报的结果来看，广西陆地边境地区各县域的土地城镇化率的变化差异较产业城镇化率小，广西陆地边境地区各县域土地利用效率空间演化趋势明显，且增长变动幅度差异较大。2005 年，广西陆地边境地区各县域中，靖西市土地利用效率最高，为 25.41%，那坡县土地利用效率最低，为 12.45%，两者相差 2.04 倍；2019 年，龙州县土地利用效率最高，为 28.95%，那坡县土地利用效率最低，为 10.44%，两者相差 2.77 倍。样本研究期间内，凭祥市土地利用效率年均增长率最高，为 2.09%，经济发展状况最佳的东兴市、靖西市等地区，土地利用效率年均增速均为负，靖西市年均增长率最低，为 – 1.94%，其次为东兴市，土地利用效率年均增速达到 – 1.47%，这些问题值得关注。

表 6 - 8　　　　　　广西陆地边境地区各县域主要年份

土地城镇化情况　　　　　　　　单位：%

地区	2005 年	2010 年	2015 年	2019 年	2005～2019 年年均增长率
东兴市	18.87	17.01	16.68	15.34	-1.47
靖西市	25.41	20.67	20.34	19.32	-1.94
那坡县	12.45	10.63	11.37	10.44	-1.25
大新县	21.28	23.01	25.07	27.13	1.75
龙州县	24.13	25.18	28.64	28.95	1.31
宁明县	14.89	18.18	20.41	21.20	2.56
凭祥市	14.85	17.33	20.13	19.84	2.09
全国平均水平	16.20	16.74	17.33	17.28	0.46

资料来源：原始数据来源于《广西统计年鉴（2006～2020）》《中国县域统计年鉴（2006～2020）》。

　　总体来讲，广西陆地边境地区县域城镇化情况与广西平均水平或全国平均水平相比，产业城镇化率与土地城镇化的发展相对较好，但人口城镇化率有较大提升空间。通过对比广西陆地边境地区各县域城镇化的各项指标情况发现，广西陆地边境地区在推进城镇化的进程中，人口集聚能力相对较弱。仅边境贸易、经济运行情况较好的地区，人口城镇化率水平及增长速度相对较高。

三、云南陆地边境地区城镇化发展现状

（一）人口城镇化

从图 6 - 4 的结果来看，云南陆地边境地区县域的人口城镇化率呈现小幅度波动趋势，而全国平均水平的人口城镇化率的总体趋势

是持续上升的。2005 年，云南陆地边境地区县域的人口城镇化率均值为 16.9%，同期全国人口城镇化平均水平为 42.99%，差距为 2.54 倍。至 2019 年，云南陆地边境地区人口城镇化率比 2005 年略微下降，为 15.92%，而同期全国平均水平的人口城镇化率上升至 52.71%，两者相差达到 3.31 倍。这种情况表明，云南陆地边境地区县域可能受到人口"虹吸效应"影响，存在一定程度的人口外流。

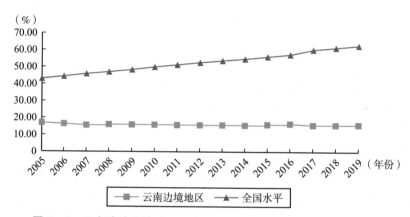

图 6-4　云南陆地边境地区及全国平均水平人口城镇化率变动趋势

　　资料来源：原始数据来源于《中国县域统计年鉴（2006~2020）》、《云南统计年鉴（2006~2020）》、国家统计局官方网站相关材料。

　　表 6-9 反映的是云南陆地边境地区县域的人口城镇化率与云南省平均水平阶段性对比情况。整体上看，云南的人口城镇化平均水平处于加速增长阶段，由 2005 年的 29.51% 增长至 2019 年的 48.91%，提升了 19.4%，且增速仍在提升。而云南陆地边境地区县域的人口城镇化出现了负增长的状态，与云南平均水平的持续增长态势对比，说明云南陆地边境地区的人口集聚能力与省内平均水平的差距逐渐拉大。

表 6 - 9   云南陆地边境地区县域人口城镇化主要年份

及各时期变化总体情况   单位:%

地区	2005 年	2005 ~ 2009 年	2010 ~ 2014 年	2015 ~ 2019 年	2019 年
云南陆地边境地区县域	16.90	16.13	15.70	16.00	15.92
云南平均水平	29.51	31.72	38.60	46.35	48.91

资料来源:原始数据来源于《云南统计年鉴 (2006~2020)》《中国县域统计年鉴 (2006~2020)》。

分县域来看,云南陆地边境地区各县域的人口城镇化率水平远低于全国平均水平(见表 6 - 10),2005 年,云南陆地边境地区 25 个县域中,河口县人口城镇化率最高,为 46.08%,富宁县的人口城镇化水平最低,仅有 6.63%,为全国平均水平的 15.4%,差异较大,仅有河口县、景洪市、勐腊县、瑞丽市这 4 个县市的人口城镇化率超过了 30%,而腾冲市、龙陵县、孟连县、镇康县、金平县、绿春县、麻栗坡县、马关县、富宁县 9 个县市的人口城镇化率低于 10%,处于低水平。

表 6 - 10   云南陆地边境地区各县域主要年份人口城镇化情况   单位:%

地区	2005 年	2010 年	2015 年	2019 年	2005 ~ 2019 年年均增长率
河口县	46.08	38.10	40.36	40.17	- 0.98
金平县	7.60	6.72	6.80	6.69	- 0.91
绿春县	7.58	7.66	7.48	7.43	- 0.14
麻栗坡县	8.06	7.19	7.34	7.28	- 0.72
马关县	9.52	8.70	8.78	8.76	- 0.59
富宁县	6.63	6.13	6.09	6.06	- 0.64
江城县	19.49	17.21	17.67	17.39	- 0.81

地区	2005 年	2010 年	2015 年	2019 年	2005～2019 年年均增长率
澜沧县	8.05	7.32	7.55	7.65	-0.36
孟连县	14.29	13.24	13.21	12.86	-0.75
西盟县	13.04	15.38	14.94	14.48	0.75
景洪市	40.98	38.08	39.12	38.85	-0.38
勐海县	15.29	15.96	15.93	16.80	0.67
勐腊县	35.06	31.56	32.80	32.28	-0.59
腾冲市	8.61	7.91	7.38	7.29	-1.18
龙陵县	8.82	7.91	9.13	9.52	0.55
芒市	23.52	23.14	20.22	18.11	-1.85
盈江县	12.80	11.80	12.06	11.97	-0.48
陇川县	19.54	17.58	17.68	17.46	-0.80
瑞丽市	38.04	36.46	36.13	36.58	-0.28
福贡县	8.60	9.09	9.17	9.32	0.58
贡山县	16.22	15.79	15.62	14.87	-0.62
泸水市	18.68	18.92	19.13	20.36	0.62
镇康县	8.09	7.91	8.04	8.07	-0.02
耿马县	14.74	14.81	15.16	15.09	0.17
沧源县	13.07	12.29	12.79	12.74	-0.18
全国平均水平	42.99	49.95	56.10	62.71	2.73

资料来源：原始数据来源于《云南统计年鉴（2006～2020）》《中国县域统计年鉴（2006～2020）》。

从人口城镇化率的年均增长率来看，云南陆地边境地区 25 个县域中，西盟县增长速度最快，为 0.75%，低于全国平均水平 2.73%，仅有西盟县、勐海县、龙陵县、福贡县、泸水市和耿马县增长率为正，其他 19 个县域增长率均为负。这说明，2005 年以来，云南陆地边境地区大部分县域均存在不同程度的人口流出。

（二）产业城镇化

图 6－5 呈现了 2005～2019 年云南陆地边境地区县域及全国平均水平的产业城镇化率变化情况。2005 年以来，云南陆地边境地区县域的产业城镇化率经历了波动中快速上升的变化趋势，在 2005～2016 年增长幅度较小，在 2016～2019 年增长较快，总体上增长速度比全国平均水平稍快。2005 年，云南陆地边境地区县域的产业城镇化率为 58.40%，与全国平均水平产业城镇化率的 88.36% 差距较大，至 2019 年，云南陆地边境地区县域的产业城镇化率达到 77.62%，与全国平均水平的产业城镇化率差距缩小至 15% 左右。

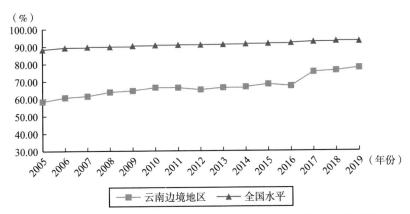

图 6－5　云南陆地边境地区及全国平均水平产业城镇化率变动趋势

资料来源：原始数据来源于《中国县域统计年鉴（2006～2020）》、《云南统计年鉴（2006～2020）》、国家统计局官方网站相关材料。

表 6－11 体现的是云南陆地边境地区县域与云南产业城镇化率平均水平。总体上看，云南整体的产业城镇化与全国水平差距较小，但云南陆地边境地区县域的产业城镇化和省内平均水平差异较大。从阶段性看，云南陆地边境地区的产业城镇化增长最快的时期

是 2015～2019 年，均值达到了 72.88%，与云南产业城镇化平均水平差距缩小至 12.86%。直至 2019 年差距仅有 9.28%。

表 6－11　　　　云南陆地边境地区县域产业城镇化主要年份及

各时期变化总体情况　　　单位：%

地区	2005 年	2005～2009 年	2010～2014 年	2015～2019 年	2019 年
云南陆地边境地区县域	58.40	61.76	66.15	72.88	77.62
云南平均水平	80.70	81.84	84.20	85.74	86.90

资料来源：原始数据来源于《云南统计年鉴（2006～2020）》《中国县域统计年鉴（2006～2020）》。

表 6－12 呈现了云南陆地边境地区各县域的产业城镇化率变化情况。从主要年份云南陆地边境地区各县域产业城镇化率的变化趋势来看，2005～2019 年，云南陆地边境地区 25 个县域中，除泸水市的产业城镇化率年均增长率低于全国平均水平外，其他各县域的产业城镇化率均呈现增长态势，其中腾冲市的年均增长率最快，达到 9.36%，大部分城市在 2015～2019 年迅猛增长。至 2019 年，云南陆地边境地区的 25 个县域中，河口县、瑞丽市的产业城镇化率超过全省平均水平，其中，瑞丽市产业城镇化率最高，达到了 91.40%。也有金平县、麻栗坡县、西盟县、景洪市、腾冲市、芒市、福贡县、贡山县和泸水市 9 个县市产业城镇化率超过了 80%。

表 6－12　云南陆地边境地区各县域主要年份产业城镇化情况　　　单位：%

地区	2005 年	2010 年	2015 年	2019 年	2005～2019 年年均增长率
河口县	75.52	73.61	76.10	87.15	1.03
金平县	62.28	74.96	75.40	81.00	1.89

地区	2005 年	2010 年	2015 年	2019 年	2005～2019 年年均增长率
绿春县	56.51	54.53	71.91	76.87	2.22
麻栗坡县	66.52	76.60	78.19	81.12	1.43
马关县	66.12	78.34	76.90	78.53	1.24
富宁县	31.20	41.62	42.40	76.34	6.60
江城县	48.38	62.29	65.41	74.68	3.15
澜沧县	59.98	67.62	71.05	76.91	1.79
孟连县	60.16	62.34	60.11	68.71	0.95
西盟县	71.67	70.39	75.83	82.05	0.97
景洪市	69.69	74.98	81.91	84.09	1.35
勐海县	68.33	77.08	72.52	76.52	0.81
勐腊县	52.13	59.53	58.94	65.66	1.66
腾冲市	23.28	42.48	50.36	81.45	9.36
龙陵县	61.47	66.25	70.01	75.56	1.49
芒市	52.49	60.74	67.51	81.07	3.15
盈江县	61.23	73.44	70.10	71.12	1.08
陇川县	44.12	47.59	48.65	67.40	3.07
瑞丽市	75.93	80.06	88.05	91.40	1.33
福贡县	30.21	57.21	37.88	81.12	7.31
贡山县	56.38	67.90	70.79	82.37	2.74
泸水市	83.17	87.55	84.17	86.42	0.27
镇康县	63.56	72.68	76.01	75.68	1.25
耿马县	56.48	57.26	62.91	64.90	1.00
沧源县	63.16	71.72	74.01	72.45	0.99
全国平均水平	88.36	90.67	91.61	92.86	0.36

资料来源：原始数据来源于《云南统计年鉴（2006～2020）》《中国县域统计年鉴（2006～2020）》。

（三）土地城镇化

受指标披露限制，本部分以粮食作物种植面积与地区总面积之比计算土地利用效率作为云南土地城镇化率的代理变量，全国与云南土地利用效率变动趋势见图6-6，从2005~2019年全国土地利用效率与云南陆地边境地区县域土地利用效率的变化趋势可以看出，云南陆地边境地区县域的土地利用效率均呈波动性上升趋势，而全国的土地城镇化指标围绕16%水平上下波动。云南陆地边境地区县域土地城镇化率总体水平低于全国平均水平，但总体增幅高于全国平均水平。

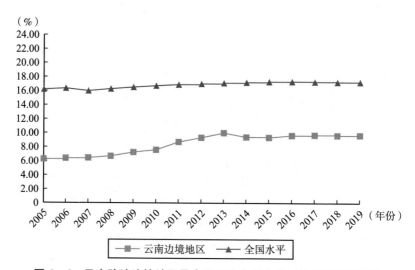

图6-6 云南陆地边境地区及全国平均水平土地城镇化率变动趋势

资料来源：原始数据来源于《中国县域统计年鉴（2006~2020）》、《云南统计年鉴（2006~2020）》、国家统计局官方网站相关材料。

云南陆地边境地区县域与云南土地城镇化平均水平比较（见表6-13），2005年云南陆地边境县域的土地城镇化与云南省内的差距为9.11%，到2019年缩小至7.93%。其中，云南陆地边境县域地区的土地城镇化在 2010 ~ 2014 年增长较快，但仍与省内平均水平有一定差距。

表 6 - 13 　　云南陆地边境地区县域土地城镇化主要年份及

各时期变化总体情况 　　　　　单位：%

地区	2005 年	2005 ~ 2009 年	2010 ~ 2014 年	2015 ~ 2019 年	2019 年
云南陆地边境地区县域	6.25	6.60	9.01	9.62	9.68
云南平均水平	15.36	15.43	17.44	17.75	17.61

资料来源：原始数据来源于《云南统计年鉴（2006 ~ 2020）》《中国县域统计年鉴（2006 ~ 2020）》。

表 6 - 14 呈现了 2005 ~ 2019 年云南陆地边境地区各县域土地城镇化率的变化趋势。总体上看，只有景洪市、福贡县出现负增长状态，景洪市为 - 1.15%，其他县市的土地利用效率均呈不同程度的上升趋势，其中陇川县和瑞丽市的土地城镇化增长速度最快，年平均增速达到了 4.60%。2005 年，马关县的土地城镇化率最高，为 13.52%。至 2019 年，最高值仍为马关县，达到 21.38%，超过全国平均水平 4 个百分点。贡山县土地城镇化为最低，为 1.22%。这说明云南陆地边境地区县域的农作物占地面积正在增加，土地利用率也在逐渐上涨。

表 6 - 14 　　　　　云南陆地边境地区各县域主要年份

土地城镇化情况 　　　　　单位：%

地区	2005 年	2010 年	2015 年	2019 年	2005 ~ 2019 年 年均增长率
河口县	2.38	2.77	4.30	4.21	4.16
金平县	6.52	7.23	9.01	8.19	1.64

续表

地区	2005 年	2010 年	2015 年	2019 年	2005～2019 年年均增长率
绿春县	5.40	6.14	8.22	9.67	4.25
麻栗坡县	11.91	13.48	16.58	17.73	2.88
马关县	13.52	15.19	19.96	21.38	3.33
富宁县	5.98	6.71	8.32	9.24	3.16
江城县	3.02	3.29	4.51	4.34	2.62
澜沧县	5.58	6.49	9.14	9.24	3.67
孟连县	6.24	6.55	8.41	9.55	3.09
西盟县	8.16	8.81	12.25	10.07	1.51
景洪市	3.49	3.40	2.79	2.97	-1.15
勐海县	4.26	4.86	8.89	6.78	3.38
勐腊县	2.41	2.43	2.86	2.77	1.00
腾冲市	8.65	10.84	14.64	14.53	3.77
龙陵县	7.29	8.15	11.28	12.04	3.65
芒市	8.49	12.25	15.14	15.96	4.61
盈江县	5.37	7.83	10.93	10.64	5.01
陇川县	7.42	11.69	15.54	13.92	4.60
瑞丽市	7.57	14.26	5.93	14.20	4.60
福贡县	5.52	6.02	4.71	5.04	-0.65
贡山县	1.07	1.18	1.18	1.22	0.94
泸水市	7.69	8.54	8.78	9.37	1.42
镇康县	6.67	8.86	13.00	12.20	4.41
耿马县	5.51	5.88	7.98	7.51	2.24
沧源县	6.11	6.86	9.69	9.33	3.07
全国平均水平	16.20	16.74	17.33	17.28	0.46

资料来源：原始数据来源于《云南统计年鉴（2006～2020）》《中国县域统计年鉴（2006～2020）》。

总体上看，云南陆地边境地区各县域三个维度的城镇化发展都不均衡，趋势差异明显。通过 2019 年的数据分析，云南陆地边境地区县域人口城镇化率增长情况较差，多数县市出现负增长。在产业城镇化方面表现较好，云南陆地边境地区部分县市的产业城镇化率和全国平均水平差距较小。土地城镇化增速超过全国平均水平，但总量还存在差距。说明云南陆地边境地区县域在推进城镇化时，产业发展与土地利用也在协同发展。但人口城镇化率与乡村土地利用效率存在反向关系，说明云南陆地边境地区县域城镇化进程中人口集聚会引起农村土地利用效率下降，这种现象需要重点关注。

四、西藏陆地边境地区城镇化发展现状

（一）人口城镇化

由于西藏陆地边境地区县域人口数据获取难度较大，无法满足一般人口城镇化率计算公式的需要。鉴于数据的可获得性，将人口城镇化率的计算公式调整为用第二产业从业人员与第三产业从业人员之和占户籍人口的比重，部分缺失数据用均值法和趋势插值法补齐。

图 6 - 7 所示是西藏陆地边境地区县域 2005 ~ 2019 年人口城镇化率变化情况。整体上看，2005 年以来，西藏陆地边境地区县域的人口城镇化率呈现波动中缓慢上升的态势，到 2016 年开始有所回落，总体人口城镇化水平低于全国人口城镇化率水平。2005 ~ 2016 年西藏陆地边境县域的人口城镇化水平与全国人口城镇化平均水平演进趋势基本相同，但 2016 ~ 2019 年开始趋势相反。

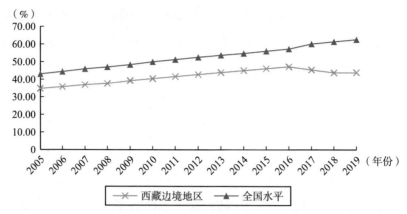

图6-7 西藏陆地边境地区及全国平均水平人口城镇化率变动趋势

资料来源：原始数据来源于《中国县域统计年鉴（2006~2020）》、《西藏统计年鉴（2006~2020）》、国家统计局官方网站相关材料。

表6-15为西藏陆地边境地区县域的人口城镇化率与西藏的人口城镇化平均水平对比情况。2019年西藏陆地边境地区县域的人口城镇化达到了44.02％，可以发现和其他中国南部陆地边境二省的情况不同，西藏陆地边境县域的城市人口城镇化高于全省平均水平，这说明西藏陆地边境县域的人口集聚能力正在提升，同时还可能是由于西藏本身人口总量少，且分布稀疏，大城市较少，因此，县域城市的发展与大城市差距并不悬殊。

表6-15　　　　　　　西藏陆地边境地区县域人口城镇化

主要年份变化总体情况　　　　　　　单位：%

地区	2005 年	2005~2009 年	2010~2014 年	2015~2019 年	2019 年
西藏陆地边境地区县域	34.67	36.80	42.76	45.37	44.02
西藏平均水平	26.81	25.91	23.53	30.20	31.66

资料来源：原始数据来源于《西藏统计年鉴（2006~2020）》《中国县域统计年鉴（2006~2020）》。

表 6-16 呈现了西藏陆地边境地区 18 个县域 2005~2019 年人口城镇化率变化情况。总体上看，西藏陆地边境地区 18 个县域人口城镇化率水平及变化趋势相差较大，部分县市增长缓慢且不稳定波动。导致波动的原因可能是统计口径的变化。从增长速度来看，噶尔县增长速度最慢，年均增长率为 0.03%，萨嘎县增长速度最快，年均增长率达到 5.05%，还有部分城市如：仲巴县、浪卡子县、普兰县、札达县和日土县出现了负增长状况，札达县的下降幅度最大，为 -2.95%。从占比绝对值来看，2005 年，普兰县的人口城镇化率最高，为 64.74%，仲巴县最低，为 9.04%。截至 2019 年，亚东县的人口城镇化位居西藏陆地边境地区县域之首，为 74.42%，仲巴县仍为最低值 8.96%，二者相差 65.46%。西藏陆地边境地区县域之间的人口城镇化发展差异较为明显。

表 6-16　西藏陆地边境地区各县域主要年份人口城镇化情况　　单位：%

地区	2005 年	2010 年	2015 年	2019 年	2005~2019 年年均增长率
定日县	33.62	37.61	41.08	43.48	1.85
康马县	15.46	21.11	26.25	23.78	3.12
定结县	34.72	44.91	55.10	47.98	2.34
吉隆县	57.14	62.33	66.34	68.02	1.25
岗巴县	33.68	45.06	55.53	60.11	4.22
聂拉木县	32.23	41.18	48.95	46.38	2.63
亚东县	47.59	66.32	84.08	74.42	3.25
萨嘎县	20.88	30.97	40.29	41.60	5.05
仲巴县	9.04	9.00	8.95	8.96	-0.06
洛扎县	45.24	53.03	61.19	57.85	1.77
浪卡子县	26.47	25.59	25.05	25.21	-0.35

续表

地区	2005 年	2010 年	2015 年	2019 年	2005 ~ 2019 年 年均增长率
错那县	21.86	31.88	42.27	32.52	2.88
察隅县	53.48	69.34	83.26	76.46	2.59
墨脱县	24.11	28.39	32.68	26.60	0.70
普兰县	64.74	63.06	62.37	62.84	− 0.21
札达县	21.31	17.34	15.54	14.01	− 2.95
噶尔县	58.08	56.67	57.67	58.29	0.03
日土县	24.41	24.02	24.35	23.94	− 0.14
全国平均水平	42.99	49.95	56.10	62.71	2.73

资料来源：原始数据来源于《西藏统计年鉴（2006~2020）》《中国县域统计年鉴（2006~2020）》。

（二）产业城镇化

与上面分析一致，本章研究的产业城镇化主要是以第二产业与第三产业占 GDP 比重计算得来。图 6 - 8 呈现了 2005~2019 年西藏

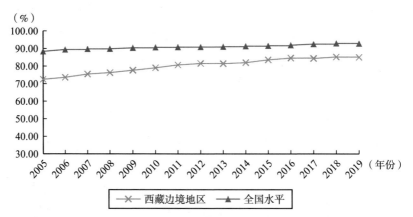

图 6 - 8　西藏陆地边境地区及全国平均水平产业城镇化率变动趋势

资料来源：原始数据来源于《中国县域统计年鉴（2006~2020）》、《西藏统计年鉴（2006~2020）》、国家统计局官方网站相关材料。

陆地边境地区县域的产业城镇化率变化趋势。总体上来说,西藏陆地边境地区县域的产业城镇化水平呈现了波动中不断提升的发展趋势,在 2005～2011 年为平稳增长阶段,2011～2019 年为波动增长阶段。西藏陆地边境地区县域的产业城镇化与全国平均水平相比还存在一定差距,但其经济结构的调整速度较快,第二产业和第三产业的占比份额在稳步提升。

2005～2019 年,全国产业城镇化率年均增长率为 0.36%,而西藏陆地边境地区县域的产业城镇化率年均增长率为 1.15%,说明西藏陆地边境地区县域的产业结构调整取得了较好的成效。2005 年,西藏的产业城镇化率平均水平为 80.90%,西藏陆地边境地区县域的产业城镇化率为 75.08%,两者相差 5.82%。至 2019 年,西藏的产业城镇化率平均水平达到 91.80%,西藏陆地边境地区县域的产业城镇化率上升至 85.03%,两者差距扩大,为 6.77%(见表 6 - 17)。

表 6 - 17　　　西藏陆地边境地区县域产业城镇化主要年份及

各时期变化总体情况　　　　　单位:%

地区	2005 年	2005～2009 年	2010～2014 年	2015～2019 年	2019 年
西藏陆地边境地区县域	72.49	75.08	80.93	84.57	85.03
西藏平均水平	80.90	83.54	88.42	90.80	91.80

资料来源:原始数据来源于《西藏统计年鉴 (2006～2020)》《中国县域统计年鉴 (2006～2020)》。

表 6 - 18 呈现了 2005～2019 年西藏陆地边境地区各县域的产业城镇化率的变化情况。与全国平均水平相比,西藏陆地边境地区各县域的产业城镇化水平不及全国平均水平,但整体发展进程较快,且各县域差异明显。2005 年,西藏陆地边境地区各县域中,错那县

产业城镇化率最高,为90.75%,仲巴县最低,为45.79%。2019
年错那县产业城镇化率达到96%。2005~2019年,西藏陆地边境
地区大部分县域产业城镇化率的年均增长率超过全国平均水平,其
中,仲巴县年均增长率最高,达到3.07%,普兰县年均增长率最
低,为0.06%。

表6-18　西藏陆地边境地区各县域主要年份产业城镇化情况　单位:%

地区	2005年	2010年	2015年	2019年	2005~2019年 年均增长率
定日县	53.82	64.67	74.49	80.54	2.92
康马县	59.59	73.11	78.51	79.48	2.08
定结县	61.25	73.86	79.99	79.25	1.86
吉隆县	71.16	79.63	85.42	86.67	1.42
岗巴县	76.94	81.85	89.52	87.49	0.92
聂拉木县	75.15	79.90	83.29	85.48	0.92
亚东县	75.37	81.88	88.60	85.61	0.91
萨嘎县	68.53	84.65	81.51	82.22	1.31
仲巴县	45.79	62.36	68.70	69.94	3.07
洛扎县	74.31	22.45	87.43	92.49	1.58
浪卡子县	77.87	92.01	90.63	93.74	1.33
错那县	90.75	85.24	94.33	96.07	0.41
察隅县	69.81	87.45	82.43	83.95	1.33
墨脱县	88.02	94.33	92.78	93.96	0.47
普兰县	85.21	60.11	83.49	85.97	0.06
札达县	85.83	92.17	87.53	89.07	0.27
噶尔县	77.18	88.28	81.64	81.26	0.37
日土县	68.24	23.06	74.59	77.39	0.90
全国平均水平	88.36	90.67	91.61	92.86	0.36

资料来源:原始数据来源于《西藏统计年鉴(2006~2020)》《中国县域统计年鉴
(2006~2020)》。

（三）土地城镇化

考虑到数据的可获得性，受土地城镇化计算公式中粮食农作物种植面积的披露限制，本章用耕地面积占总面积之比来表示土地城镇化率。图 6-9 呈现了西藏陆地边境地区县域与全国土地利用效率变动趋势。2005～2019 年，西藏陆地边境地区县域的土地城镇化呈现波动中上升的态势，2005～2013 年，西藏陆地边境地区县域与全国土地城镇化波动趋势相近。在 2013～2015 年有下降趋势，直至2019 缓慢回升。西藏陆地边境地区县域的土地城镇化率整体高于全国平均水平，说明西藏陆地边境地区耕地的面积和农作物播种面积较大，利用程度较高。

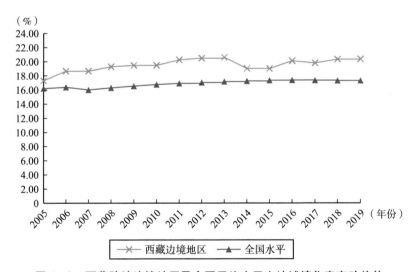

图 6-9　西藏陆地边境地区及全国平均水平土地城镇化率变动趋势

资料来源：原始数据来源于《中国县域统计年鉴（2006～2020）》、《西藏统计年鉴（2006～2020）》、国家统计局官方网站相关材料。

表 6-19 反映的是西藏陆地边境地区县域的土地城镇化阶段性数据与西藏的土地城镇化平均水平。西藏的平均水平较低的原因可

能是当地可利用与耕地种植的面积较少，在计算土地城镇化率时使用的是省域面积，因此导致数值非常小。从趋势上看，西藏陆地边境地区县域的土地城镇化率在 2010～2014 年的增长较快，2015～2019 年有所下降。

表 6 - 19　　　　西藏陆地边境地区县域产业城镇化主要年份及

各时期变化总体情况　　　单位：%

地区	2005 年	2005～2009 年	2010～2014 年	2015～2019 年	2019 年
西藏陆地边境地区县域	17.29	18.67	19.96	19.91	20.35
西藏平均水平	0.19	0.19	0.20	0.21	0.22

资料来源：原始数据来源于《西藏统计年鉴（2006～2020）》《中国县域统计年鉴（2006～2020）》。

表 6 - 20 呈现了 2005～2019 年西藏陆地边境地区各县域主要年份土地城镇化变化情况。总体上来看，西藏陆地边境地区各县域的土地利用效率水平及增长状况存在较大差距。西藏陆地边境地区各县域中，康马县、察隅县和普兰县出现了负增长，其中察隅县负增长最明显，为 -3.59%，其他县域均为正增长。2005 年康马县土地城镇化率最高，为 50.61%，远超全国平均水平；仲巴县土地城镇化率最低，为 0.12%，还有日土县也未达到 1%；至 2019 年，定日县土地城镇化率最高，为 51.07%，仲巴县仍然最低，为 0.16%。

表 6 - 20　　西藏陆地边境地区各县域主要年份土地城镇化情况　　单位：%

地区	2005 年	2010 年	2015 年	2019 年	2005～2019 年年均增长率
定日县	48.88	49.09	48.83	51.07	0.31
康马县	50.61	50.93	42.15	42.13	-1.30

续表

地区	2005 年	2010 年	2015 年	2019 年	2005～2019 年年均增长率
定结县	31.87	43.91	33.36	46.46	2.73
吉隆县	9.88	13.54	12.91	13.77	2.40
岗巴县	32.98	38.11	35.73	51.94	3.30
聂拉木县	15.92	18.47	25.11	29.03	4.38
亚东县	20.20	20.46	20.99	21.76	0.53
萨嘎县	3.67	3.83	4.18	4.27	1.09
仲巴县	0.12	0.17	0.15	0.16	2.08
洛扎县	34.43	38.74	37.33	41.90	1.41
浪卡子县	29.25	32.30	30.69	34.47	1.18
错那县	4.23	4.24	4.30	4.40	0.28
察隅县	14.31	14.74	14.43	8.58	-3.59
墨脱县	4.72	5.18	5.08	5.29	0.82
普兰县	5.09	4.83	8.34	4.92	-0.24
札达县	1.87	2.04	2.68	2.81	2.95
噶尔县	2.73	9.47	13.66	12.61	11.55
日土县	0.42	0.46	2.26	1.88	11.30
全国平均水平	16.20	16.74	17.33	17.28	0.46

资料来源：原始数据来源于《西藏统计年鉴（2006～2020）》《中国县域统计年鉴（2006～2020）》。

2005～2019 年，西藏陆地边境地区各县域中，噶尔县土地城镇化率的年均增长率最高，为 11.55%，是全国平均水平的 25 倍。这种变化趋势说明，随着经济发展和技术水平提高，西藏陆地边境地区县域在推进城镇化时，大部分边境地区县域的农村耕地得到了有效保护和开发。

总的来说，西藏陆地边境地区县域的城镇化情况相对于全国平

均水平来说，均存在绝对值水平偏低的问题，但产业城镇化率情况
相对较好，人口城镇化率还需要重视，还存在较大差距。在土地城
镇化方面，还需要解决西藏陆地边境地区县域之间差距过大等问
题。另外，由于西藏陆地边境地区县域的地理位置以及生态环境的
特殊性，部分县域人口总量偏低，可用于种植的土地和耕地面积比
例较小，土地利用效率整体提升难度较大。

第三节　中国南部陆地边境县域城镇化
耦合协调度测度

一、模型设计

　　耦合协调度模型能描述整个系统发展过程中各子系统的协同作
用，而系统从无序走向有序的内驱力在于子系统间的相互作用是
否协同。本部分采用耦合协调度模型对人口、产业与土地城镇化
这三个子系统的耦合协调水平进行度量。耦合协调度模型由三部
分组成，即发展度（T）、耦合度（C）与协调度（D）。计算公式
如下：

$$T = \frac{a\lambda_1 + b\lambda_2 + c\lambda_3}{100}\%　\quad (6-1)$$

$$C = \left\{ \frac{\lambda_1 \times \lambda_2 \times \lambda_3}{\left(\frac{\lambda_1 + \lambda_2 + \lambda_3}{3}\right)^3} \right\}^{\frac{1}{3}} \quad (6-2)$$

$$D = \sqrt{C \times T} \quad (6-3)$$

　　其中，在计算发展度指标时，三个子系统在城镇化中为同等重

要，因此将 a、b、c 同时取 1/3。同时耦合度公式的指数幂选取也为 1/3。表 6 - 21 为协调度评价体系的分类标准。

表 6 - 21　　　　　　　　协调性评价体系分类标准

协调区间	协调度	协调程度	三大综合指数对比关系	基本类型
高度协调区	0.91 ~ 1.00	极度协调类		
	0.81 ~ 0.90	优质协调类		
中度协调区	0.71 ~ 0.80	高级协调类		
	0.61 ~ 0.70	中级协调类		
	0.51 ~ 0.60	初级协调类	1. max(λ1) 2. max(λ2) 3. max(λ3)	1. 人口城镇化引领型 2. 产业城镇化引领型 3. 土地城镇化引领型
低度协调区	0.41 ~ 0.50	调和协调类		
	0.31 ~ 0.40	勉强协调类		
	0.21 ~ 0.30	低度不协调类		
失调区	0.11 ~ 0.20	中度不协调类		
	0.01 ~ 0.10	高度不协调类		

二、测度结果

（一）三大地区协调水平对比

表 6 - 22 反映的是 2005 ~ 2019 年中国南部陆地边境地区三大城镇化的系统协调度呈现逐步上升的趋势，协调程度主要表现为"初级协调类"与"调和协调类"，基本类型各年份均为"产业城镇化引领型"。其中，广西陆地边境县域根据协调程度可将样本期间划分为两大阶段。第一阶段（2005 ~ 2011 年），属于"调和协调类"，协调度一直在 0.4 ~ 0.5 之间波动，到 12 年以后才突破调和阶段瓶颈；第二阶段（2011 ~ 2019 年）属于"初级协调类"。在 2005 ~

2019 年样本期间内，广西陆地边境县域三大城镇化系统之间协调度由 2005 年的 0.4877 波动中增加到 2011 年的 0.5057，在波动中上升至 2019 年的 0.5929，三大城镇化系统内部协调情况逐步优化。云南陆地边境地区县域三大城镇化系统之间协调度发展由 2005 年的 0.4282 降至到 2007 年的 0.4280，在波动中上升至 2019 年的 0.4783。西藏陆地边境地区县域三大城镇化系统之间协调度发展在 2005 ~ 2019 年缓慢上升。总体来说，协调度的表现与样本期间中国南部陆地边境地区的发展动力紧密相关，随着国家政策的关注及资金投入，中国南部陆地边境地区的工业化进程自 2005 年左右逐渐加速，协调度呈现波动中逐步上升且表现为"产业城镇化引领型"的情况。但必须注意的是，样本期间内所呈现的两种协调程度均处于低度或中度协调区，总体协调水平还有很大的提升空间。

表 6 - 22　　　　　中国南部陆地边境地区三大城镇化
协调性评价结果

地区	年份	发展度	耦合度	协调度	协调程度	基本类型
广西陆地边境地区	2005	0.2576	0.9236	0.4877	调和协调类	产业城镇化引领型
	2006	0.2612	0.9013	0.4852	调和协调类	产业城镇化引领型
	2007	0.2807	0.9060	0.5043	调和协调类	产业城镇化引领型
	2008	0.2832	0.8794	0.4991	调和协调类	产业城镇化引领型
	2009	0.2827	0.8861	0.5005	调和协调类	产业城镇化引领型
	2010	0.2707	0.9034	0.4946	调和协调类	产业城镇化引领型
	2011	0.2837	0.9014	0.5057	调和协调类	产业城镇化引领型
	2015	0.3110	0.8843	0.5244	初级协调类	产业城镇化引领型
	2018	0.4268	0.8241	0.5931	初级协调类	产业城镇化引领型
	2019	0.4168	0.8433	0.5929	初级协调类	产业城镇化引领型

续表

地区	年份	发展度	耦合度	协调度	协调程度	基本类型
云南陆地边境地区	2005	0.2718	0.6746	0.4282	调和协调类	产业城镇化引领型
	2006	0.2779	0.6655	0.4300	调和协调类	产业城镇化引领型
	2007	0.2782	0.6586	0.4280	调和协调类	产业城镇化引领型
	2008	0.2880	0.6580	0.4353	调和协调类	产业城镇化引领型
	2009	0.2924	0.6677	0.4418	调和协调类	产业城镇化引领型
	2010	0.2994	0.6679	0.4471	调和协调类	产业城镇化引领型
	2011	0.3024	0.6901	0.4568	调和协调类	产业城镇化引领型
	2015	0.3122	0.6955	0.4660	调和协调类	产业城镇化引领型
	2018	0.3384	0.6697	0.4760	调和协调类	产业城镇化引领型
	2019	0.3441	0.6648	0.4783	调和协调类	产业城镇化引领型
西藏陆地边境地区	2005	0.4148	0.8475	0.5929	初级协调类	产业城镇化引领型
	2006	0.4262	0.8580	0.6047	中级协调类	产业城镇化引领型
	2007	0.4365	0.8544	0.6107	中级协调类	产业城镇化引领型
	2008	0.4438	0.8583	0.6172	中级协调类	产业城镇化引领型
	2009	0.4545	0.8581	0.6245	中级协调类	产业城镇化引领型
	2010	0.4631	0.8557	0.6295	中级协调类	产业城镇化引领型
	2011	0.4751	0.8590	0.6388	中级协调类	产业城镇化引领型
	2015	0.4959	0.8441	0.6470	中级协调类	产业城镇化引领型
	2018	0.4981	0.8503	0.6508	中级协调类	产业城镇化引领型
	2019	0.4980	0.8512	0.6511	中级协调类	产业城镇化引领型

注：由 Stata16.0 分析整理。

（二）广西陆地边境地区县域城镇化协调水平

2019 年广西陆地边境地区各县市城镇化协调指标结果见表 6-23，各县域发展度、耦合度及协调度存在一定差异。发展度方面，广西陆地边境地区各县域中，凭祥市发展度值最高，达到 0.47，那坡县和宁明县最低，为 0.38。耦合度方面，龙州县最高，达到 0.89，那坡县最低，为 0.73，两者相差 0.16。总体上来看，广西陆地边境地区各县域人口、产业及土地方面的耦合发展相对较好。就协调度而言，广西陆地边境地区各县域的协调程度位于初级与中级协调水平，东兴市协调度最高，达到 0.62，为中级协调类，那坡县协调度最低，为 0.53，为初级协调类；从基本类型划分来看，广西陆地边境地区各县域均表现为产业城镇化引领型。

表 6 - 23　2019 年广西陆地边境地区各县域城镇化协调性评价结果

地区	发展度	耦合度	协调度	协调程度	基本类型
东兴市	0.46	0.83	0.62	中级协调类	产业城镇化引领型
靖西市	0.41	0.76	0.56	初级协调类	产业城镇化引领型
那坡县	0.38	0.73	0.53	初级协调类	产业城镇化引领型
大新县	0.40	0.84	0.58	初级协调类	产业城镇化引领型
龙州县	0.41	0.89	0.60	初级协调类	产业城镇化引领型
宁明县	0.38	0.85	0.57	初级协调类	产业城镇化引领型
凭祥市	0.47	0.81	0.62	中级协调类	产业城镇化引领型

注：由 Stata16.0 分析整理。

（三）云南陆地边境地区县域城镇化协调水平

2019 年云南陆地边境地区各县域城镇化协调指标结果见表 6 - 24。针对发展度来说，瑞丽市最高，达到 0.47，耿马县最低，为 0.29，两者相差 0.18，绝大部分县域在 0.3 ~ 0.4 之间；就耦合度而言，陇川县最高，达到 0.77，贡山县最低，为 0.35，两者相差 0.42；总体上来看，云南陆地边境地区各县域的协调程度位于低度与中度协调区，多为调和协调类，少数为勉强协调，仅有瑞丽市达到了初级协调类。从基本类型划分来看，云南陆地边境地区各县域均表现为产业城镇化引领型。

表 6 - 24　　　　2019 年云南陆地边境地区各县域城镇化
协调性评价结果

地区	发展度	耦合度	协调度	协调程度	基本类型
河口县	0.44	0.56	0.50	调和协调类	产业城镇化引领型
金平县	0.32	0.51	0.41	调和协调类	产业城镇化引领型
绿春县	0.31	0.56	0.42	调和协调类	产业城镇化引领型
麻栗坡县	0.35	0.62	0.47	调和协调类	产业城镇化引领型
马关县	0.36	0.68	0.49	调和协调类	产业城镇化引领型
富宁县	0.31	0.53	0.40	勉强协调类	产业城镇化引领型
江城县	0.32	0.55	0.42	调和协调类	产业城镇化引领型
澜沧县	0.31	0.56	0.42	调和协调类	产业城镇化引领型
孟连县	0.30	0.67	0.45	调和协调类	产业城镇化引领型
西盟县	0.36	0.64	0.48	调和协调类	产业城镇化引领型
景洪市	0.42	0.51	0.46	调和协调类	产业城镇化引领型
勐海县	0.33	0.62	0.45	调和协调类	产业城镇化引领型
勐腊县	0.34	0.54	0.42	调和协调类	产业城镇化引领型
腾冲市	0.34	0.60	0.45	调和协调类	产业城镇化引领型
龙陵县	0.32	0.63	0.45	调和协调类	产业城镇化引领型
芒市	0.38	0.75	0.53	调和协调类	产业城镇化引领型
盈江县	0.31	0.67	0.46	调和协调类	产业城镇化引领型
陇川县	0.33	0.77	0.50	调和协调类	产业城镇化引领型
瑞丽市	0.47	0.76	0.60	初级协调类	产业城镇化引领型
福贡县	0.32	0.49	0.40	勉强协调类	产业城镇化引领型
贡山县	0.33	0.35	0.34	勉强协调类	产业城镇化引领型
泸水市	0.39	0.66	0.50	调和协调类	产业城镇化引领型
镇康县	0.32	0.61	0.44	调和协调类	产业城镇化引领型
耿马县	0.29	0.67	0.44	调和协调类	产业城镇化引领型
沧源县	0.32	0.65	0.45	调和协调类	产业城镇化引领型

注：由 Stata16.0 分析整理。

（四）西藏陆地边境地区县域城镇化协调水平

2019 年西藏陆地边境地区各县域城镇化协调指标结果见表 6 – 25。发展度上，岗巴县最高，达到 0.67，日土县最低，为 0.34；耦合度方面，定日县、定结县、岗巴县、聂拉木县、洛扎县都超过了 0.9，为高度耦合阶段，其中岗巴县仍为最高，达到 0.98，仲巴县最低，为 0.17，二者相差 0.81。在协调度方面，西藏陆地边境地区各县市的差异明显。仅仲巴县协调度为 0.21，界于低度不协调与中度不协调之间；其余县域大多处于勉强协调类到高级协调类，唯有岗巴县在 2019 年跨入了优质协调阶段。从基本类型划分来看西藏陆地边境地区各县域均表现为产业城镇化引领型。

表 6 – 25 2019 年西藏陆地边境地区各县域城镇化协调性评价结果

地区	发展度	耦合度	协调度	协调程度	基本类型
定日县	0.58	0.97	0.75	高级协调类	产业城镇化引领型
康马县	0.48	0.89	0.66	中级协调类	产业城镇化引领型
定结县	0.58	0.97	0.75	高级协调类	产业城镇化引领型
吉隆县	0.56	0.77	0.66	中级协调类	产业城镇化引领型
岗巴县	0.67	0.98	0.81	优质协调类	产业城镇化引领型
聂拉木县	0.54	0.91	0.70	中级协调类	产业城镇化引领型
亚东县	0.61	0.85	0.72	中级协调类	产业城镇化引领型
萨嘎县	0.43	0.57	0.49	调和协调类	产业城镇化引领型
仲巴县	0.26	0.17	0.21	低度不协调类	产业城镇化引领型
洛扎县	0.64	0.95	0.78	高级协调类	产业城镇化引领型
浪卡子县	0.51	0.85	0.66	中级协调类	产业城镇化引领型
错那县	0.44	0.54	0.49	调和协调类	产业城镇化引领型
察隅县	0.56	0.68	0.62	中级协调类	产业城镇化引领型

地区	发展度	耦合度	协调度	协调程度	基本类型
墨脱县	0.42	0.56	0.49	调和协调类	产业城镇化引领型
普兰县	0.51	0.58	0.55	初级协调类	产业城镇化引领型
札达县	0.35	0.43	0.39	勉强协调类	产业城镇化引领型
噶尔县	0.51	0.77	0.63	中级协调类	产业城镇化引领型
日土县	0.34	0.44	0.39	勉强协调类	产业城镇化引领型

注：由 Stata16.0 分析整理。

总体上来看，中国南部陆地边境地区发展度为正且呈现年均增长率逐渐下降的增长趋势，说明中国南部陆地边境地区城镇化水平趋于稳定，开始着重提升增长质量；中国南部陆地边境地区三大城镇化系统协调度在样本期间内呈现波动中逐步上升的趋势，协调程度主要表现为"勉强协调类""调和协调类""初级调和类"，基本类型各年份均表现为"产业城镇化引领型"。分县域来看，2019 年中国南部陆地边境地区，即广西、云南与西藏三大陆地边境地区各县域的发展度、耦合度及协调程度均有待提高。广西与云南陆地边境地区各县域发展度较低，协调程度均位于低度与中度协调区，与全国水平还存在一定差异，而西藏边境地区各县域之间的协调度差异巨大，需进一步提升落后县域的协调程度。

第四节　中国南部陆地边境地区新型城镇化与经济增长关系的实证分析

在研究新型城镇化对经济增长的作用时，考虑到实际上城镇经济的增长并不完全是由城镇化单一导致的结果，所以不能将城镇经济发展简单地归结到城镇化进程的作用上，需要考虑其他重要因素。同时，也不能简单将城镇化作用认为是常规的人口城镇化对经济的拉动作用，可能会夸大人口对于经济增长的作用。所以，对于城镇化影响经济增长的路径研究应该将城镇化与经济体自身要素变动及其他影响因素对经济的促进作用划分开来，并且将城镇化分成不同维度的城镇化来考虑。由于中国南部陆地边境县域的指标披露具有一定差异，本书在进行模型构建时将广西陆地边境地区和云南陆地边境地区划为一个研究样本群体，西藏陆地边境地区单独成为一个研究样本群体。

一、指标选取

对于城镇化影响经济增长问题的探讨，不同的研究侧重点有很大不同，本章研究此部分的核心解释变量主要为城镇化水平的相关衡量指标和城镇自身发展影响因素指标，被解释变量为经济增长，同时加入民生改善程度指标，以期更好地度量经济增长的质量。

（一）被解释变量

本章考虑将经济增长和民生改善作为核心指标，具体的指标选择因地区数据可获得性，存在差异。其中，广西陆地边境地区县域和云南陆地边境地区县域选择用 GDP 对数来反映经济增长，城乡居民存款余额反映地区民生的改善（李国平，2019；杨俏文，2019）。西藏陆地边境地区县域的被解释变量选择的是 GDP 对数代表经济增长，乡村从业人员数代表就业，反映民生改善（赵彦云，2015）。

（二）核心解释变量

对于新型城镇化的测度，本章从不同维度进行，参考蓝庆新

（2017）等的做法，把新型城镇化划为人口城镇化、经济城镇化、社会城镇化、空间城镇化和生态城镇化五个方面。考虑到统计口径和指标披露的限制，选择人口城镇化（*peop*）、产业城镇化（*indus*）代替经济城镇化水平、用土地城镇化率（*lands*）拟合空间城镇化，此外，由于本书研究样本在生态方面的指标有限，暂不纳入考虑。

（三）控制变量

中国南部陆地边境县域经济发展存在很多驱动因素，边境地区本身经济发展相对滞后，基础设施的建设程度相对匮乏，教育方面也存在困难。在诸多问题交织下，导致经济发展水平不高。本章的实证研究相对侧重中国南部陆地边境存在的显著问题选取控制变量纳入模型中。具体包括政策扶助（*gov*）、基础设施水平（*base*）、消费能力（*sale*）、投资强度（*inv*）、规模企业带动作用（*comp*）。

二、数据来源

基于上面对所需变量的解释说明，实证研究部分所需统计指标主要为中国南部陆地边境地区的广西陆地边境地区、云南陆地边境地区与西藏陆地边境地区县域 2005～2019 年的产值、人口、土地、居民收入、基础设施等数据。研究的原始数据主要来自 EPS 统计数据库、中经网数据库、《中国县域统计年鉴（2006～2020 年）》、《中国民族统计年鉴（2006～2020 年）》、《广西统计年鉴（2006～2020 年）》、《云南统计年鉴（2006～2020 年）》和《西藏统计年鉴（2006～2020 年）》，其他缺失数据由政府各年统计公报与插值法补齐。

表 6 – 26 呈现了实证部分选取指标的具体数据情况，其中政策扶助变量用一般财政支出对数表示，教育水平用小学在校生人数替代，消费能力用社会消费品零售总额来衡量，投资强度用固定资产投资完成额表示，规模企业带动作用采用的是规模以上企业个数度量。从表中可以看出，各指标的数值极差较大，且各指标数值对比差距也很大。为消除指标值的量纲影响和缓解异方差问题，对部分数据进行标准化或对数化处理。特别说明的是，由于防城港地区缺失数据较多，因此在后续分析中对其作筛除处理。另外，西藏陆地边境地区存在指标披露限制，消费水平用年末金融机构各项贷款余额来表示，同时，因无法获得规模以上企业数据、固定资产投资完成额数据，暂不纳入西藏陆地边境地区样本的实证模型中。

表 6 – 26　　　　　　　　变量描述性统计结果

变量	指标选取	均值	标准差	最小值	最大值
gdp	GDP（万元）	476235.25	426218.97	16200	2948331
peop	人口城镇化（%）	16.822	10.194	5.97	50.79
indus	产业城镇化（%）	64.109	15.673	17.73	93.47
lands	土地城镇化（%）	10.881	6.538	1.07	29.74
save	城乡居民存款余额（万元）	366536.21	389506.18	7351	2595200
gov	一般财政支出（万元）	159028.13	120661.56	10656	763588
edu	小学在校生人数（人）	23360.035	12689.759	2716	64215
base	固定电话用户数（人）	24424.875	22837.483	1537	163232
sale	社会消费品零售总额（万元）	135295.28	175155.14	6294	1975728
inv	固定资产投资完成额（万元）	464273.9	524037.89	1047	3722797.6
comp	规模以上企业数（个）	15.346	11.004	1	64

注：由 Stata16.0 分析整理。

三、实证模型构建及相关变量检验

本部分采用固定效应模型与动态面板广义矩估计的方法估计中国南部陆地边境县域新型城镇化对经济发展的影响。具体的基本模型如下：

$$\ln GDP_{it} = \alpha_0 + \mu_1 peop_{it} + \mu_2 indus_{it} + \mu_3 lands_{it} + \Sigma\mu_n control_{it} + \varepsilon_{it}$$
$$(6-4)$$

$$\ln save_{it} = \alpha_0 + \mu_1 peop_{it} + \mu_2 indus_{it} + \mu_3 lands_{it} + \Sigma\mu_n control_{it} + \varepsilon_{it}$$
$$(6-5)$$

其中，i 表示各个县域，t 表示年份，α_0 为常数项，$control$ 表示控制变量，ε_{it} 表示误差项，需要说明的是在动态面板估计方法下，基础模型会有微小变动，为减少模型的设定误差，本章在动态面板估计时选取了经济增长和民生改善两个变量指标的一阶滞后项作为工具变量，并分别进行了差分广义矩估计和系统性广义矩估计。

在进行实证研究之前对各变量进行了面板单位根检验，检验结果见表 6-27，各变量均显著的通过该检验，认为所选模型数据具有平稳性，可进行下一步操作。

表 6-27　　　　　　变量单位根检验结果

变量名称	t 统计量	P 值	变量名称	t 统计量	P 值
lngdp	-3.8052	0.0001	lngov	-5.0582	0.000
peop	-22.4108	0.000	lnedu	-2.5743	0.005
indus	-2.4484	0.0072	lnbase	-3.6513	0.0001

变量名称	t统计量	P值	变量名称	t统计量	P值
lands	−1.4596	0.0722	ln*sale*	−1.6317	0.0514
ln*save*	−9.2314	0.000	ln*inv*	−7.5631	0.000

注：由Stata16.0分析整理。

四、实证结果分析

（一）基于广西云南陆地边境地区县域样本的实证分析

表6-28反映的广西陆地边境地区和云南陆地边境地区县域的城镇化对经济增长作用的回归结果，包含固定效应模型和随机效应模型。经过霍斯曼检验，结果偏向于选择固定效应模型。在静态面板固定效应模型中，人口城镇化和土地城镇化变量对经济增长和民生改善作用均不显著，仅产业城镇化变量的系数在5%置信水平下显著，其对经济增长的影响系数为0.263，对民生改善的影响系数为0.313。说明广西陆地边境地区与云南陆地边境地区的产业城镇化对经济发展的带动效果明显。在控制变量中，当地政府的政策扶助、基础设施、消费规模、投资强度以及规模企业的带动作用都非常显著。对比随机效应模型的估计结果可知，随机效应模型在测度城镇化对民生改善的影响时，汇报的结果是人口城镇化影响非常显著，系数为1.313（p<0.01）；产业城镇化的影响系数在10%的置信水平下显著，系数为0.239；土地城镇化对民生的作用系数为1.447（p<0.05）；控制变量仅有政策扶助、消费规模和投资强度变量显著。可以看出，随机效应模型

和固定效应模型的估计结果相差较大，说明简单采用固定效应模型的结果可能稳健性较差。

表 6 - 28　　　　　　静态面板固定效应及随机效应回归结果

变量名	固定效应		随机效应	
	ln*gdp*	ln*save*	ln*gdp*	ln*save*
peop	-0.641 (0.442)	0.504 (0.315)	0.226 (0.330)	1.313 *** (0.395)
indus	0.263 ** (0.111)	0.313 *** (0.101)	0.195 (0.137)	0.239 * (0.136)
lands	-0.590 (0.783)	0.488 (0.572)	0.738 (0.863)	1.447 ** (0.563)
ln*gov*	0.534 *** (0.0285)	0.648 *** (0.0427)	0.516 *** (0.0319)	0.632 *** (0.0463)
ln*edu*	0.0815 (0.0984)	-0.160 (0.164)	0.285 *** (0.0545)	0.159 (0.118)
ln*base*	-0.0680 *** (0.0196)	-0.105 *** (0.0247)	-0.0153 (0.0227)	-0.0401 (0.0277)
ln*sale*	0.0628 * (0.0334)	0.0543 * (0.0276)	0.0818 ** (0.0395)	0.0880 *** (0.0340)
ln*inv*	0.119 *** (0.0241)	0.0551 ** (0.0246)	0.127 *** (0.0250)	0.0636 ** (0.0247)
comp	0.00298 * (0.00172)	-0.000456 (0.00169)	0.00376 * (0.00200)	0.000115 (0.00171)
Constant	4.079 *** (1.057)	5.740 *** (1.529)	1.204 (0.760)	1.447 (1.393)
Observations	480	480	480	480
R-squared	0.963	0.966		
Number of id	32	32	32	32

注：由 Stata16.0 分析整理；括号内为稳健标准误差；***、**、* 分别表示在 1%、5% 和 10% 显著性水平下显著。

进一步地，继续采用动态面板估计的方法进行回归，结果见表6－29。表左侧两列是动态面板差分 GMM 模型的估计结果，表右侧两列是动态面板系统 GMM 模型估计结果。表中汇报的 AR（1）的检验结果显示均可以拒绝原假设，即差分 GMM 与系统 GMM 模型中残差序列存在一阶自相关，同理 AR（2）检验的结果表明残差序列不存在二阶自相关，通过了自相关检验。也说明模型设计时选取一阶滞后项是合理的，差分 GMM 与系统 GMM 的估计结果更为可靠。但在差分 GMM 中的模型二中 AR（2）的检验拒绝了无自相关假设，模型结果稳健性不如系统 GMM。同时，相较于差分广义矩估计法而言，系统广义矩估计能有效解决弱工具变量问题，估计效率相对更高。因此本章将静态面板结果和差分 GMM 的结果作为参照对比，主要侧重分析系统 GMM 回归的结果。

表6－29　　　　　　　动态面板 GMM 回归结果

变量名	DIFF－GMM		SYS－GMM	
	lngdp	lnsave	lngdp	lnsave
peop	－0.203 （0.617）	5.450 *** （1.374）	1.134 ** （1.057）	3.789 *** （1.026）
indus	－0.320 ** （0.136）	－0.101 （0.122）	－0.326 *** （0.291）	－0.0910 （0.452）
lands	－0.613 （0.907）	2.642 *** （0.612）	3.411 *** （1.264）	2.750 *** （1.646）
lngov	0.397 *** （0.0259）	0.487 *** （0.0252）	0.355 *** （0.0812）	0.417 *** （0.106）
lnedu	1.062 *** （0.293）	0.193 （0.321）	0.134 （0.187）	0.521 ** （0.390）
lnbase	－0.107 *** （0.0290）	－0.190 *** （0.0267）	0.0505 （0.0912）	－0.0498 ** （0.0861）

变量名	DIFF – GMM		SYS – GMM	
	lngdp	ln$save$	lngdp	ln$save$
ln$sale$	0.0431 (0.0265)	− 0.000984 (0.0339)	0.158 *** (0.105)	0.0568 * (0.0778)
lninv	0.290 *** (0.0264)	0.159 *** (0.0283)	0.225 *** (0.0654)	0.244 *** (0.0989)
comp	0.00257 (0.00287)	− 0.000936 (0.00214)	0.00795 (0.00596)	0.000286 (0.00748)
AR（1）	0.000	0.000	0.100	0.004
AR（2）	0.321	0.031	0.588	0.114
Observations	448	448	480	480
Number of id	32	32	32	32

注：由 Stata16.0 分析整理；括号内为稳健标准误差；***、**、* 分别表示在 1%、5% 和 10% 显著性水平下显著。

从表 6 - 29 的结果来看，人口城镇化率、产业城镇化率和乡村土地利用效率对经济增长的影响均显著。具体而言，人口城镇化率与土地城镇化率对经济增长存在正向的影响，其中土地城镇化率对于经济增长的拉动作用最大，系数达到 3.411；人口城镇化率对于经济的拉动作用次之，为 1.134；而产业城镇化对经济增长产生了负向作用。广西和云南是少数民族的聚居区，且位于西南边陲，整体的经济发展相对滞后于发达地区，产业结构的合理程度还有待提高，产业高级化程度还处于较低水平，其边境县域的问题更为突出。而本书研究的产业城镇化是以第二产业和第三产业之和的占比来衡量的，由于边境地区多以乡村居多，就业主要以农业就业为主，产业城镇化的推进会减少种植业等农业的占比，不利于提升边境地区部分乡村的农业生产能力，可能对经济增长造成较小的负向影响。在对民生改善方面，估计结果为人口城镇化影响系数最大为 3.789，其次是土地城镇化，影响系数为 2.750，产业城镇化尚不显著。这与中国南部陆地边境地区的资源禀赋及产业结构长期偏向第一产业密切相关。回归结果说明在拉动中国南部陆地边境地区的经济增长过程中城镇化要素重要程度排序依次为土地城镇化、人口城镇化与产业城镇化，在民生改善方面为人口城镇化先于土地城镇化，最后才是产业城镇化。过度的工业、旅游业的扩张将不利于广西陆地边境地区和云南陆地边境地区总体国民经济的良性发展。

控制变量方面，政策扶助对经济增长和民生改善的影响显著为正，系数达到 0.355、0.417；教育水平的影响系数为 0.521（$p < 0.05$），教育水平提升带来学生人数规模扩张，带动民生发展；此外，消费水平和投资强度的增长均有利于经济增长和民生改善。仅基础设施指标，固定电话用户数的增加，对经济发展产生了一定的负面效应。这是由于固定电话作为基础的通信设备，其用户数在随着社会发展经历着先增加后减少的阶段变化，现阶段的通信产品多以移动电话为主，因此，固定电话数量的减少实质上在侧面反映了经济增长。总体的回归结果说明，各种资源向边境地区县域城镇的倾斜在一定程度上利于总体经济的产出和民生改善。近年来，边境地区县域城镇教育水平、福利制度等得到进一步完善，消费和投资的拉动作用尚在强势阶段，经济总体水平随之增长。

对各变量显著性以及影响系数进行系统的分析之后，有必要对各个变量分别的贡献程度进行测算。本章利用夏普利值分解法，将模型中的解释变量分为四组，前三组分别代表的是人口城镇化、产业城镇化和土地城镇化，第四组为控制变量集合，代表的是除城镇化以外的其他各种因素对广西陆地边境地区和云南陆地边境地区县域经济增长的影响因子集合。通过表 6 – 30 汇报的结果可以看出，在城镇化对经济增长的贡献程度中，土地城镇化的贡献最高，为 9.43%，其次是人口城镇化 8.91%，最后是产业城镇化 4.02%。广西陆地边境地区和云南陆地边境地区土地耕地资源丰富，且长期处于第一产业比重相对较大的状态，农村土地利用效率越高，粮食种植面积就越大，对经济增长和民生改善的作用就越明显。人口城镇化率对国民经济起到的贡献落后于土地城镇化率的贡献，其主要原因在于，在中国整体推进城镇化背景下，大中城市对人口存在"虹吸效应"，使得边境地区人口存在一定程度的净流出，人口城镇化增长速度受限。

表 6 – 30　　　　广西陆地边境地区和云南陆地边境

地区各影响因子贡献程度

lngdp	夏普利值（估测值）	贡献率占比（%）（估测值）
组 1	0.08269	8.91
组 2	0.03733	4.02
组 3	0.08751	9.43
组 4	0.72004	77.63
合计	0.92758	100.00
lnsave	夏普利值（估测值）	贡献率占比（%）（估测值）
组 1	0.02338	2.48
组 2	0.02911	3.09
组 3	0.10656	11.31
组 4	0.78321	83.12
合计	0.94225	100.00

注：由 Stata16.0 分析整理；括号内为稳健标准误差；***、**、* 分别表示在 1%、5% 和 10% 显著性水平下显著。组 1：人口城镇化 组 2：产业城镇化 组 3：土地城镇化 组 4：城镇自身发展影响因素指标。

（二）西藏陆地边境地区县域样本实证分析

表6-31是西藏陆地边境地区县域样本的静态面板回归模型结果。由于西藏的数据获取难度较大，且样本量相对较少，进行动态面板 GMM 估计的意义不大。通过霍斯曼检验，结果显示实证模型倾向选择固定效应模型。对比随机效应模型和固定效应模型的回归结果，仅在极个别变量的显著性上存在差异，其他多为系数大小的差异，因此西藏陆地边境地区县域的实证结果具有一定的稳定性和可靠性。

表6-31　　　　静态面板固定效应及随机效应回归结果

变量名	固定效应		随机效应	
	lngdp	lnwork	lngdp	lnwork
peop	0.753 *** (0.222)	0.400 ** (0.165)	0.452 *** (0.171)	0.247 (0.154)
indus	0.402 ** (0.176)	0.0251 (0.131)	0.304 * (0.175)	-0.0561 (0.137)
lands	0.879 ** (0.360)	0.893 *** (0.269)	0.294 (0.235)	1.199 *** (0.226)
lngov	0.294 *** (0.0206)	0.0283 * (0.0154)	0.312 *** (0.0206)	0.0327 ** (0.0161)
lnedu	-0.0728 (0.0667)	0.0602 (0.0498)	0.0665 (0.0563)	0.184 *** (0.0483)
lnbase	0.00742 (0.0119)	0.00230 (0.00887)	0.000618 (0.0119)	-0.00734 (0.00925)
lnsale	0.122 *** (0.0181)	0.0195 (0.0135)	0.130 *** (0.0184)	0.0292 ** (0.0142)
Constant	5.819 *** (0.519)	7.680 *** (0.388)	4.911 *** (0.452)	6.772 *** (0.384)

变量名	固定效应		随机效应	
	ln*gdp*	ln*work*	ln*gdp*	ln*work*
Observations	270	270	270	270
R-squared	0.921	0.322		
Number of id	18	18	18	18

注：由Stata16.0分析整理；括号内为稳健标准误差；***、**、*分别表示在1%、5%和10%显著性水平下显著。

从回归结果来看，在经济增长方面，人口城镇化、产业城镇化和土地城镇化均产生了显著的正向影响。具体而言，土地城镇化对经济增长的拉动作用最强，系数达到0.879（$p<0.01$），人口城镇化率对于经济的拉动作用次之，为0.753（$p<0.01$）；最后是产业城镇化，系数为0.402（$p<0.05$）。结合前面的统计分析，中国南部陆地边境县域均为产业城镇化引领型的城镇化模式，产业城镇化水平要远高于人口城镇化和土地城镇化，但相对而言产业城镇化的增长速度已趋于平稳，从增速的角度看其对经济增长的拉动作用会比较小。而人口城镇化和土地利用问题一直是西藏陆地边境地区县域亟待解决的问题，因此人口城镇化与土地城镇化对于经济增长的提升要更加明显。在民生改善方面，产业城镇化的影响作用并不显著，仍然是土地城镇化的作用效果最大，系数为0.893（$p<0.01$），其次是人口城镇化0.4（$p<0.05$）。一方面，西藏陆地边境地区本就是人口分布相对稀薄的地区，人口的集聚在一定程度上能够促进西藏陆地边境地区县域的充分就业。另一方面，西藏陆地边境地区县域规模企业稀少，多为农业及农产品初步加工为主的制造业，由于地理位置及特殊的气候条件，耕地面积的利用率提升能吸纳更多

的乡村人员从事种植等工作，带动民生改善。控制变量中，仅政策支持要素和消费能力要素对西藏陆地边境地区县域经济发展有显著正向影响，其余要素尚不显著。西藏在教育水平提升和基础设施建设方面还有较多难题要攻克，如人才问题，地处偏远，较难吸引优质人才；投资偏爱程度较差，很难获得出除政府扶助以外的投资和技术支持，导致基础设施建设滞后。

　　同理，对西藏陆地边境地区县域样本城镇化对经济发展的贡献度进行分解，具体结果见表6-32。在经济增长方面，西藏陆地边境地区三个城镇化指标的作用程度非常接近，产业城镇化为3.40%，原因是西藏陆地边境地区存在较为严峻的人口和土地问题，从发展难度来讲，产业城镇化优先发展是非常合理的，但目前西藏陆地边境地区的产业城镇化已超出土地城镇化和人口城镇化，且差距明显，因此，单一地侧重发展产业城镇化而忽视人口城镇化和土地城镇化，其对经济增长的作用会边际递减。在民生改善方面，土地城镇化处于领跑地位，贡献率占比达到了28.95%，说明西藏陆地边境县域中，耕地面积大且利用度高的城市，民生发展相对更好。而产业城镇化占比2.6%，人口城镇化对民生改善的贡献率仅为0.21%，这也符合西藏地广人稀的特征，人口的增加对充分就业的拉动作用相对较低，土地利用效率问题亟待解决。

表6-32　　　　　　　西藏陆地边境地区各影响因子贡献程度

lngdp	夏普利值 （估测值）	贡献率占比（%） （估测值）
组1	0.01707	2.01
组2	0.02885	3.40

续表

ln*gdp*	夏普利值	贡献率占比（%）
	（估测值）	（估测值）
组3	0.01369	1.61
组4	0.78887	92.97
合计	0.84849	100.00
ln*save*	夏普利值	贡献率占比（%）
	（估测值）	（估测值）
组1	0.00176	0.21
组2	0.02134	2.60
组3	0.23773	28.95
组4	0.56027	68.23
合计	0.82110	100.00

注：由 Stata16.0 分析整理；括号内为稳健标准误差；***、**、* 分别表示在 1%、5% 和 10% 显著性水平下显著。组1：人口城镇化组2：产业城镇化组3：土地城镇化组4：城镇自身发展影响因素指标。

第五节　本章研究结论与政策建议

一、研究结论

本书此部分研究分三个维度对中国南部陆地边境地区城镇化的情况进行了完整的统计性描述，并基于2005～2019年中国南部陆地边境地区县域层面的面板数据构建城镇化对经济增长影响的动态面板模型，实证测度了城镇化对中国南部陆地边境地区县域经济的贡献及实现途径，主要研究结论如下：

第一，对于中国南部陆地边境地区总体而言，人口城镇化水平偏低，人口资源聚集能力弱，产业城镇化与土地城镇化水平相对偏高。尤其是产业城镇化，出现部分县市超过 90% 的现象。同时，三个维度城镇化发展的耦合协调性呈现逐步提升状态，仅极少数县域出现失调状态，绝大部分城市处于调和协调类与初级协调类，也出现了个别县域进入了高度协调阶段。

第二，在中国南部陆地边境县域城镇化与经济发展实证分析结果中，发现中国南部陆地边境地区的城镇化率与经济增长和民生改善之间的总体相关系数较低，这与区域经济发展特点和要素生产率密切相关。其次，土地城镇化和人口城镇化对经济增长的作用显著。从各因素对经济增长的贡献程度来讲，在广西陆地边境地区和云南陆地边境地区县域样本中，土地城镇化的贡献程度最高，而在西藏陆地边境地区县域样本中产业城镇化贡献度最高。在民生改善方面，中国南部陆地边境县域的土地城镇化贡献度最大，其中，在西藏陆地边境地区样本下，贡献率达到 28.95%。

二、政策建议

（一）提高城镇基础设施承载力

中国南部陆地边境地区地形复杂，山川高耸，地势落差大，耕地面积少，加之喀斯特地貌水分涵养能力较弱等自然因素对地区城镇化进程中的基础设施提升改善带来较大难度。加强对政府投入资金的利用程度，大力改善交通基础设施。例如：加强口岸连通腹地公路和边防道路建设，推进口岸通一级公路、沿边境线通边防公路，推进农村牧区公路建设，实现重点镇建成一二级公路连通，乡镇三级公路连通，基本通沥青水泥路，完成村街巷硬化。

（二）提高县域城镇容纳转移人口能力

加快发展公共事业，合理配置城乡教育、文化体育、医疗卫生等公共服务资源，统筹城乡社会保险，扩大保障性住房有效供给，实现城乡基本公共服务均等化。中国南部陆地边境地区可以通过加大资金支持倾斜力度、发展特色产业、落实教育医疗保障、加大就地就业扶持力度和提升边民收入及生活水平等措施，增强人口集聚能力，带动城镇化发展，推动经济发展。

（三）合理规划城镇的发展蓝图，深入发掘自身优势

统筹经济社会发展规划、土地利用规划和城乡建设规划，合理安排县域城镇建设、产业集聚、村镇分布等空间，充分发挥规划的龙头引领作用和基础性作用，发挥中国南部陆地边境地区有得天独厚的政策优势和沿边优势，利用好特殊的历史、文化及自然地理环境造就的特殊的生态资源优势、旅游资源优势和产业发展优势，打造跨境贸易平台，建设生态宜居旅游特色村镇等。同时，正视"后发优势"，积极学习其他城市的发展经验，结合实际情况，因地制宜，多方面多角度地处理城镇化的发展难题，带动经济增长和民生改善。

第七章

中国南部陆地边境地区经济
发展中的贫困治理

第一节 引 言

贫困是困扰人类千百年的问题，是制约世界各国经济发展、社会稳定的重要因素之一，贫困是一个全球性的社会现象，并与人类的生存发展息息相关。贫困治理与反贫困是永恒的话题。

消除贫困、实现共同富裕是社会主义的本质要求。随着 2020 年中国小康社会的全面建成，脱贫攻坚任务完美收官，中国实现了"绝对贫困"人口的全面脱贫和区域性整体贫困的全面解决。但这并不意味着中国的贫困治理工作就此结束，相对贫困问题将成为中国目前及未来贫困治理的主要目标。党的十九大报告指出，新时期中国的主要矛盾已经转化为人民日益增长的美好生活需要和不平衡不充分的发展之间的矛盾。人民的美好生活需要是涵盖教育、医疗、住房、社会保障等多方面的，而不平衡不充分的发展则体现在收入差距拉大、教育资源配置不均衡，医疗水平、基础设施建设参差不齐，城乡二元化、区域发展差距过大等方面。相对贫困问题正通过主要矛盾表现出来，建立相对贫困的识别标准，精准识别相对贫困人口与家庭，构建解决相对贫困问题的长效机制，应对经济发展水平不高的中国南部陆地边境地区的相对贫困问题，对缓解中国区域发展水平差距、提升人民的幸福感、解决"后脱贫时代"的贫困治理问题具有现实意义。

第二节　中国南部陆地边境地区生活水平与收入的历史与现状

2014 年，原国务院扶贫开发领导小组办公室公布了全国共 832 个贫困县名单，涉及 22 个省区。中国南部陆地边境地区 51 个边境县中有 44 个县域名列其中，随后，各贫困县开始逐步摘帽。据原国务院扶贫开发领导小组办公室公布的贫困县历年摘帽名单可知，西藏陆地边境地区的亚东县是中国南部陆地边境地区率先实现脱贫摘帽的边境县。2017 年，中国南部陆地边境地区有 10 个边境县退出贫困县序列，2018 年，中国南部陆地边境地区有 16 个边境县实现脱贫，2019 年，中国南部陆地边境地区有 7 个边境县实现脱贫。2020 年底，那坡县、澜沧县和福贡县摘掉贫困县的帽子后，中国南部陆地边境地区各县实现了全面脱离绝对贫困。

一、中国南部陆地边境地区居民生活水平总体现状

（一）居民收入与支出

中国的贫困治理工作，最艰巨的任务和困难一直都集中在农

村。中国贫困线的确立，也是在参考农村居民人均纯收入的基础上制定的，收入与消费支出通常被用来作为度量贫困的指标，收入短缺、消费不足或两者皆具均可认为是处于"贫困状态"，因此有必要对中国南部陆地边境地区农村居民收入与支出情况进行了解。

中国南部陆地边境地区农村居民收入与支出情况见表7-1，2010~2019年，云南陆地边境地区无论是农民人均纯收入还是人均生活费支出情况年均增长率都是最快的，其次是西藏陆地边境地区，最后是广西陆地边境地区。其中广西陆地边境地区农村居民人均纯收入年均增长率为13.87%，人均生活费支出合计年均增长率为11.38%；云南陆地边境地区农村居民人均纯收入年均增长率为15.57%，人均生活费支出合计年均增长率为16.92%；西藏陆地边境地区农村居民人均纯收入年均增长率为14.15%，人均生活费支出合计年均增长率为12.57%。

表7-1　中国南部陆地边境地区农村居民主要年份收入与支出情况

地区	年份	农村居民人均纯收入（元）	收入年增长率（%）	农村居民人均生活费支出合计（元）	支出年增长率（%）
广西陆地边境地区	2010	4207	—	3074	—
	2011	4941	17.45	4012	30.51
	2012	5839	18.17	4471	11.44
	2015	7816	11.29	6959	18.55
	2016	9750	24.74	6837	-1.75
	2017	10764	10.40	7764	13.56
	2018	11831	9.91	7974	2.70
	2019	12438	5.13	8346	4.67

续表

地区	年份	农村居民人均纯收入（元）	收入年增长率（%）	农村居民人均生活费支出合计（元）	支出年增长率（%）
云南陆地边境地区	2010	3079	—	2510	—
	2011	3465	12.54	3319	32.23
	2012	4623	33.42	3716	11.96
	2015	7827	23.10	5988	20.38
	2016	8603	9.91	6491	8.40
	2017	9457	9.93	6620	1.99
	2018	10345	9.39	8457	27.75
	2019	11451	10.69	9789	15.75
西藏陆地边境地区	2010	3554	—	2286	—
	2011	3927	10.50	2196	-3.94
	2012	5018	27.78	3016	37.34
	2015	7220	14.63	4446	15.80
	2016	8049	11.48	4504	1.30
	2017	9273	15.21	4575	1.58
	2018	10000	7.84	5215	13.99
	2019	11168	11.68	6357	21.90

资料来源：原始数据来源于《中国民族统计年鉴（2011~2020）》。

（二）居民支出分类

见表7-2，食品支出是中国南部陆地边境地区农村居民支出比重最大的一类，广西陆地边境地区农村居民食品消费占生活费支出的年均比重最高，在42%左右，云南陆地边境地区农村居民食品消费占生活费支出年均比重在40.8%左右，西藏陆地边境地区农村居民食品消费占生活费支出的年均比重维持在31.26%左右。对于中国南部陆地边境地区来说，除食品支出外，其余各类支出占比情况各不相同。在广西陆地边境地区和云南陆地边境地区七大类消费支出中，除食品支出比重最大以外，居住支出占比最多，其次是交通和通信支出，最后是娱乐教育文化服务支出。随着中国新型农村合作医疗等医疗保障制度的推进，农村医疗保健支出占农村居民生活费支出比重不断降低，而随着互联网等信息技术发展和交通基础设施的不断完善，农村居民进行基本生活的物质需要得到满足，农村居民的娱乐教育文化需要与交通支出不断增加。2010年，广西陆地边境地区农村食品支出占比接近生活费用的1/2，用于居住的消费占比21.9%，用于交通和通信的支出占比为9.29%，2019年，食品支出占比下降到41.39%，居住支出占比维持在20.1%左右，交通和通信占比上升至12.73%，娱乐教育文化服务占比增加到11.02%。

表7-2　　　　　中国南部陆地边境地区农村居民主要年份
生活费支出分类占比情况　　　　单位：%

地区	年份	食品	衣着	居住	家庭设备及服务	医疗保健支出	交通和通信	娱乐教育文化服务
广西陆地边境地区	2010	48.25	2.97	21.90	5.05	7.03	9.29	5.51
	2011	41.12	5.04	24.03	6.16	8.11	10.19	5.36
	2012	41.16	3.48	24.25	6.21	7.83	11.15	5.92
	2015	42.31	4.05	21.58	5.73	6.89	12.67	6.77
	2016	42.69	4.01	18.89	5.75	5.38	12.35	10.92
	2017	41.32	4.26	18.42	5.88	5.29	13.56	11.27
	2018	40.59	3.21	20.79	5.33	6.02	12.93	11.13
	2019	41.39	3.15	20.10	5.41	6.19	12.73	11.02

地区	年份	食品	衣着	居住	家庭设备及服务	医疗保健支出	交通和通信	娱乐教育文化服务
云南陆地边境地区	2010	51.07	5.02	15.42	4.94	6.15	12.79	4.61
	2011	51.30	9.79	13.29	5.93	4.76	11.85	3.07
	2012	47.12	5.56	17.87	5.87	5.84	14.16	3.58
	2015	39.92	5.31	12.95	6.55	8.60	16.60	10.07
	2016	35.23	5.48	14.68	7.06	7.09	18.86	11.60
	2017	35.84	4.74	17.63	5.92	7.49	17.62	10.76
	2018	32.21	4.75	19.97	6.58	9.26	17.18	10.05
	2019	33.92	4.30	18.32	6.33	11.04	15.22	10.87
西藏陆地边境地区	2010	23.54	19.47	1.21	8.91	16.00	16.16	14.71
	2011	31.55	15.00	7.20	13.66	17.97	6.98	7.65
	2012	34.55	15.88	6.96	17.99	7.92	10.52	6.18
	2015	31.79	12.29	16.18	9.66	12.73	8.64	8.72
	2016	27.19	11.93	22.90	8.76	16.15	8.61	4.46
	2017	38.08	12.97	7.05	9.34	18.34	10.62	3.59
	2018	30.17	10.88	10.48	16.44	6.53	12.46	13.05
	2019	33.22	14.86	8.16	19.61	7.28	10.68	6.19

资料来源：原始数据来源于《中国民族统计年鉴（2011~2020）》。

2019 年，云南陆地边境地区农村居民食品消费支出占比为 33.92%，相比 2010 年，下降了 17.15%，衣着支出与家庭设备及服务支出占比未发生明显改变，居住支出占比由 15.42% 增加到 18.32%，医疗保健支出占比从 6.15% 增加到 11.04%，交通和通信支出占比增加了 2.43%，娱乐教育文化服务增加了 6.26%。

见表 7-2，与广西陆地边境地区和云南陆地边境地区相比，西藏陆地边境地区农村居民的生活费支出情况有较大出入。2010 年时，除居住与家庭设备支出占比较少外，其余各类支出比重较为均衡。总体来看，西藏陆地边境地区农村居民食品支出比重最大，维持在 31% 左右，衣着支出比重逐渐减少，2010~2019 年，减少了 4.61 左右。居住支出在 2010~2019 年经历了先上升再下降的过程，从 1.21% 逐渐增加到 22.9%，之后再逐渐降低至 8.26%；家庭设备及服务支出逐渐增加，从 2010 年的 8.91% 增加到 2019 年的 19.61%；医疗保障支出大幅减少，从 2010 年 16.00% 降低至 2019 年的 7.28%。

（三）最低生活保障

最低生活保障是政府为了保障居民基本生活，对由于各种原因而不能维持基本生活的贫困人口实行救助的一种制度，最低生活保障情况能反映出中国南部陆地边境地区经济发展与人民生活等情况。中国南部陆地城镇居民最低生活保障情况见表 7-3，其中，各省区陆地边境地区的最低生活保障标准因各省的经济社会发展不同而有所差异。三省区陆地边境地区的最低生活保障平均标准总体上均随着经济社会发展而逐年递增，最低生活保障人数大体上也逐年递减，但也因最低生活保障制度的衡量标准、救济范围、申请程序等政策发生变化而产生小幅波动。其中，云南因边境县较多、涉及的人口较多，进而最低生活保障人数在三省区中也是最多的，2010 年，云南陆地边境地区共拥有城镇最低生活保障户 81420 户、161541 人，截止到 2019 年，云南陆地边境地区共拥有城镇最低生活保障户 26900 户、40376 人，下降幅度分别达到了 67% 和 75%；广西陆地边境地区城镇居民最低生活保障户数与

2010 年相比减少 73.9%，最低生活保障人数与 2010 年相比减少 72%，用于支持最低生活保障支出的资金也逐渐减少；2019 年，西藏陆地边境地区的最低生活保障平均标准为 9789 元，相较 2011 年的 4464 元，增长了 1.19 倍，2019 年广西陆地边境地区和云南陆地边境地区的最低生活保障平均标准为 4305 元和 5178 元，西藏陆地边境地区的标准领先其余两省区一倍多。西藏陆地边境地区的最低生活保障平均标准在中国南部陆地边境地区中较高，这是因为西藏因为历史、文化等因素影响，加之自然气候较为恶劣，生存环境较为艰难，故用于维持基本生活的支出较多。从 2011 年开始，中国南部陆地边境地区无论是城镇还是乡村，最低生活保障平均标准都有所提高，这跟 2011 年中国开始提高绝对贫困线有关。

表 7 – 3　　　　　中国南部陆地边境地区城镇居民主要年份
最低生活保障情况

地区	年份	最低生活保障人数（人）	最低生活保障户数（户）	最低生活保障支出（万元）	最低生活保障平均标准（元/人、年）
广西陆地边境地区	2010	39640	20776	6515	223
	2011	38901	19883	7881	2026
	2012	35125	17608	9971	2839
	2015	22685	11927	7746	3414
	2016	9628	5468	5333	5539
	2017	12588	6703	5366	4263
	2018	8524	4676	4049	4750
	2019	11063	5419	4762	4305

续表

地区	年份	最低生活保障人数（人）	最低生活保障户数（户）	最低生活保障支出（万元）	最低生活保障平均标准（元/人、年）
云南陆地边境地区	2010	161541	81420	28063.5	198.7
	2011	161356	84358	35084	2174
	2012	157623	85188	40042	2540
	2015	124847	71328	60630	4856
	2016	106398	62255	46907	4409
	2017	76096	47417	41123	5404
	2018	48795	30784	24621	5046
	2019	40376	26900	20906	5178
西藏陆地边境地区	2010	3866	2318	978	300.9
	2011	3998	2363	1785	4464
	2012	4253	2765	3033	7131
	2015	1505	959	1218	8092
	2016	779	380	606	7775
	2017	3399	1632	2785	8195
	2018	2739	1164	2709	9889
	2019	2629	1104	2574	9789

资料来源：原始数据来源于《中国民族统计年鉴（2011~2020）》。

中国南部陆地边境地区农村居民最低生活保障情况见表7-4，与城镇居民相比，农村居民的最低生活保障平均标准更低，最低生活保障户和人数也更多，2010年，广西陆地边境地区城镇居民有39640人接受最低生活保障救助，而农村地区有233843人可得到最低生活保障，高于城镇5.89倍；云南陆地边境地区城镇居民有161541人接受最低生活保障救助，而农村地区有1381741人可得到最低生活保障，高于城镇8.55倍；西藏陆地边境地区城镇居民有3866人接受最低生活保障救助，而农村地区有34490人可得到最低生活保障，高于城镇9.1倍，农村地区的居民更容易陷入需要救助才能维持正常生活的局面。

表7-4　　　　　中国南部陆地边境地区农村居民主要年份
最低生活保障情况

地区	年份	最低生活保障人数（人）	最低生活保障户数（户）	最低生活保障支出（万元）	最低生活保障平均标准（元/人、年）
广西陆地边境地区	2010	233843	90453	36760	92
	2011	261168	94049	21096	808
	2012	276993	100294	28490	1029
	2015	131755	51158	20244	1537
	2016	155890	50166	21669	1390
	2017	219670	72259	50529	2300
	2018	153810	51934	37644	2447
	2019	167373	56503	53736	3211
云南陆地边境地区	2010	1381741	703273	107455	76
	2011	1438531	702740	156652	1089
	2012	1468426	685747	176226	1200
	2015	1313807	583096	212011	1614
	2016	1097321	539826	206064	1878
	2017	834810	423292	205489	2462
	2018	512348	212123	135001	2635
	2019	476220	217857	137144	2880

地区	年份	最低生活保障人数（人）	最低生活保障户数（户）	最低生活保障支出（万元）	最低生活保障平均标准（元/人、年）
西藏陆地边境地区	2010	34490	8321	2255.5	64.7
	2011	34490	8678	3607	1046
	2012	46909	13966	5668	1208
	2015	13121	6363	2892	2204
	2016	4481	1583	559	1247
	2017	21296	6561	4199	1972
	2018	8579	2700	3855	4493
	2019	6655	2478	4624	6947

资料来源：原始数据来源于《中国民族统计年鉴（2011～2020）》。

2019 年，广西陆地边境地区城镇居民有 11063 人接受最低生活保障救助，而农村地区有 167373 人可得到最低生活保障，高于城镇 15.1 倍；云南陆地边境地区城镇居民有 40376 人接受最低生活保障救助，而农村地区有 476220 人可得到最低生活保障，高于城镇 11.79 倍；西藏陆地边境地区城镇居民有 2629 人接受最低生活保障救助，而农村地区有 6655 人可得到最低生活保障，高于城镇 2.53 倍。随着经济社会的不断发展，广西陆地边境地区与云南陆地边境地区城镇最低生活保障人数与乡村最低生活保障人数的比例逐渐拉大，这意味着云南陆地边境地区与广西陆地边境地区城乡间的经济发展差距正在逐渐扩大。而西藏陆地边境地区城镇最低生活保障人数与乡村最低生活保障人数的比例却逐渐在减少，这或许是因为西藏自身经济发展一直位于较低水平，具体情况还需进一步分析。

二、广西陆地边境地区收入水平现状

广西位于中国南部地区，西北靠贵州，西与云南相邻，东北与湖南相邻，西南与越南接壤。广西陆地边境地区由防城区、东兴市、靖西市、那坡县、宁明县、龙州县、大新县和凭祥市8个市县（区）组成。其中，那坡县、靖西市曾为极度、深度贫困市县，防城区、靖西市、那坡县、宁明县、龙州县、大新县和凭祥市均属革命老区。2017年，龙州县脱离贫困县序列；2018年，宁明县、大新县陆续实现脱贫；2019年，靖西市退出贫困县名单；2020年，那坡县实现脱贫摘帽。随着脱贫攻坚战略的实施，广西总体发展取得了显著的成就，贫困发生率大幅下降。

2012～2019年广西贫困人口和贫困发生率见表7-5。可看出在2012～2019年，贫困人口由755万人减少至51万人，下降幅度为93.2%，平均每年减少100.6万人，贫困发生率由18.0%下降至1.2%。但由于区位的特殊性以及受到历史、自然、社会等因素的制约，贫困治理任务仍相对严峻。

表7-5 　　　　2012～2019年广西贫困人口和贫困发生率

分类	2012年	2013年	2014年	2015年	2016年	2017年	2018年	2019年
贫困人口（万人）	755	643	540	452	341	246	140	51
贫困发生率（%）	18	14.9	12.6	10.5	7.9	5.7	3.3	1.2

资料来源：原始数据来源于《中国农村监测报告（2020）》。

2006年以来广西陆地边境地区各县域的农村居民人均可支配收入各时期增长率变化情况见表7-6。总体来看，2006～2019年，广西陆地边境地区各县域农村居民人均可支配收入年均增长率差距不大，最高为靖西市，为 16.03%，最低为龙州县，也达到 14.28%，但广西陆地边境地区各县域农村居民人均可支配收入年均增长率均超过广西及全国平均水平。分阶段考察可见：2006～2010 年，广西陆地边境地区各县域收入快速增长，各县域年均增长率较高，除了靖西市和那坡县外，其他地区的年均增长率均高于全国平均水平，除了靖西市、那坡县和龙州县外，其他地区的年均增长率均高于广西平均水平；2011～2015 年，广西陆地边境地区各县域增长速度虽回落，但依然处在快速增长阶段，除了宁明县和凭祥市外，其他地区年均增长率均高于全国平均水平，除了靖西市和那坡县，其他地区年均增长率均低于广西平均水平。2016～2019 年，广西陆地边境地区各县域收入快速增长，各县域年均增长率均明显高于上期值，各县域年均增长率均高于全国平均水平和广西平均水平。

表 7-6　　　　广西陆地边境地区各县域各时期农村居民

人均可支配收入增长率　　　　　　　单位：%

地区	2006～2010 年	2011～2015 年	2016～2019 年	2006～2019 年
防城区	14.81	12.27	14.43	14.88
东兴市	16.05	12.11	15.06	14.75
靖西市	11.10	15.44	24.16	16.03
那坡县	10.94	14.71	22.57	15.18
宁明县	13.42	11.18	16.89	14.80
龙州县	11.82	11.83	17.24	14.28
大新县	12.38	11.65	17.45	14.61
凭祥市	12.86	11.56	16.96	15.15

地区	2006～2010 年	2011～2015 年	2016～2019 年	2006～2019 年
广西陆地边境地区平均水平	12.92	12.59	18.10	14.96
广西平均水平	11.99	13.97	13.04	13.98
全国平均水平	11.74	11.62	13.99	13.51

资料来源：原始数据来源于《广西统计年鉴（2001～2020）》《中国统计年鉴（2001～2020）》。

2015～2020 年广西陆地边境地区各县域城镇居民可支配收入见表 7－7，到 2020 年，东兴市城镇居民可支配收入在广西陆地边境地区各县域中最高，每人每年能获得 43430 元，超出了同年广西陆地边境地区平均水平，最为接近全国平均水平。而那坡县的城镇居民可支配收入最少，为 27242 元。

表 7－7　　　　　2015～2020 年广西陆地边境地区各县域

城镇居民可支配收入　　　　　　单位：元

地区	2015 年	2016 年	2017 年	2018 年	2019 年	2020 年
防城区	29685	31185	33617	35856	37843	38542
东兴市	33558	34993	37652	35856	42704	43430
那坡县	19658	21611	23318	24670	26372	27242
靖西市	—	24743	27019	28541	30699	31866
宁明县	22037	29831	25862	27724	29831	30607
龙州县	22582	24726	26902	29027	31030	31806
大新县	25504	27722	30217	32242	34918	35966
凭祥市	27455	29772	32124	34630	37539	39078
广西陆地边境地区平均水平	22560	28073	29589	31068	33867	34817
广西平均水平	26416	28324	30502	32436	34745	—
全国平均水平	31195	33616	36396	39251	42359	43834

资料来源：原始数据来源于《广西统计年鉴（2016～2020）》《中国统计年鉴（2016～2020）》。

2015～2020 年广西陆地边境地区各县域农村居民可支配收入见表 7-8，到 2020 年，东兴市农村居民可支配收入在广西陆地边境地区各县域中最高，每人每年能获得 21173 元，远高于广西陆地边境地区平均水平和全国平均水平。而那坡县的农村居民可支配收入最少，为 10043 元。近年来，广西陆地边境地区的城乡差距逐渐在缩小，东兴市从 2015 年城乡差距 2.33 倍减少到 2.05 倍，那坡县从 2015 年城乡差距 3.13 倍减少到 2.71 倍。

表 7-8 　　　　　　2015～2020 年广西陆地边境地区各县域

农村居民可支配收入　　　　　　　　单位：元

地区	2015 年	2016 年	2017 年	2018 年	2019 年	2020 年
防城区	10946	12621	13883	15063	16404	17536
东兴市	12904	14960	16471	15063	19659	21173
那坡县	8346	6891	7628	8307	9138	10043
靖西市	8668	8471	9433	10269	11347	12334
宁明县	8131	9609	10637	11786	12998	14053
龙州县	7378	8844	9799	10769	11889	12709
大新县	5927	10222	11336	12526	14042	15081
凭祥市	4962	9889	10997	12207	13354	14315
广西陆地边境地区平均水平	8408	10188	11273	11999	13604	14656
广西平均水平	9467	10359	11326	12435	13676	—
全国平均水平	11422	12363	13432	14617	16021	17132

资料来源：原始数据来源于《广西统计年鉴（2016～2020）》。

三、云南陆地边境地区收入水平现状

云南陆地边境地区位于西南地区，东部与贵州、广西为邻，北部与四川相连，西北部紧依西藏，西部与缅甸接壤，南部和老挝、越南毗邻，由澜沧县、江城县、西盟县、孟连县、镇康县、沧源县、耿马县、龙陵县、腾冲市、麻栗坡县、马关县、富宁县、绿春县、金平县、河口县、景洪市、勐海县、勐腊县、芒市、瑞丽市、盈江县、陇川县、泸水市、福贡县、贡山县等 25 个市县组成，其中，有 84% 的市县曾属国家扶贫工作重点县，19 个边境市县曾同时处于滇西边境集中连片特殊困难地区。2017 年，勐海县、芒市脱离贫困县序列，2018 年，龙陵县、镇康县、勐腊县、盈江县和陇川县陆续实现脱贫，2019 年，江城县、绿春县、麻栗坡县、马关县和富宁县退出贫困县名单，2020 年，澜沧县和福贡县实现脱贫摘帽，云南陆地边境地区各县域实现全面脱贫。

2012～2019 年主要年份云南贫困人口和贫困发生率见表 7 - 9。2012～2019 年，云南地区的贫困发生率出现了明显下降，贫困人口从 804 万人下降到 66 万人，每年能实现一百多万人脱离贫困状态，贫困发生率从 21.7% 下降到 1.8%。

表 7 - 9　　　　2012～2019 年云南贫困人口和贫困发生率

分类	2012 年	2013 年	2014 年	2015 年	2016 年	2017 年	2018 年	2019 年
贫困人口（万人）	804	661	574	471	373	279	179	66
贫困发生率（%）	21.7	17.8	15.5	12.7	10.1	7.5	4.8	1.8

资料来源：原始数据来源于《中国农村监测报告（2020）》。

2000 年以来云南陆地边境地区各县域农村居民人均可支配收入各时期增长率变化情况见表 7 - 10。

表 7 – 10　　　　云南陆地边境地区各县域各时期农村居民

人均纯收入增长率　　　单位：%

地区	2000 ~ 2005 年	2006 ~ 2010 年	2011 ~ 2015 年	2016 ~ 2019 年	2000 ~ 2019 年
腾冲市	6.82	14.78	11.63	14.56	12.07
龙陵县	4.39	14.47	16.79	11.49	11.87
江城县	5.97	22.44	19.51	13.60	15.17
孟连县	9.58	17.10	19.31	13.72	14.82
澜沧县	4.47	18.42	25.10	13.89	15.26
西盟县	9.82	19.56	25.39	13.86	17.60
镇康县	4.79	18.90	17.45	13.41	14.39
耿马县	6.57	17.82	14.06	14.23	13.58
沧源县	4.29	19.01	17.15	13.38	14.16
金平县	5.78	17.33	22.18	14.00	14.61
绿春县	4.95	14.20	22.39	14.08	13.64
河口县	8.20	14.27	20.62	13.57	13.85
麻栗坡县	6.99	15.25	16.89	13.45	13.96
马关县	9.16	16.69	15.06	13.50	14.05
富宁县	4.07	15.13	17.30	13.28	13.32
景洪市	5.96	15.00	13.48	12.97	12.12
勐海县	5.45	14.02	16.07	50.34	12.25
勐腊县	1.72	12.31	14.96	13.20	10.27
瑞丽市	2.56	13.98	14.38	13.82	10.71
盈江县	3.33	17.74	12.56	12.93	12.46
陇川县	4.87	16.56	17.53	13.17	13.22
泸水市	2.03	12.76	14.64	14.12	10.20
福贡县	1.02	15.43	21.82	15.58	12.86
贡山县	0.25	16.28	21.54	15.82	12.52
芒市	3.03	16.80	17.14	13.71	12.03

续表

地区	2000～2005 年	2006～2010 年	2011～2015 年	2016～2019 年	2000～2019 年
云南陆地边境地区平均水平	5.04	16.25	17.80	15.19	13.24
云南平均水平	7.35	13.72	13.14	13.03	11.92
全国平均水平	7.20	11.74	11.62	14.00	11.13

资料来源：原始数据来源于《云南统计年鉴（2001～2020)》《中国统计年鉴(2001～2020)》。

　　总体来看，2000～2019 年，云南陆地边境地区各县域农村居民人均可支配收入均实现快速增长，增长率最高为西蒙县，达到17.60%，最低为泸水市，达到10.20%。25 个边境地区县域中，仅有泸水市、勐腊县、瑞丽市 3 个市县的农村居民人均可支配收入年均增长率低于云南及全国平均水平。

　　分阶段考察可见，2000～2005 年，云南陆地边境地区各县收入增长较缓慢，西蒙县年均增长率最高，为9.82%，贡山县年均增长率最低，仅为0.25%，除西蒙县、孟连县、河口县、马关县以外，其他各县域年均增长率均低于云南及全国平均水平。2006～2010年，云南陆地边境地区各县均实现收入快速增长，增长速度明显高于上一阶段，25 个边境地区县域的年均增长率均高于全国平均水平，除了勐腊县和泸水市外，其他地区的年均增长率均高于云南平均水平。2011～2015 年，云南陆地边境地区各县也实现收入快速增长，除了腾冲市外，其他地区年均增长率均高于云南及全国平均水平；2016～2019 年，云南陆地边境地区各县增速较快，年均增长率最高的勐海县为50.34%，增速最慢的龙陵县为11.49%。

　　2005～2019 年主要年份云南陆地边境地区各县域农村居民人均

可支配收入情况见表 7 - 11。部分地区收入差距较大，景洪市的农
村居民的人均可支配收入一直名列前茅，到 2019 年，已经达到了
16447 元，而福贡县的人均可支配收入一直处于较低水平，2019 年
时只有 6939 元。15 年间，农村居民人均可支配收入增长最多的是
西盟县，增长了 12.45 倍，增长最少的是泸水市，增长了 4.65 倍。

表 7 - 11　　　　云南陆地边境地区各县域主要年份

农村居民人均可支配收入　　单位：元

地区	2005 年	2010 年	2015 年	2016 年	2017 年	2018 年	2019 年
澜沧县	912	2101	7335	8031	8873	9716	10835
江城县	1028	2624	7530	8315	9080	9932	11038
西盟县	806	1949	7341	8135	8900	9786	10837
孟连县	1265	2675	7482	8226	9040	9928	11003
镇康县	1158	2781	8023	8786	9629	10563	11704
沧源县	1159	2768	7899	8658	9498	10410	11510
耿马县	1525	3559	8373	9267	10249	11243	12480
龙陵县	1750	3376	7947	8841	9707	10629	11756
腾冲市	2035	4047	8484	9400	10331	11292	12512
麻栗坡县	1320	2630	7608	8302	9074	9918	11108
马关县	1442	3005	7644	8360	9171	10015	11177
富宁县	1388	2739	8008	8730	9586	10488	11642
绿春县	1070	2119	6385	7006	7742	8532	9479
金平县	988	2128	6444	7121	7826	8601	9547
河口县	1760	3436	9998	10361	11335	12446	13877
景洪市	2468	5036	11409	12493	13655	14898	16447
勐海县	1916	3848	9095	9986	10935	11864	13075
勐腊县	2021	3663	8209	8981	9780	10699	11908
芒市	1654	3603	8497	9456	10364	11307	12494

续表

地区	2005 年	2010 年	2015 年	2016 年	2017 年	2018 年	2019 年
瑞丽市	2130	4218	8706	9681	10659	11629	12838
盈江县	1516	3716	8151	8901	9720	10634	11740
陇川县	1275	2740	7284	7954	8726	9546	10558
泸水市	1282	2268	4877	5387	5953	6530	7248
福贡县	750	1460	4494	5092	5672	6240	6939
贡山县	754	1502	4519	5110	5698	6291	7021
云南陆地边境地区平均水平	1415	2960	7670	8423	9248	10125	11231
云南平均水平	2155	4327	8242	9020	9862	10768	11902
全国平均水平	3370	6272	11422	12363	13432	14617	16021

资料来源：原始数据来源于《云南统计年鉴（2006～2020）》《中国民族统计年鉴（2006～2020）》《中国统计摘要（2006～2021）》。

在云南陆地边境 25 个县域中，澜沧县、西盟县、麻栗坡县、马关县、绿春县、金平县、陇川县、泸水县、福贡县和贡山县的人均可支配收入水平要低于云南陆地边境地区的一般水平，因此这些地区仍应加快进行经济发展，改善农民生活。

四、西藏陆地边境地区收入水平现状

西藏位于中国的西南边陲，青藏高原的西南部，北邻新疆，东北紧靠青海，东部接连四川，南部和西部与缅甸、印度、不丹、尼泊尔等国接壤。西藏陆地边境地区总面积 34.35 万平方千米，由洛扎县、错那县、浪卡子县、定结县、定日县、康马县、聂拉木县、吉隆县、亚东县、岗巴县、仲巴县、萨嘎县、噶尔县、普兰县、日土县、札达县、墨脱县、察隅县等 18 个边境县的 628 个村庄组成，边境县人口达 40 余万人，是中国西南边陲的重要门户①。西藏陆地边境地区地处喜马拉雅山腹地，自然条件更为恶劣，发展基础更为薄弱，贫困状况在中国各地区中最为特殊，西藏陆地边境 18 县全部属于贫困县，截止到 2017 年，亚东县、洛扎县、错那县、康马县、定结县、吉隆县、聂拉木县和噶尔县脱离贫困县序列，2018 年，浪卡子县、定日县、仲巴县、岗巴县、普兰县、札达县、日土县、墨脱县和察隅县陆续实现脱贫，2019 年，萨嘎县退出贫困县名单，西藏陆地边境地区各县实现全面脱贫。

2012～2019 年西藏贫困人口数量和贫困发生率见表 7 – 12。西藏的总人口数在南部陆地边境地区三省区中是最少的，故贫困人数相较于其余两省区也较少。2012～2019 年，西藏地区的贫困发生率出现了明显下降，贫困人口从 85 万人下降到 4 万人，贫困发生率从 35.2% 下降到 1.4%，减少了 33.8%，是南部陆地边境地区中贫困发生率下降幅度最大的区域。

表 7 – 12　　　　　2012～2019 年西藏贫困人口和贫困发生率

分类	2012 年	2013 年	2014 年	2015 年	2016 年	2017 年	2018 年	2019 年
贫困人口（万人）	85	72	61	48	34	20	13	4
贫困发生率（%）	35.2	28.8	23.7	18.6	13.2	7.9	5.1	1.4

资料来源：原始数据来源于《中国农村监测报告（2020）》。

2000～2019 年主要年份全国和西藏陆地边境地区各县域居民人均可支配收入增长变动情况见表 7 – 13。总体而言，19 年间西藏陆地边

---

① 资料来源：《中国民族统计年鉴 2020》《中国县域统计年鉴 2020》。

境地区各县域差异不甚明显，噶尔县居民人均可支配收入年均增长率最高，达到27.48%，而最低的吉隆县也达到了15.03%，领先于全国平均水平。

表7-13 西藏陆地边境地区各县域各时期居民人均可支配收入增长率 单位：%

地区	2000~2005年	2006~2010年	2011~2015年	2016~2019年	2000~2019年
洛扎县	21.40	12.30	23.06	21.68	19.62
错那县	19.91	19.20	15.80	2.54	17.28
浪卡子县	12.00	29.60	14.17	18.42	20.10
定日县	23.06	7.90	27.86	29.97	21.07
康马县	15.54	20.20	24.89	-16.16	17.53
定结县	25.29	31.90	46.20	25.49	21.51
仲巴县	20.83	22.20	6.57	21.30	17.69
亚东县	21.97	-6.40	25.94	20.85	15.48
吉隆县	23.97	20.40	29.77	-4.48	15.03
聂拉木县	7.66	19.80	29.83	20.45	17.94
萨嘎县	23.43	19.60	16.06	5.04	19.35
岗巴县	-11.51	41.20	32.23	18.73	21.27
普兰县	16.94	-19.80	25.51	26.81	20.99
札达县	18.00	-15.60	35.26	18.90	16.45
噶尔县	-3.57	10.90	47.11	20.88	27.48
日土县	8.80	-40.00	37.54	17.59	16.63
墨脱县	-4.91	-4.40	35.34	15.52	15.70
察隅县	9.89	17.60	27.91	16.39	17.96
西藏陆地边境地区平均水平	14.83	7.46	27.20	15.68	18.50
西藏平均水平	17.48	15.18	13.54	10.74	16.35
全国平均水平	7.20	11.74	11.62	14.00	11.13

注：表中西藏陆地边境地区各县域均以居民人均年末储蓄余额作为居民人均收入替代指标进行分析。

资料来源：原始数据来于《国家统计年鉴（2001~2020）》《中国县域统计年鉴（2001~2020）》。

分阶段来看：2000～2005 年，西藏陆地边境地区各县域总体居民人均可支配收入呈中高速增长，岗巴县、噶尔县和墨脱县 3 个县年均增长率为负，定结县等 9 个县年均增长率超过全国与西藏平均水平；2006～2010 年，西藏陆地边境地区各县域增长差异性较大，亚东县、普兰县、札达县、日土县、墨脱县 5 个县出现负增长，岗巴县等 10 个县的增长速度高于全国和西藏平均水平；2011～2015 年，西藏陆地边境地区各县域居民人均可支配收入的增长速度均出现不同程度的上升，噶尔县增长速度最快，为 47. 11%，除仲巴县外，其余各县增长速度均高于全国与西藏平均增长水平；2016～2019 年，西藏陆地边境地区各县域居民人均可支配收入的增长速度大部分均出现不同程度的下降，普兰县增长速度最快，为 26. 81%，最低的康马县居民人均可支配收入出现负增长，为 - 16. 16%。但西藏陆地边境地区县域平均水平的增长率仍高于西藏平均水平。

2006～2019 年主要年份西藏陆地边境地区各县域农村居民人均可支配收入情况表见 7 - 14。各县域间农民人均可支配收入差距与其余两省区陆地边境县域相比较少，仲巴县、洛扎县的农村居民的人均可支配收入一直名列前茅，到 2019 年，已经分别达到了 13388 元和 13838 元，而定结县的人均可支配收入与之相比一直处于较低水平，2019 年时只有 9116 元。14 年间，农村居民人均可支配收入增长最多的是吉隆县，增长了 7. 07 倍，增长最少的是聂拉木县，增长了 3. 17 倍。

表 7 - 14　西藏陆地边境地区各县域主要年份农村居民可支配收入　单位：元

地区	2006 年	2011 年	2015 年	2016 年	2017 年	2018 年	2019 年
洛扎县	2683	5002	8689	9980	10965	12214	13838
错那县	2174	4269	7667	8472	9760	10902	12373

地区	2006 年	2011 年	2015 年	2016 年	2017 年	2018 年	2019 年
浪卡子县	2305	4517	8034	8859	10037	11121	12545
定结县	1567	3411	5546	5939	6014	8006	9116
定日县	1700	3394	6034	7386	7184	8265	9425
康马县	2375	4678	6846	9118	10859	11817	12252
聂拉木县	3151	4568	4834	4834	7873	5630	9981
吉隆县	1769	3758	7101	7989	11074	8000	12505
亚东县	2498	4662	7928	8821	12000	12493	12805
岗巴县	2059	4141	7995	8786	10728	11284	12388
仲巴县	3029	4653	8529	9355	10569	12706	13388
萨嘎县	2327	3492	6131	6670	8227	8227	9965
噶尔县	2047	4500	8430	8430	10399	11411	12811
普兰县	2019	4153	8029	8029	10471	11031	12487
日土县	2366	4595	8565	8565	10411	11487	12750
札达县	1900	3740	7560	7560	9271	10194	11723
墨脱县	2079	4181	8593	8248	9073	10380	11354
察隅县	2146	4382	7375	8111	9192	10170	11471
西藏陆地边境地区平均水平	2233	4228	7438	8064	9673	10297	11843
西藏平均水平	2426	4885	8244	9094	10330	11450	12591
全国平均水平	3731	7394	11422	12363	13432	14617	16021

资料来源：原始数据来源于《西藏统计年鉴（2007～2020）》《中国民族统计年鉴（2007～2020）》《中国统计摘要（2007～2021）》。

　　在西藏陆地边境地区各县域中，定结县、定日县、聂拉木县、萨嘎县、札达县、墨脱县和察隅县的人均可支配收入水平要低于西藏陆地边境地区的一般水平，因此这些地区仍应加快进行经济发展，改善农民生活。

第三节　中国南部陆地边境地区贫困程度的识别

一、绝对贫困的识别标准

自贫困治理工作以来，中国一直应用的都是绝对贫困线标准。改革开放之后，国家统计局在参考国际营养标准的基础上，按照最低收入的20%人群达到一般营养标准所需食物的货币量设定农村贫困线，作为识别农村贫困人口规模和农村贫困发生率的标准，这是较低水平的"生存"标准。2008年，中国开始实行按2008年（不变价格）年人均收入1196元的标准设定贫困线，这是实现一般水平的"温饱"标准。这时，中国的贫困线仍略低于国际一般水平，2010年，中国对绝对贫困的衡量标准有了提高，按2010年不变价格为年人均收入2300元，而按2008年的贫困标准，2010年应是1274元，2010年的贫困标准与之相比提高了80%，这也意味着，中国绝对贫困的标准进入了较高水平的"温饱"标准。

中国三次绝对贫困标准及主要年份贫困线的动态调整见表7-15，部分年份虽然同时可用三种贫困标准衡量，但某年的贫困率只采用当年面临的最新标准，即2007年及以前的贫困率采用的是1978标准，2008~2010年的用的是2008贫困标准，2010年以后采用2010标准进行衡量。对于2010年以后的贫困线，为了便于进行研究和分析，本章按照当年价格进行了计算，具体结果如表7-15所示，2011年贫困线为每人每年2536元、2012年贫困线为2625元、2013年贫困线为2736元、2014年贫困线为2800元、2015年贫困线为2855元、2016

年贫困线为 2952 元、2017 年贫困线为 2952 元、2018 年贫困线为 2995 元、2019 年贫困线为 3218 元。

表 7 – 15　　　　　中国贫困标准及历年贫困线的调整　　　　单位：元

标准	1978 年	1980 年	1985 年	1990 年	1995 年	2000 年	2005 年	2007 年	2008 年	2010 年
1978 标准	100	130	206	300	530	625	683	785	—	—
2008 标准	—	—	—	—	—	865	944	1067	1196	1274

标准	2010 年	2011 年	2012 年	2013 年	2014 年	2015 年	2016 年	2017 年	2018 年	2019 年
2010 标准	2300	2300	2300	2300	2300	2300	2300	2300	2300	2300
当年价格	2300	2536	2625	2736	2800	2855	2952	2952	2995	3218

资料来源：原始数据来源于《中国统计年鉴（1979～2020）》。

二、相对贫困的识别标准

随着中国 2020 年全面建成小康社会，历史性地在整体上消除了"绝对贫困"现象，相对贫困问题开始成为中国贫困治理的主要目标。党的十九届四中全会提出"坚决打赢脱贫攻坚战，巩固脱贫攻坚成果，建立解决相对贫困的长效机制"，这为中国下一阶段的相对贫困治理工作提供了根本遵循。相对基于单一收入维度识别的显性的"绝对贫困"，隐性的"相对贫困"问题更加隐匿。

由于相对贫困成因的复杂性和其发展的动态性，关于相对贫困的测度维度及方法，学者们还未达成一致。已有研究多从收入或消费的单一维度测量相对贫困，在国际上，通常采用居民收入的一个固定比例作为相对贫困线，如世界银行将低于社会平均收入 1/3 的人口视为相对贫困人口，经合组织将人均可支配收入均值或中位数的 50% 和

60%作为基准来测定相对贫困标准。

　　表7-16是根据人均可支配收入均值及中位数的50%测算而得的中国相对贫困线。采用均值或中位数的50%是中国学者在测算贫困发生率时较为常用的指标，通常情况下，采用家庭人均纯收入均值的50%测算的相对贫困线比采用家庭人均纯收入中位数的50%计算的相对贫困线高，均值能反映国民收入的整体情况，但均值易受极端值的影响；中位数能反映收入的分布特征，但无法反映收入的整体情况，故本章同时采用以上两种方法计算的相对贫困线。

表7-16　　　　　　　　　　中国主要年份的相对贫困线　　　　　　　　单位：元

相对贫困线标准	2010 年	2012 年	2014 年	2016 年	2018 年
家庭人均纯收入均值的 50%	5127	6713	8784	12301	16821
家庭人均纯收入中位数的 50%	3000	4500	5400	7200	8333

　　注：原始数据来源于《中国家庭追踪调查数据》，由 Stata16.0 分析整理。

　　虽然收入能最简单明了地识别相对贫困人口，但是仅仅关注收入不能反映生活需求的多样性和致贫原因的复杂性，因此一些国家和地区也开始用多维贫困测度方法。1979年，汤森用涵盖饮食、住房等12个方面的指标衡量生活状况，若有5项指标受到剥夺则认定为相对贫困。联合国开发计划署提出的人类发展指数（HDI）从预期寿命、教育水平和生活质量三方面衡量各国经济及社会发展水平，人类贫困指数（HPI）从健康、营养、识字率、失业率等四方面计算相对贫困指数。2007年，阿尔基尔和福斯特（2017）提出了A-F模型，该模型从多维视角对贫困进行识别、加总，因其能根据贫困维度对人口的城乡、区域和进行分解，进而受到了国内外学者的大量应用。如陈辉等（2016）从健康、教育和生活水平和收入四个维度上定量测算出粤北山区主要贫困地区、贫困村、贫困维度和贫困家庭。张昭等（2018）利用中国家庭追踪数据对从健康、教育、生活状况、卫生条件、食物支出与收入水平六个维度对中国农村相对贫困状况进行了追踪研究，研究发现多维测度比单维测度能发现更多致贫信息。

综上所述，相对贫困问题将是中国今后贫困治理工作的重要任务之一，而缓解边境地区的相对贫困状况有助于边疆稳定、民族团结和中国共同富裕目标的达成。因此本章将利用相对贫困线和 A – F 多维贫困测度模型，从单维和多维视角定量地计算中国南部陆地边境地区相对贫困家庭的贫困指数、贫困发生率和贫困程度，通过以上计算，对相对贫困家庭进行精准识别与筛选，有利于把握中国南部陆地边境地区相对贫困现状，有针对性地进行贫困治理。本章基于中国家庭追踪数据进行实证分析，根据测度结果提出了具体的相对贫困治理对策。本章的边际贡献在于：第一，本章的主要研究对象是中国南部陆地边境地区，目前在已有文献中对南部陆地边境地区相对贫困问题的研究较少，本章可以为南部陆地边境地区贫困治理研究贡献力量。第二，本章将中国南部陆地边境地区的相对贫困率与全国的相对贫困率进行比较，分析区域发展差距对相对贫困问题的影响。第三，本章着重分析各维度指标对相对贫困率的贡献，为后脱贫时期减贫政策的制定提供一定的借鉴。

第四节　中国南部陆地边境地区贫困程度的测算与分解

中国南部陆地边境地区的宏观数据所表达的信息并不能完全反映出该地区居民的贫困状况与生活情况，一个发达地区有富裕家庭也有贫困家庭，一个落后地区也既有富有家庭又有贫困家庭，相较于一个国家或一个地区的总体贫困状况来说，我们应该更关心该地区的家庭贫困状况。为了进一步对中国南部陆地边境地区贫困状况进行研究，本章将选用中国家庭追踪调查数据从微观家庭角度进行分析。

一、数据来源

本章的数据来源于北京大学中国社会科学调查中心实施的中国家庭追踪调查数据（CFPS），该调查每两年公布一次结果，以省级行政单位为主体，经过与人口规模成比例的概率抽样方式收集了个体、家庭、社区层面的数据。该调查重点关注中国居民的经济与非经济福利，以及包括经济活动、教育获得、家庭关系与家庭动态、人口迁移、身心健康等内容。中国家庭追踪调查数据每两年公布一次数据，截止到目前已公布2010年、2012年、2014年、2016年和2018年的数据，2010~2016年的数据样本覆盖25个省份，其中包含中国南部陆地边境地区的广西与云南，2018年增加了西藏等省区市的调查数据。

二、单一维度贫困发生率

按照上面中国历年绝对贫困线与相对贫困线，可以计算出2010年、2012年、2014年、2016年和2018年的绝对贫困与相对贫困发生率见表7-17，无论是绝对贫困线还是采用不同衡量方法的相对贫困线，中国南部陆地边境地区的贫困发生率都高于全国水平5%~18%

左右，这意味着中国南部陆地边境地区的贫困程度高于全国水平，中国南部陆地边境地区仍是中国贫困治理的重点区域之一。

表 7 - 17　中国南部陆地边境地区绝对贫困与相对贫困衡量指标

标准	2010 年	2012 年	2014 年	2016 年	2018 年
绝对贫困线（元）	2300	2625	2800	2952	2995
绝对贫困发生率 - 全样本（％）	17.83	19.08	17.31	16.15	14.21
绝对贫困发生率 - 中国南部陆地边境地区（％）	24.60	29.19	25.71	22.71	19.63
家庭人均纯收入均值的50％（元）	5127	6713	8784	12301	16821
相对贫困发生率 - 全样本（％）	43.98	41.02	45.06	53.11	57.36
相对贫困发生率 - 中国南部陆地边境地区（％）	55.11	59.19	63.81	69.52	73.31
家庭人均纯收入中位数的50％（元）	3000	4500	5400	7200	8333
相对贫困发生率 - 全样本（％）	25.23	29.51	30.71	35.42	33.75
相对贫困发生率 - 中国南部陆地边境地区（％）	35.30	43.06	45.40	50.70	46.75

注：由 Stata16.0 分析整理。

贫困发生率与贫困标准变动息息相关，以中国南部陆地边境地区的贫困发生率来说，2010～2012 年，绝对贫困发生率上升，从 24.6％增长到 29.19％，这是因为 2010 贫困标准突然大幅提高引起的，2012 年以后，绝对贫困发生率不断降低，这代表经济发展使得国民收入水平不断增加，居民收入水平有所改善。

中国南部陆地边境地区的相对贫困发生率，无论是采用家庭人均纯收入均值还是中位数作为参考标准，相对贫困发生率都一直在上升，而采用家庭人均纯收入均值的 50％作为相对贫困标准时，全国的贫困发生率是先降低再上升的，这说明在 2010～2012 年，国民收入差距在不断减少，低收入水平的群体在这段时间实现了收入的较大增长。

三、多重维度贫困发生率

（一）研究方法与理论模型

中国家庭追踪调查 2018 年数据涵盖了全国 31 个省区市（不含港澳台地区）14218 个家庭户和样本家庭户中的所有家庭成员信息，具有全国及省级代表性。本章认为，相对贫困问题不是一个人的原因造成的，而是一个家庭的生活状况导致的，故本章将中国家庭追踪调查中个人自答问卷、少儿父母代答问卷与家庭成员问卷、家庭经济问卷以财务回答人和家庭编号为识别对象进行数据合并，以家庭户为主要研究对象。

A－F 方法通过设置两个临界值来判断个人或家庭的多维贫困状况，首先，先设置各维度的剥夺临界值（第一重临界值）来判断是否处于某一维度的贫困，之后再设置第二重剥夺临界值来判断是否处于多维贫困。

假设总共有 N 个个体（个人或家庭）和 D（$\geqslant 2$）个剥夺指标的样本。同一领域的剥夺指标可以纳入同一维度，一个维度下可有一至多个指标。比如，在调查问卷中有自评健康和访员观察受访者健康状况两个指标，则可以将这两个指标同时纳入健康维度。设 Y 是一个 $N \times D$ 矩阵，y_{ij} 表示个体 i 在指标 j 的水平。

$$Y = y_{ij}, \ (i = 1, 2, 3 \cdots, N, \ j = 1, 2, 3 \cdots, D) \quad (7-1)$$

设 z 是 $1 \times D$ 的向量，z_1，$\cdots$，z_D 表示 D 指标的剥夺临界值（第一重临界值），用于确定一个人是否在 D 指标上被剥夺。对于个体 i 和指标 j，若 y_{ij} 小于各指标的剥夺临界值，即 $y_{ij} < z_{ij}$ 时，剥夺发生。指标权重是 $1 \times D$ 的向量 $w = (w_1, \cdots, w_D)$，$0 < w_{ij} < 1$ 且 $\sum_{j=1}^{D} w_j =$

1，各指标的权重可以依据对个体生活状况影响程度的重要性进行赋值，若各指标同等重要，可赋予各指标等权重，即 $\frac{1}{D}$。我们设 g^α 是 $N \times D$ 的剥夺矩阵，当 j 指标的剥夺发生时，$g_{ij}^\alpha = w_{ij}$，对矩阵 g^α 的行求和即代表个体 i 的加权剥夺数量 $c_i = \sum_{j=1}^{D} g_{ij}^\alpha = 1$，对剥夺矩阵进行归一化处理，可得：

$$g_{ij}^\alpha = \begin{cases} w_{ij}\left[\dfrac{(z_j - y_{ij})}{z_j}\right]^\alpha, & y_{ij} < z_j \\ 0, & y_{ij} \geq z_j \end{cases} \qquad (7-2)$$

其中，参数 α 的取值可以是 0、1 或 2。当 α 等于 0 时，g_{ij}^0 表示个体 i 在 j 维度上的剥夺情况，$g_{ij}^0 = 1$ 则剥夺发生；当 α 等于 1 时，g_{ij}^1 表示个体 i 在 j 维度遭受剥夺的强度；当 α 等于 2 时，g_{ij}^2 则表示个体 i 在 j 维度遭受剥夺的加权差距情况，可以反映贫困的不平等程度，α 越高，代表不平等程度越大，则我们更应该把贫困治理的重点放在穷人中的穷人身上。

设置第二重临界值 k，一个个体的加权剥夺程度只有超过 k 才能被归类为贫困，如有 9 个指标，k 若为 0.4，则个体需经历 5 个及以上的指标剥夺才能被归类于相对贫困。

接着构造示性函数 $p_k(y_i, z)$，当 $c_i > k$ 时，$p_k(y_i, z) = 1$，这说明个体 i 在维度 j、权重 w、临界值 k 的条件下处于贫困状态。这一函数十分关键，它使得 $g^\alpha(k) = g_{ij}^\alpha p_k(y_i, z)$，即若个体 i 不是穷人，则行向量 g_i 将被替换为 0。这时 $g^\alpha(k)$ 被称为审查剥夺矩阵。

由上我们可以得到衡量人口中相对贫困发生率的多维贫困人口（家庭）比例 H，见式（7-3），q 是根据以上步骤识别出来的贫困个体（个人或家庭）数，H 指数虽然也被许多国家应用于贫困人口的识别，但它也存在一定的局限性，即当个体脱离某一指标的贫困时，又在一个新的维度上遭受剥夺，H 指数却不能反映出该变化。

$$H = \frac{\sum_{i=1}^{N} p_k(y_i, z)}{N} = \frac{q}{N} \qquad (7-3)$$

一个随着贫困个体所经历的剥夺次数的增加而增加的指数 A 见式（7-4），该指数测量了相对贫困的深度，即反映了长期多维贫困人口的平均剥夺份额。

$$A = \frac{\sum_{i=1}^{N} \sum_{j=1}^{D} g_{ij}^{0}(k)}{q} \qquad (7-4)$$

同时考虑贫困发生率和贫困深度的度量可以由 H 和 A 的乘积得出，见式（7-5），多维状态下相对贫困指数由贫困发生率和贫困深度得出。用 A - F 法测度相对贫困指数的一个优点是满足子群和指标的完全可分解性，即能观测到不同维度和不同人群对最终相对贫困人口识别结果的影响。本章在遵循以上步骤的情况下进行相对贫困指数的测算。

$$M_{\alpha} = \frac{g^{\alpha}(k)}{N} \qquad (7-5)$$

（二）指标选取

在指标选取方面，国内外学者的研究暂无一致性的标准，故本章在参照人类发展指数、人类贫困指数和人类机会指数的前提下，结合中国南部陆地边境地区实际发展情况选定了 6 个维度 10 个指标：中国南部陆地边境地区大多地质地貌复杂，土地类型多样，自然灾害频发，生存环境较其他地区相比较为恶劣，对人民的生产生

活造成严重影响，因此本章选定健康、做饭用水、做饭燃料、住房
面积为主的生活状况、社会保障等维度；因中国南部陆地边境地区
少数民族较多，历史文化因素影响较大，该地区的教育情况一直不
容乐观，因此本章选定教育维度；为了验证经济社会发展对中国南
部陆地边境地区与其他地区的贫困程度的影响，本章引入收入、资
产维度。具体维度、指标见表 7 - 18，为了避免权重赋予的主观性，
本章采取普遍使用的等权重法。

表 7 - 18　　　　　　　相对贫困剥夺维度、指标及临界值

维度	变量	指标	临界值
健康	健康状况	1~5，5 为不健康	4
教育	已完成的受教育年限	0~23 年	10
生活状况	做饭用水	不使用井水、自来水、纯净水	剥夺
	做饭燃料	使用煤炭、柴草	剥夺
	现住房建筑面积（平方米）	人均住房面积 <20 平方米	剥夺
	食物支出占比	食物支出占家庭总支出比重	50%
社会保障	医保和新农合	未购买医保或新农合	剥夺
资产	耐用消费品总值（元）	家中所有耐用消费品总价值	1000
	现金和存款总值（元）	所有家庭成员的现金和金融机构存款	2300
收入	人均家庭纯收入分位数	财产性收入并未纳入金融资产收入	50%

注：由 Stata16.0 分析整理。

对于健康维度，采用 CFPS2018 调查问卷中受访者自评健康情
况进行测算，该指标有 1 非常健康、2 很健康、3 比较健康、4 一
般、5 不健康五个选项，本章将回答健康状况 >4 的个体视为正在遭
受健康维度的剥夺。对于教育维度，本章选择用受访者受教育年限
进行评估，对未完成九年义务教育的个体视为正在遭受教育维度的

剥夺。对于生活状况维度，本章选取了做饭用水、做饭燃料、现住房建筑面积、食物支出比重进行衡量，做饭用水不能使用井水、自来水、桶装水、纯净水、过滤水即视为剥夺。做饭燃料仍在使用煤炭、柴草则视为剥夺。现住房面积本章在参考部分地区公租房申请标准的条件下设定家庭人均住房面积小于 20 平方米为剥夺临界值。在食物支出占比指标方面，国际社会通常使用 60% 以上的恩格尔系数当作绝对贫困线，50%～60% 为温饱状况，40%～50% 为小康生活水平，考虑到本章使用的是 2018 年的调查数据，而中国在 2020 年全面建成小康社会，故选取食物支出占比若大于 50%，则遭受剥夺。在社会保障方面，本章认为未购买城镇居民医疗保险（含一老一小保险）或新型农村合作医疗其中之一即视为剥夺。对于家庭资产维度，本章选取耐用消费品总值和现金、存款总值两个指标，已有文献认为没有收音机、电视机、洗衣机、拖拉机等耐用消费品之一即视为剥夺，CFPS 认为单位价格在 1000 元以上、自然使用寿命在 2 年以上的产品为耐用消费品，故本章认为耐用消费品总值小于 1000 元的个体正在遭受剥夺。对于现金和存款总值，2010 年中国农村贫困标准为 2300 元，故本章将现金、存款总值小于 2300 元的认为正在遭受剥夺。对于收入维度，现有文献大多通常将相对贫困标准设为平均收入中位数的 50% 或 60%，本章将低于人均家庭纯收入分位数 50% 的家庭视为遭受收入剥夺。

（三）中国相对贫困家庭的多维剥夺测算

经过以上分析，我们能看到无论是从地区经济发展角度还是居民收入情况来看，中国南部陆地边境地区与其他地区，中国南部陆地边境地区内部之间的发展都存在着较大差距，为了更全面地反映中国南部陆地边境地区居民的生活及相对贫困状况，本章选取 CFPS 调查数据 2018 年的截面数据进行考察。并剔除相关指标存在缺漏值的家庭之后，共得到全国 10393 个家庭样本，其中中国南部陆地边境地区包括西藏、云南、广西三个省区。

在多维相对贫困指数的计算中使用已经标准化的家庭横截面权数，从而使样本更具代表性。因为中国城乡的发展仍然存在不平衡性，故本章按城镇和乡村对样本进行子群分类。中国多维贫困指数的测算结果见表 7 - 19。

表 7 - 19　　　2018 年中国相对贫困家庭的多维剥夺估计结果　　　单位：元

临界值 k	多维贫困发生率 H			平均剥夺份额 A			多维相对贫困指数 M		
	全国	农村	城镇	全国	农村	城镇	全国	农村	城镇
1/6	82.5	92	76.3	40.6	44.3	37.6	33.4	40.8	28.7
1/3	58.4	73.3	48.8	47.4	49.5	45.5	27.7	36.3	22.2
1/2	23.6	34.8	16.3	59.3	60.1	58.3	14	20.9	9.5
2/3	3.3	5.6	1.9	75.7	75	73.7	2.5	4.2	1.4
5/6	0.6	0.9	0.3	87	88.9	100	0.5	0.8	0.3

注：由 Stata16.0 分析整理。

可以发现，当研究全国样本时，无论是多维贫困发生率、平均剥夺份额还是多维相对贫困指数，农村相对贫困家庭数量和受剥夺程度均明显高于城镇的相对贫困家庭。当第二临界值 k 为 1/6 时，即家庭至少处于二维及以上剥夺时，中国有超过 80% 的家庭陷入了多维相对贫困，农村的多维相对贫困发生率大于城镇的多维相对贫困发生率，且农村家庭遭受的贫困程度更强；当第二临界值 k 为 1/2 时，表示同时有四个及以上维度遭受剥夺才能定义为多维相对贫困，这时中国多维相对贫困指数 M 锐减，这表明 $k=1/2$ 的临界值可能比较适合作为第二临界值的最优选择。当第二临界值 k 大于 $1/2$ 时，处于极端相对贫困状态，中国多维相对贫困指数变成了个位数，这表现出中国处于极端相对贫困状态的家庭较少，随着中国扶贫政策的推进，中国的贫困治理取得了一定的成效。

为了进一步考察中国家庭的各个维度对于多维贫困指数的贡献，我们对多维贫困指数进行分解，根据上面对不同临界值的测算，发现 $k=1/2$ 前后多维相对贫困指数发生了较大改变，故本章选定第二临界值为 $1/2$ 时进行以下分析，见表 7-20。

表 7-20 中国多维相对贫困指数分解 单位：%

维度	各维度对总指数的贡献率		
	全国	农村	城镇
健康	14.3	13.5	15.3
教育	26.9	27.2	26.6
生活状况	11.7	12.5	10.7
社会保障	8.5	5.8	12.2
资产	13.9	14.9	12.5
收入	24.6	26.1	22.6

注：由 Stata16.0 分析整理。

（四）中国南部陆地边境地区相对贫困家庭的多维剥夺测算

接下来对中国南部陆地边境地区样本进行分析，同样对中国南部陆地边境地区进行城乡子群分类，结果见表 7-21。在同一剥夺临界值的条件，中国南部陆地边境地区总体及城镇、农村的多维相对贫困指数、多维贫困发生率和贫困强度均高于全国平均水平，这表明中国南部陆地边境地区的相对贫困状况在全国范围内仍然处于重难点区域,应继续加大对中国南部陆地边境地区相对贫困问题的治理。为了进一步考察中国南部陆地边境地区家庭的各个维度对于多维贫困指数的贡献,我们对多维贫困指数进行分解,根据上面对不同临界值的测算,发现 $k = 1/2$ 前后多维相对贫困指数发生了较大改变,故本章选定第二临界值为 $1/2$ 时进行以下分析。$k = 1/2$ 时,中国南部陆地边境地区的多维贫困发生率为 29.3%,其中,农村地区的贫困发生率为 35.1%,城镇地区的贫困发生率为 23.3%,农村居民的相对贫困状况要远大于城镇居民的相对贫困状况。中国南部陆地边境地区的平均剥夺份额为 59.04%,其中,农村地区的平均剥夺份额为 59.83%,城镇地区的平均剥夺份额为 57.94%,农村居民的相对贫困深度也比城镇居民的相对贫困深度要强。综合考虑来看,中国南部陆地边境地区的多维相对贫困指数为 17.3%,其中,农村地区的多维相对贫困指数为 21%,城镇地区的多维相对贫困指数为 13.5%,农村居民相较于城镇居民,更容易陷入多维相对贫困的状态,陷入贫困后,贫困的深度也更深。

表 7-21　　　　2018 年中国南部陆地边境地区相对贫困

家庭的多维剥夺估计结果　　　　单位:%

临界值 k	多维贫困发生率 H			平均剥夺份额 A			多维相对贫困指数 M		
	南部	农村	城镇	南部	农村	城镇	南部	农村	城镇
1/6	86.4	90.2	82.5	42.48	44.68	39.88	36.7	40.3	32.9
1/3	67.3	74.7	59.6	47.70	49.00	46.14	32.1	36.6	27.5
1/2	29.3	35.1	23.3	59.04	59.83	57.94	17.3	21	13.5
2/3	5.3	7.1	3.6	75.47	76.06	75.00	4	5.4	2.7

注:由 Stata16.0 分析整理。

由表 7 - 22 我们可知，各个维度对多维相对贫困指数的影响存在较大差异，在中国南部陆地边境地区总样本里教育维度、收入维度对总指数的贡献最大，健康状况对总指数的贡献较小，这是因为一个家庭存在全部成员都丧失劳动能力的情况并不常见，只要家庭里还存在具有劳动能力的成员，一个家庭就还能通过获得收入和社会保障等来维持家庭正常生活。收入贫困仍然在相对贫困众多维度中发挥着重要作用，这表明收入差距仍然对各地区居民的生活状况存在着重要影响。导致中国南部陆地边境地区贫困的最重要的因素就是教育贫困，随着科学技术的不断进步，低技能劳动力的可替代性越来越高，低技能劳动者获得的收入越来越少，教育逐渐成为制约劳动力获得技能最主要的因素。

表 7 - 22　　　　中国南部陆地边境地区多维相对贫困指数分解　　　单位：%

维度	各维度对总指数的贡献率		
	南部	农村	城镇
健康	19.7	17.2	23.7
教育	24.4	23.5	25.7
生活状况	8.5	9.5	6.8
社会保障	11	9.9	12.8
资产	12.5	14	10
收入	24	25.8	21

注：由 Stata16.0 分析整理。

为了进一步分析中国南部陆地边境地区三省区的多维相对贫困状况，我们单独计算三省区的多维相对贫困指数、多维贫困发生率及平均剥夺份额。见表 7 - 23，广西、西藏的相对贫困问题比较严重，在第二临界值一定的情况下，西藏的相对贫困程度较深，云南的多维相对贫困指数较小，说明云南的相对贫困问题较小，对中国南部陆地边境地区相对贫困扶持方向应主要放在广西、西藏等处。

表7-23　　　　中国南部陆地边境三省区多维相对贫困指数　　　单位：%

指数	广西	云南	西藏
H	24.1	19.4	63.7
A	59.3	56.7	58.2
M	14.3	11	37.1

注：由Stata16.0分析整理。

见表7-24，在中国南部陆地边境地区各省份相对贫困情况中，教育、收入的发展仍然是制约居民生活状况的最主要因素，西藏在健康、收入维度的相对贫困指数贡献率为0，这说明在样本中，受样本数量的限制，隶属西藏的个体在健康、收入维度不存在剥夺。

表7-24　　　　中国南部陆地边境三省区多维相对贫困指数分解　　　单位：%

维度	广西	云南	西藏
健康	16.3	19.7	0
教育	27.8	28.0	28.6
生活状况	10.0	9.2	14.3
社会保障	5.4	4.4	28.6
资产	13.0	11.8	28.6
收入	27.4	27	0

注：由Stata16.0分析整理。

第五节 本章研究结论与政策建议

一、研究结论

第一，与全国平均水平相比较，中国南部陆地边境地区居民家庭的贫困发生率更高、遭受剥夺的程度更大，相对贫困指数较高。

第二，无论是全国样本还是中国南部陆地边境地区样本，农村地区的相对贫困发生率均高于城镇地区。

长期以来，中国贫困治理的重点都放在农村脱贫减贫上，无论是贫困标准的制定还是精准扶贫的重点都在解决农村贫困问题。近年来城镇居民的贫困程度虽然一直低于农村居民的贫困程度，但随着农村人口的大量脱贫，城镇居民相对贫困问题越来越突出。城镇相对农村，人口密度更高，社会交往情况更为复杂，社会资源等多维度的影响更深，城镇居民更容易因生活质量的差距而产生"剥夺感"，从而降低生活幸福度。尽管中国南部边境地区各区域都有城镇最低生活保障，但仅以最低生活保障需求度量是远远不够的，缺乏统一标准和动态的城镇相对贫困监测机制，不利于城镇居民减缓相对贫困目标的实现。

第三，根据对单维绝对贫困线、相对贫困线和多维测度相对贫困的结果来看，发现单一收入维度衡量的绝对贫困与相对贫困尽管在当时的减贫脱贫中发挥着重要作用，但已不能满足评价的要求，相对贫困评价具有片面性，应引入反映个体生活所需的多种维度。但选用多维测度需考虑遭受极端多维剥夺的家庭相对较少，对于多维贫困测量方法的维度选择、权重比重与临界值的确定需谨慎。

第四，基于全国层面和中国南部陆地边境地区的实证分析表明，教育、健康、生活状况、社会保障、资金、收入各维度对相对贫困指数的贡献差异较大，其中教育致贫、收入偏低对相对贫困的贡献影响较大。

二、政策建议

基于以上结论，本章认为随着中国全面小康社会的建成，脱贫攻坚任务的圆满完成，今后中国南部陆地边境地区相对贫困的治理重点方向是：

第一，应当重新建立适合新时代发展要求的相对贫困标准。城乡相对贫困标准及动态监测机制的建立，对相对贫困人口能够进行精准识别是进行相对贫困治理工作的基础，对已脱贫的贫困户要建立一定时间的追踪监测，及时掌握脱贫群体的生活水平的发展状况，加强后续帮扶力度，及时化解风险矛盾隐患。

第二，中国疆域辽阔，各区域内经济发展速度与经济发展水平差距较大，东南沿海地区经济发展较好，人民生活水平较高，而对于内陆省（直辖市、自治区），特别是中国南部陆地边境地区经济发展水平不高，发展基础较为薄弱。各区域间应因地制宜，在全国相对贫困标准框架下制定更适合中国南部陆地边境地区经济水平的贫困标准。

第三，改革开放以来，乡村地区的贫困治理工作一直是脱贫减贫的重中之重，"绝对贫困"的消除并不意味着乡村的发展已经与城镇并驾齐驱，目前城乡差距仍然是中国亟需解决的问题。进一步推进新型城镇化，做好贫困治理工作与乡村振兴的衔接，解决农民最亟需的资金、人才与土地问题，进一步减少城乡差距，是中国南部陆地边境地区未来进行相对贫困治理工作的重点任务。

第四，进一步加大中国南部陆地边境地区医疗、教育、社会保障、基础设施的财政投入，进一步制定相关法律保证居民合法权益的实现。扩大对城镇新增人口的社会保障体系的覆盖范围。扩大对于进城务工人员等城镇新增人口的社会保障范围及力度，降低新城镇居民在城镇职工与城镇居民医疗保险和基本养老保险方面的差距。增强城乡居民的住房保障、社会福利待遇，不断减小城乡居民的生活差距，促进居民生活幸福感因素的提升。

第八章

中国南部陆地边境地区的
绿色发展与乡村振兴

第一节 引 言

全面推进乡村振兴，要贯彻新发展理念。中共十九届五中全会强调，要推动绿色发展，促进人与自然和谐共生，全面推进乡村振兴过程中，要强化绿色导向，提高农业质量效益和竞争力。受历史、地理等因素的影响，中国南部陆地边境地区经济基础薄弱，工业化起步较晚，也正因如此，生态环境受工业污染影响较小，绿色发展优势明显，要想实现中国南部陆地边境地区经济高质量发展，把绿色发展理念贯彻到乡村振兴战略实施全过程中才是关键。

中国南部陆地边境地区是少数民族集中聚居地，壮族是少数民族人口最多的一个民族，集中聚居于广西西北部，具有革命老区区域和地理沿边的特点，是中国南部陆地边境地区的典型之一（纪明、钟敏，2021）。基于此，本章以广西陆地边境地区为例对中国南部边境地区的绿色发展与乡村振兴进行研究。

作为中国南部陆地边境地区之一的广西而言，虽然面临着重重发展困境，但同时也具备强大的生态优势。"山清水秀生态美"是广西的金字招牌，广西陆地边境地区经济基础薄弱、基础设施较为落后，同时也具备强大的生态优势，稳步推进乡村振兴，要遵循习近平生态文明思想的指引，厚植广西生态优势，切实把绿色发展理念贯彻到乡村振兴战略实施全过程。

通过前述对绿色发展与乡村振兴的相关文献梳理可以发现，专家学者们对乡村振兴与绿色发展进行多角度研究，提出了许多有价值的建议。但是对绿色发展作用于乡村振兴的机理研究多为定性研究，定量研究较少；且对二者的研究多为全国共性研究，区域个性研究较少。基于此，本章通过熵值法测量广西陆地边境地区乡村振兴水平，并进一步构建计量模型分析绿色发展对乡村振兴的影响效应，以期为中国南部边境地区乃至全国的乡村振兴与绿色发展提供经验借鉴。

第二节　绿色发展效率与乡村振兴水平测算

本章参照张治栋和陈竞等的做法，利用模型 DEA – Malmquist 测算广西陆地边境地区绿色发展效率。广西陆地边境地区乡村振兴水平测算，则是在构建乡村振兴评价指标体系的基础上，运用熵值法测度其综合得分。鉴于广西陆地边境地区 2019 年绿色发展相关数据缺失较多，本章以 2005 ~ 2018 年为研究区间，原始数据来自 2006 ~ 2019 年《广西统计年鉴》《云南统计年鉴》《中国城市统计年鉴》。

一、绿色发展效率测算

DEA – Malmquist 指数法被广泛运用于生产率变化的测算中，当 Malmquist 指数大于 1 时，效率提高；当 Malmquist 指数小于 1 时，效率下降。本章以全要素生产率来测度广西陆地边境地区绿色发展效率，此外，还通过分解全要素生产率来进一步分析绿色发展效率内部作用机制，全要素生产率分解公式见式（8－1）。

$$TF = EF \times TC = (PC \times SC) \times TC \qquad (8-1)$$

其中，TF 表示全要素生产率指数，EF 表示技术效率指数，TC 表示技术进步指数，PC 表示纯技术效率指数，SC 表示规模效率指数。

在周杰文等（2020）、赵欣和任军（2020）等相关研究的基础上选取如下变量作为投入指标：资本投入，用全社会固定资产投资表示；劳动力投入，用单位从业人员表示。选取如下变量作为产出指标：期望产出变量，用地区生产总值表示；非期望产出变量，用工业废水排放量、工业二氧化碳排放量与工业烟尘排放量表示。

（一）绿色发展效率及其分解项时间演变趋势

根据 DEA – Malmquist 模型测算结果，本节绘制了广西陆地边境地区绿色全要素生产率及其分解项变动趋势图，见图 8－1。从绿色全要素生产率来看，2006～2018 年，广西陆地边境地区绿色全要素生产率总体围绕基准线 1 上下波动。分时间点分析，2014 年是绿色发展效率的一个极大值点，绿色发展全要素生产率高达 1.189，即 2014 年绿色全要素生产率较 2013 年绿色全要素生产率大幅上升；

2017 年是绿色发展效率下降幅度最大的极小值点，绿色发展全要素生产率低至 0.595，即 2017 年绿色全要素生产率较 2016 年绿色全要素生产率大幅下降。

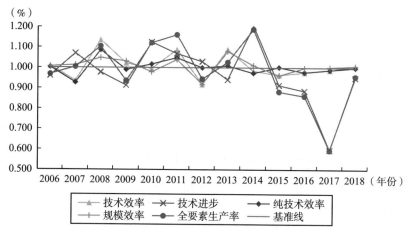

图 8-1　广西陆地边境地区绿色发展效率及其分解项增长趋势

资料来源：原始数据来源于《中国城市统计年鉴（2006～2019）》《广西统计年鉴（2006～2019）》。

分时间段分析，2006～2014 年，广西陆地边境地区绿色发展效率较均匀围绕基准线 1 上下波动，且多数年份大于 1，总体绿色发展效率较好；2015～2018 年，绿色发展效率呈 U 型，前期不断下降，2017 年开始上升，但至 2018 年绿色发展效率仍然小于 1，总体绿色发展效率较差。

从绿色全要素生产率分解项来看，2006～2018 年，广西陆地边境地区绿色技术进步与绿色全要素生产率保持高度一致，由此可知，广西陆地边境地区绿色全要素生产率主要受绿色技术进步的影响，其他分解项影响相对较小；从绿色技术效率分解项看，2006～

2009 年绿色纯技术效率与绿色技术效率波动趋势高度一致，2010～
2015 年绿色规模效率与绿色技术效率波动趋势高度一致，2016～
2018 年绿色规模效率、绿色纯技术效率与绿色技术效率三者波动趋
势高度一致，可见，广西陆地边境地区绿色技术效率受绿色规模效
率与绿色纯技术效率双重影响。

（二）绿色发展效率对比分析

1. 地域绿色发展效率对比分析

广西陆地边境地区与云南陆地边境地区绿色发展效率差异对比。
本章选取云南陆地边境地区①与广西陆地边境地区进行对比分析，
见表 8 - 1。2005～2018 年，广西陆地边境地区、云南陆地边境地
区、广西、全国的绿色全要素生产率指数分别为：0.968、0.975、
0.966、0.950。综合排名为：云南陆地边境地区 > 广西陆地边境地
区 > 广西 > 全国，绿色发展效率总体呈现下降趋势。广西陆地边
境地区绿色发展效率增长较快，主要得益于绿色技术效率的增长；
云南陆地边境地区绿色发展效率增长最快，主要得益于绿色规模
效率的增长；广西绿色发展效率高于全国平均水平，主要得益于
绿色纯技术效率的增长；全国绿色发展效率增长较慢，主要受限
于绿色技术进步，应着力提升绿色发展技术水平。"山清水秀生态
美"是广西的金字招牌，广西绿色发展效率高于全国平均水平，
其边境地区绿色发展效率更佳，要发挥好广西生态优势，打造特
色发展优势，为其他陆地边境地区，乃至全国绿色发展贡献广西
智慧。

---

① 鉴于数据可获得性，本章研究的云南陆地边境地区仅包含普洱市、临沧市和
保山市。

表 8 – 1　　　　　　广西陆地边境地区绿色发展效率及其对比

地区	绿色技术效率	绿色技术进步	绿色纯技术效率	绿色规模效率	绿色全要素生产率
广西陆地边境地区均值	1.008	0.960	1.002	1.006	0.968
云南陆地边境地区均值	1.004	0.971	1.000	1.004	0.975
广西均值	0.997	0.969	1.001	0.996	0.966
全国均值	1.019	0.932	1.002	1.017	0.950
防城港市	1.019	0.952	1.000	1.019	0.970
百色市	1.005	0.956	1.007	0.998	0.961
崇左市	1.001	0.972	1.000	1.001	0.972
南宁市	0.986	1.000	1.000	0.986	0.986
柳州市	1.000	0.942	1.000	1.000	0.942
桂林市	0.968	1.011	1.000	0.968	0.979
梧州市	0.991	1.033	0.990	1.001	1.024
北海市	1.000	1.055	1.000	1.000	1.055
钦州市	0.996	1.052	1.001	0.994	1.048
贵港市	1.010	0.881	1.007	1.003	0.890
玉林市	0.984	1.000	1.004	0.980	0.984
贺州市	0.984	1.052	0.998	0.986	1.036
河池市	1.015	0.905	1.012	1.003	0.919
来宾市	1.000	0.799	1.000	1.000	0.799

资料来源：原始数据来源于《中国城市统计年鉴（2006～2019）》《广西统计年鉴（2006～2019）》《云南统计年鉴（2006～2019）》。

广西陆地边境地区3市与广西其他11市绿色发展效率差异对比。从绿色全要素生产率看，2005～2018年，防城港市、百色市和崇左市的绿色全要素生产率指数分别为：0.970、0.961和0.972，综合排名依次为第九、第十和第八，总体排名较为靠后，绿色发展效率均呈现下降趋势。具体而言，广西仅梧州市、北海市、钦州市和贺州市等4

个地级市绿色全要素生产率大于1，其中北海市最高，绿色全要素生产率为1.055，钦州市第二，绿色全要素生产率为1.048，贺州市第三，绿色全要素生产率为1.036，梧州第四，绿色全要素生产率为1.025。其余10个地级市绿色全要素生产率均小于1，其中绿色全要素生产率最低的5个地级市分别为百色市、柳州市、河池市、贵港市和来宾市，绿色全要素生产率分别为0.961、0.942、0.919、0.890和0.799。广西绿色全要素生产率平均水平为0.966，高于全国绿色全要素生产率平均水平0.950，二者绿色全要素生产率均小于1，表明广西绿色发展效率平均水平和全国绿色发展效率平均水平仍较低。南宁市、桂林市、梧州市、北海市、防城港市、钦州市、玉林市、贺州市和崇左市绿色全要素生产率高于广西绿色全要素生产率平均水平，百色市绿色全要素生产率低于广西绿色全要素生产率平均水平，但高于全国绿色全要素生产率平均水平，柳州市、河池市、贵港市和来宾市绿色全要素生产率低于全国绿色全要素生产率平均水平。

从绿色全要素生产率分解项看，北海市绿色技术进步指数与绿色全要素生产率指数均为1.055，绿色技术效率指数及其分解项绿色纯技术效率指数与绿色规模效率指数均为1.000。由此可知，北海市绿色全要素生产率最高主要动因源于绿色技术进步。钦州市绿色技术进步指数与绿色纯技术效率指数均大于1，绿色技术效率指数和规模效率指数均小于1。这说明钦州市绿色技术效率主要受绿色规模效率的影响，绿色全要素生产率主要受绿色技术进步的影响，且绿色技术进步的正向影响高于绿色技术效率负向影响，使得钦州市绿色全要素生产率保持上升态势。贺州市仅绿色进步指数大于1，绿色技术效率指数及其分解项绿色纯技术效率与绿色规模效率均小于1。这表明贺州市绿色全要素生产率主要受绿色技术进步的影响，且绿色技术进步的正向影响高于绿色技术效率负向影响，使得贺州市绿色全要素生产率保持上升态势。梧州市绿色技术进步指数与绿色规模效率大于1，绿色技术效率指数及其分解项绿色纯技术效率均小于1。这说明梧州市绿色技术效率主要受绿色规模效率的影响，绿色全要素生产率主要受绿色技术进步的影响，且绿色技术进步的正向影响高于绿色技术效率负向影响，使得梧州市绿色全要素生产率保持上升态势。

柳州市绿色技术进步指数与绿色全要素生产率指数均为0.942，绿色技术效率指数及其分解项绿色纯技术效率指数与绿色规模效率指数均为1.000。由此可知，柳州市绿色全要素生产率低，主要制约因素源于绿色技术进步，使得柳州市绿色全要素生产率呈现下降态势。河池市绿色技术进步指数与绿色全要素生产率指数均小于1，绿色技术效率指数及其分解项绿色纯技术效率指数与绿色规模效率指数大于1。由此可知，河池市绿色全要素生产率低，主要受限于绿色技术进步，绿色技术进步的负向影响高于绿色技术效率的正向影响，使得河池市绿色全要素生产率呈现下降态势。贵港市绿色技术进步指数与绿色全要素生产率指数均小于1，绿色技术效率指数及其分解项绿色纯技术效率指数与绿色规模效率指数大于1。由此可知，贵港市绿色全要素生产率低，主要受限于绿色技术进步，绿色技术进步的负向影响高于绿色技术效率的正向影响，使得贵港市绿色全要素生产率呈现下降态势。来宾市绿色技术进步指数与绿色全要素生产率指数均小于1，绿色技术效率指数及其分解项绿色纯技术效率指数与绿色规模效率指数等于1。由此可知，来宾市绿色全要素生产率低，全部受限于绿色技术进步，低绿色技术进步指数使得来宾市绿色全要素生产率呈现下降态势。

总的看来，广西陆地边境地区 3 市绿色发展全要素生产率较低，排名较为靠后，绿色发展效率均呈现下降趋势。广西各市绿色全要素生产效率的高低主要受绿色技术进步的影响，绿色技术效率及其分解项绿色纯技术效率与绿色规模效率影响较小。

广西陆地边境地区 3 市绿色发展效率及其分解项对比。从绿色发展全要素生产率来看，2005～2018 年广西陆地边境地区 3 市防城港市、百色市和崇左市绿色全要素生产率均小于 1，说明广西陆地边境地区整体绿色发展态势并不理想。从绿色全要素生产率分解项来看，广西陆地边境地区 3 市防城港市、百色市和崇左市的绿色技术效率与绿色纯技术指数均大于 1，绿色规模效率除百色市外均大于 1，说明绿色技术效率的提高主要源于绿色纯技术的提高；而绿色技术进步指数均小于 1，说明广西陆地边境地区绿色全要素生产率的提升主要源于绿色技术效率的提高。

2. 时域绿色发展效率对比分析

2006～2018 年，广西陆地边境地区 3 市及广西其他 11 市绿色全要素生产率对比分析结果见表 8 - 2。防城港市 2007 年、2008 年、2009 年、2010 年、2011 年、2013 年和 2014 年绿色全要素均生产率大于 1，总体绿色发展效率较高。百色市 2007 年、2008 年、2009 年、2010 年、2011 年、2014 年和 2018 年绿色全要素生产率大于 1，总体绿色发展效率较高。崇左市 2008 年、2011 年、2013 年、2014 年、2016 年和 2018 年绿色全要素生产率大于 1，总体绿色发展效率一般。南宁市仅 2007 年、2008 年、2013 年、2016 年绿色全要素生产率大于 1，其余 9 年均小于 1，总体绿色发展效率不高。柳州市绿色全要素生产率大于 1 的仅 3 年，总体绿色发展效率较低。桂林市绿色全要素生产率大于 1 的共 7 年，总体绿色发展效率较高。梧州市绿色全要素生产率大于 1 的共 9 年，总体绿色发展效率高。北海市绿色全要素生产率大于 1 的共 11 年，总体绿色发展效率高。钦州市绿色全要素生产率大于 1 的共 10 年，总体绿色发展效率高。贵港市绿色全要素生产率大于 1 的仅 3 年，总体绿色发展效率较低。玉林市绿色全要素生产率大于 1 的共 7 年，总体绿色发展效率较高。贺州市绿色全要素生产率大于 1 的共 9 年，总体绿色发展效率高。河池市绿色全要素生产率大于 1 的仅 4 年，总体绿色发展效率较低。来宾市绿色全要素生产率大于 1 的仅 1 年，总体绿色发展效率低。

表 8 - 2　　　　　　2006～2018 年广西陆地边境地区 3 市及

广西其他 11 市绿色发展效率

年份	防城港市	百色市	崇左市	南宁市	柳州市	桂林市	梧州市
2006	0.970	0.961	0.972	0.986	0.942	0.979	1.024
2007	1.082	1.085	0.843	1.060	0.942	1.036	1.086
2008	1.116	1.143	1.054	1.056	0.950	1.107	1.054
2009	1.037	1.015	0.756	0.826	0.833	0.906	0.876
2010	1.215	1.209	0.941	0.862	0.998	1.026	1.104
2011	1.155	1.257	1.073	0.935	1.021	1.068	1.174
2012	0.987	0.886	0.960	0.991	0.988	1.027	1.071
2013	1.097	0.914	1.068	1.073	1.009	1.017	0.972
2014	1.440	1.123	1.004	0.998	1.012	1.004	1.045
2015	0.899	0.801	0.947	0.980	0.940	0.934	0.966
2016	0.777	0.751	1.054	1.010	0.962	0.981	1.008
2017	0.380	0.460	0.944	0.991	0.739	0.686	0.805
2018	0.782	1.007	1.079	0.995	0.880	0.985	1.101

续表

年份	北海市	钦州市	贵港市	玉林市	贺州市	河池市	来宾市
2006	1.055	1.048	0.890	0.984	1.036	0.919	0.799
2007	1.061	1.075	1.184	1.033	1.170	1.199	0.765
2008	1.089	1.085	0.817	1.016	1.022	1.171	0.811
2009	0.953	1.020	0.889	0.840	0.983	0.857	0.683
2010	1.100	1.192	0.933	0.951	1.067	0.958	0.876
2011	1.026	1.095	0.723	0.955	1.162	0.870	0.555
2012	1.159	0.986	1.342	0.937	0.988	1.191	0.797
2013	1.232	1.002	0.912	1.018	1.009	0.909	0.871
2014	1.095	1.021	1.116	1.041	1.018	0.789	0.903
2015	1.005	0.953	0.857	0.964	1.130	0.761	0.883
2016	1.128	1.038	0.791	1.018	0.929	0.531	0.546
2017	0.785	0.975	0.417	1.025	0.825	0.773	0.771
2018	1.121	1.083	0.860	1.010	1.096	1.037	1.182

资料来源：原始数据来源于《中国城市统计年鉴（2006~2019）》《广西统计年鉴（2006~2019）》。

二、乡村振兴水平测算

为对广西陆地边境地区乡村振兴水平进行量化分析，本节在毛锦凰和王林涛（2020）等相关研究的基础上，考虑到数据的可获得性和客观性，从党的十九大报告提出的乡村振兴战略总要求产业兴旺、生态宜居、乡风文明、治理有效、生活富裕五方面出发，构建了广西陆地边境地区乡村振兴评价指标体系，采用熵值法计算综合评价得分，从而对乡村振兴水平进行量化分析。乡村振兴评价指标体系见表8-3。

表 8 - 3 乡村振兴评价指标体系

子系统	具体指标	计算方法	单位
产业兴旺	第一产业产值占比	第一产业产值/地区生产总值	%
	农业从业人员比重	第一产业从业人员/总从业人员	%
	作物多元化	非粮食作物播种面积/农作物总播种面积	%
生态宜居	乡村每万人卫生院床位数	卫生院床位数/乡村人口	床/万人
	农业生产化肥使用强度	化肥使用量/农作物总播种面积	万吨/千公顷
乡风文明	农村居民平均受教育年限	普通小学在校学生数人口比重×6 + 普通中学在校学生数比重×9 + 普通高等学校在校学生数人口比重×12	年
治理有效	有效灌溉率	有效灌溉面积/农作物总播种面积	%
生活富裕	城乡居民人均可支配收入比	城镇居民人均可支配收入/农村居民人均可支配收入	%
	农村居民人均可支配收入	—	元
	农村居民移动电话使用率	移动电话用户数/乡村人口	户/万人
	农村居民人均用电量	农村用电量/乡村人口	万千瓦小时/万人

资料来源：作者整理。

在乡村振兴评价指标体系的基础上，本章采用熵值法计算广西陆地边境地区综合评价得分。在进行熵值计算之前，采用极差标准化对原始数据进行无量纲处理，同时为避免零值计算无意义，将无量纲化后的指标全部平移一个最小单位值0.0001。数据进行标准化处理后，采用熵值法测算2005~2018年广西陆地边境地区乡村振兴综合得分，其具体运算步骤如下：

计算第 j 个指标下，第 i 个地区的特征比重：

$$p_{ij} = \frac{x'_{ij}}{\sum_{i=1}^{n} x_{ij}} \quad (8-2)$$

计算第 j 项指标的熵值：

$$e_j = -\frac{1}{\ln n}\sum_{i=1}^{n}p_{ij}\ln\left(p_{ij}\right),\ 0 \leqslant e_j \leqslant 1 \qquad (8-3)$$

计算差异性系数：

$$d_j = 1 - e_j \qquad (8-4)$$

计算指标权重：

$$w_j = \frac{d_j}{\sum_{j=1}^{m}d_j} \qquad (8-5)$$

计算指标综合得分：

$$u_i = \sum_{j=1}^{m}w_j \times x'_{ij} \qquad (8-6)$$

2005～2018 年广西陆地边境地区与云南陆地边境地区、广西总体乡村振兴综合评价得分对比分析见表 8 - 4。广西陆地边境地区、云南陆地边境地区、广西总体乡村振兴综合评价得分年均值分别为 0.413、0.480 和 0.385，云南陆地边境地区乡村振兴水平最高，广西陆地边境地区次之，广西总体乡村振兴水平较低。广西陆地边境地区 3 市乡村振兴综合评价得分年均值从高至低依次为防城港市、崇左市和百色市，综合评价得分依次为 0.525、0.404 和 0.310；其中防城港市和崇左市乡村振兴综合评价位于广西平均水平之上，乡村振兴发展水平较高，百色市乡村振兴综合评价位于广西平均水平之下，乡村振兴发展水平较低。

表 8 - 4　广西陆地边境地区乡村振兴综合评价得分及其对比

年份	广西陆地边境地区	云南陆地边境地区	广西均值	防城港市	百色市	崇左市
2005	0.409	0.502	0.391	0.501	0.327	0.400
2006	0.446	0.475	0.413	0.501	0.398	0.439

年份	广西陆地边境地区	云南陆地边境地区	广西均值	防城港市	百色市	崇左市
2007	0.446	0.487	0.413	0.529	0.390	0.419
2008	0.455	0.491	0.396	0.539	0.408	0.418
2009	0.427	0.483	0.381	0.490	0.348	0.444
2010	0.412	0.514	0.384	0.519	0.272	0.445
2011	0.378	0.470	0.383	0.537	0.211	0.387
2012	0.467	0.483	0.405	0.541	0.411	0.448
2013	0.432	0.486	0.377	0.581	0.291	0.423
2014	0.399	0.455	0.371	0.553	0.267	0.376
2015	0.407	0.471	0.391	0.527	0.293	0.401
2016	0.381	0.491	0.367	0.523	0.259	0.360
2017	0.362	0.461	0.343	0.532	0.213	0.340
2018	0.362	0.450	0.372	0.482	0.251	0.353
均值	0.413	0.480	0.385	0.525	0.310	0.404
年份	南宁市	柳州市	桂林市	梧州市	北海市	钦州市
2005	0.611	0.468	0.472	0.312	0.490	0.231
2006	0.606	0.506	0.511	0.341	0.500	0.254
2007	0.614	0.514	0.478	0.336	0.492	0.273
2008	0.573	0.469	0.414	0.316	0.474	0.259
2009	0.524	0.446	0.402	0.262	0.422	0.363
2010	0.617	0.481	0.446	0.270	0.430	0.209
2011	0.604	0.465	0.427	0.345	0.464	0.228
2012	0.568	0.459	0.392	0.356	0.367	0.317
2013	0.572	0.432	0.380	0.292	0.407	0.273
2014	0.655	0.520	0.359	0.264	0.449	0.225
2015	0.654	0.527	0.405	0.277	0.531	0.262
2016	0.650	0.535	0.393	0.271	0.466	0.212
2017	0.611	0.477	0.315	0.227	0.452	0.187
2018	0.675	0.508	0.407	0.261	0.472	0.225
均值	0.610	0.486	0.414	0.295	0.458	0.251

年份	贵港市	玉林市	贺州市	河池市	来宾市	广西均值
2005	0.276	0.472	0.275	0.275	0.370	0.391
2006	0.340	0.374	0.280	0.318	0.415	0.413
2007	0.302	0.384	0.309	0.342	0.400	0.413
2008	0.266	0.354	0.284	0.360	0.406	0.396
2009	0.253	0.363	0.318	0.308	0.388	0.381
2010	0.266	0.351	0.294	0.357	0.419	0.384
2011	0.260	0.386	0.354	0.283	0.404	0.383
2012	0.288	0.353	0.335	0.382	0.448	0.405
2013	0.300	0.352	0.273	0.292	0.406	0.377
2014	0.260	0.348	0.264	0.276	0.374	0.371
2015	0.250	0.336	0.269	0.313	0.423	0.391
2016	0.254	0.312	0.244	0.287	0.369	0.367
2017	0.228	0.269	0.235	0.271	0.450	0.343
2018	0.230	0.320	0.256	0.296	0.477	0.372
均值	0.270	0.355	0.285	0.312	0.411	0.385

资料来源：原始数据来源于《广西统计年鉴（2006～2019）》《云南统计年鉴（2006～2019）》。

从广西陆地边境地区 3 市来看，2005 年、2006 年、2007 年、2009 年、2010 年、2011 年、2013 年、2014 年、2015 年防城港市和崇左市乡村振兴综合评价得分高于广西年均值，百色市乡村振兴综合评价得分低于广西年均值。2008 年、2012 年防城港市、百色市和崇左市乡村振兴综合评价得分均高于广西年均值。2016 年、2017 年、2018 年防城港市乡村振兴综合评价得分高于广西年均值，百色市和崇左市乡村振兴综合评价得分低于广西年均值。

从广西陆地边境地区 3 市与广西其他 11 市来看，2005 年，南

宁市、柳州市、桂林市、北海市、防城港市、玉林市和崇左市乡村
振兴综合评价得分高于广西年均值。2006 年，南宁市、柳州市、桂
林市、北海市、防城港市、来宾市和崇左市乡村振兴综合评价得分
高于广西年均值。2007 年，南宁市、柳州市、桂林市、北海市、防
城港市和崇左市乡村振兴综合评价得分高于广西年均值。2008 年，
南宁市、柳州市、桂林市、北海市、防城港市、百色市、来宾市和
崇左市乡村振兴综合评价得分高于广西年均值。2009 年，南宁市、
柳州市、桂林市、北海市、防城港市、来宾市和崇左市乡村振兴综
合评价得分高于广西年均值。2010 年，南宁市、柳州市、桂林市、
北海市、防城港市、来宾市和崇左市乡村振兴综合评价得分高于广
西年均值。2011 年，南宁市、柳州市、桂林市、北海市、防城港
市、玉林市、来宾市和崇左市乡村振兴综合评价得分高于广西年均
值。2012 年，南宁市、柳州市、北海市、防城港市、玉林市、来
宾市和崇左市乡村振兴综合评价得分高于广西年均值。2013 年，
南宁市、柳州市、桂林市、北海市、防城港市、来宾市和崇左市
乡村振兴综合评价得分高于广西年均值。2014 年，南宁市、柳州
市、北海市、防城港市、来宾市和崇左市乡村振兴综合评价得分
高于广西年均值。2015 年，南宁市、柳州市、桂林市、北海市、
防城港市、来宾市和崇左市乡村振兴综合评价得分高于广西年均
值。2016 年，南宁市、柳州市、桂林市、北海市、防城港市、来
宾市和崇左市乡村振兴综合评价得分高于广西年均值。2017 年，
南宁市、柳州市、北海市、防城港市、来宾市和崇左市乡村振兴
综合评价得分高于广西年均值。2018 年，南宁市、柳州市、桂林
市、北海市、防城港市和来宾市乡村振兴综合评价得分高于广西

年均值。

　　广西陆地边境地区3市与广西其他11市4个典型年份乡村振兴综合评价得分排名见表8-5。2006年，防城港市、百色市和崇左市乡村振兴综合评价得分排名依次为第四、第八和第六，乡村振兴综合评价得分分别为0.501、0.398和0.439，防城港市排名较靠前，百色市和崇左市排名居中；广西14市乡村振兴综合评价得分排名前五的分别为南宁市、桂林市、柳州市、防城港市和北海市，乡村振兴综合评价得分分别为0.606、0.511、0.506、0.501和0.500；排名最后的5个市分别为梧州市、贵港市、河池市、贺州市和钦州市，乡村振兴综合评价得分分别为0.341、0.340、0.318、0.280和0.254。2010年，防城港市、百色市和崇左市乡村振兴综合评价得分排名依次为第二、第十一和第五，乡村振兴综合评价得分分别为0.519、0.272和0.445，防城港市和崇左市排名上升且靠前，百色市排名下降且靠后；广西14市乡村振兴综合评价得分排名前五的分别为南宁市、防城港市、柳州市、桂林市和崇左市，乡村振兴综合评价得分分别为0.617、0.519、0.481、0.446和0.445；排名最后的5个市分别为贺州市、百色市、梧州市、贵港市和钦州市，乡村振兴综合评价得分分别为0.294、0.272、0.270、0.266和0.209。2014年，防城港市、百色市和崇左市乡村振兴综合评价得分排名依次为第二、第十和第五，乡村振兴综合评价得分分别为0.553、0.267和0.376，防城港市和崇左市排名不变且靠前，百色市排名上升仍靠后；广西14市乡村振兴综合评价得分排名前五的地级市分别为南宁市、防城港市、柳州市、北海市和崇左市，乡村振兴综合评价得分分别为0.655、0.553、0.520、0.449和0.376；排名最后的 5 个市分别为百色市、贺州市、梧州市、贵港市和钦州市，乡村振兴综合评价得分分别为 0.267、0.264、0.264、0.260 和 0.225。2018 年，防城港市、百色市和崇左市乡村振兴综合评价得分排名依次为第三、第十二和第七，乡村振兴综合评价得分分别为 0.482、0.251 和 0.353，防城港市排名下降仍靠前，百色市排名上升仍靠后，崇左市排名下降且居中；广西 14 市乡村振兴综合评价得分排名前五的分别为南宁市、柳州市、防城港市、来宾市和北海市，乡村振兴综合评价得分分别为 0.675、0.508、0.482、0.477 和 0.472；排名最后的 5 个市分别为梧州市、贺州市、百色市、贵港市和钦州市，乡村振兴综合评价得分分别为 0.261、0.256、0.251、0.230 和 0.225。总的看来，南宁市、柳州市和防城港市在 4 个典型年份乡村振兴综合评价得分均较高。梧州市、钦州市、贵港市和贺州市乡村振兴综合评价得分在 4 个典型年份乡村振兴综合评价得分均较低。

表 8 - 5 　 典型年份广西各市乡村振兴综合评价得分排名

	地区	2006 年	排名	2010 年	排名	2014 年	排名	2018 年	排名
广西陆地边境3市	防城港市	0.501	4	0.519	2	0.553	2	0.482	3
	百色市	0.398	8	0.272	11	0.267	10	0.251	12
	崇左市	0.439	6	0.445	5	0.376	5	0.353	7
广西其他11市	南宁市	0.606	1	0.617	1	0.655	1	0.675	1
	柳州市	0.506	3	0.481	3	0.520	3	0.508	2
	桂林市	0.511	2	0.446	4	0.359	7	0.407	6
	梧州市	0.341	10	0.270	12	0.264	12	0.261	10
	北海市	0.500	5	0.430	6	0.449	4	0.472	5
	钦州市	0.254	14	0.209	14	0.225	14	0.225	14

地区		2006 年	排名	2010 年	排名	2014 年	排名	2018 年	排名
广西其他11市	贵港市	0.340	11	0.266	13	0.260	13	0.230	13
	玉林市	0.374	9	0.351	9	0.348	8	0.320	8
	贺州市	0.280	13	0.294	10	0.264	11	0.256	11
	河池市	0.318	12	0.357	8	0.276	9	0.296	9
	来宾市	0.415	7	0.419	7	0.374	6	0.477	4

资料来源：原始数据来源于《广西统计年鉴（2006~2019）》。

第三节　模型构建与变量说明

本部分首先构建广西陆地边境地区绿色发展与乡村振兴的基准面板数据模型，研究绿色发展对乡村振兴的影响及绿色发展影响乡村振兴的动力机制；然后构建面板门槛模型，以经济发展速度为门槛值，探讨广西陆地边境地区，在不同经济发展速度下，绿色发展与乡村振兴之间是否存在非线性关系。

一、基准面板模型设计

为了研究广西陆地边境地区绿色发展是否对乡村振兴发展水平具有影响，及其何种影响，本章构建双对数实证模型，以消除或缩小可能出现异方差的影响，设定如下实证研究模型：

$$\ln RRV_{it} = \alpha_0 + \alpha_1 \ln TF_{it} + \alpha_2 \ln Controls_{it} + \varepsilon_{it} \qquad (8-7)$$

其中，RRV 代表乡村振兴水平；TF 代表绿色全要素生产率；

Controls 为控制变量，包括经济发展速度 *RGDP*，政府财政干预力度 *GOV*，金融发展水平 *FIN*，农村居民消费水平 *RC*；α 表示个体差异，ε 表示随机误差项，i 与 t 表示第 i 个地区的第 t 年。据式（8-1），可进一步探讨绿色全要素生产率影响乡村振兴的增长动因，在此基础上，构建如下实证模型：

$$\ln RRV_{it} = \alpha_0 + \alpha_1 \ln EF_{it} + \alpha_2 \ln TC_{it} + \alpha_3 \ln Controls_{it} + \varepsilon_{it}$$

$$(8-8)$$

$$\ln RRV_{it} = \alpha_0 + \alpha_1 \ln PC_{it} + \alpha_2 \ln SC_{it} + \alpha_3 \ln TC_{it} + \alpha_4 \ln Controls_{it}$$

$$(8-9)$$

其中，*EF*、*TC*、*PC* 和 *SC* 分别表示绿色技术效率指数、绿色技术进步指数、绿色纯技术效率指数和绿色规模效率指数。

二、面板门槛模型设计

随着广西陆地边境地区经济发展速度的不同，绿色发展可能会对乡村振兴产生非线性影响，即经济发展速度可能导致绿色发展对乡村振兴的影响存在"门槛效应"，为了探讨广西陆地边境地区绿色发展与乡村振兴之间是否存在非线性关系，借鉴汉森（Hansen，1999）的研究成果，以经济发展速度为门槛变量，构建如下面板门槛模型：

$$\ln RRV_{it} = \beta_0 + \beta_1 X_{it} I \left(\ln RGDP_{it} \leq \gamma \right) + \beta_2 X_{it} I \left(\ln RGDP_{it} > \gamma \right) +$$
$$\beta_3 Controls_{it} + \mu_{it} + \varepsilon_{it} \qquad (8-10)$$

其中，*X* 是核心解释变量绿色发展全要素生产率；*Controls* 是控制变量，包括经济发展速度、政府财政干预力度、金融发展水平和农村居民消费水平；$RGDP$ 是门槛变量经济发展速度，用地区生产总值增长率表示；I（·）是示性函数；γ 为门槛变量经济发展速度所对应的门槛值；μ 为个体效应；ε 为随机扰动项。

三、指标说明及数据处理

被解释变量。乡村振兴发展水平，采用熵值法计算所得，并在此基础上乘以 100，表示百分制下的乡村振兴发展水平。

核心解释变量。绿色全要素生产率指数及其分解项绿色技术效率指数、绿色技术进步指数、绿色纯技术效率指数和绿色规模效率指数，利用 DEA – Malmquist 模型测算所得，并在此基础上乘以 100，表示百分比下的绿色发展水平。

控制变量。经济发展速度通过地区生产总值增长率来衡量，在此基础上乘以 100，地区经济发展将反推产业发展，创造更多劳动岗位，吸纳更多的农村劳动力，增加农民收入，还能推动地区基础设施建设等，对乡村振兴具有重要影响；政府财政干预力度，通过地方财政支出占地区生产总值的比重来测算，在此基础上乘以 100，政府关于乡村振兴的相关政策会直接影响乡村振兴进度，对乡村振兴具有重要影响；金融发展水平，通过金融机构各项贷款余额占地区生产总值的比重来测算，在此基础上乘以 100，金融发展能引导资金、人才、技术流向更有利于乡村发展的项目上。农村居民消费水平用农村居民消费支出衡量，农村居民消费一方面能够提高自身生活质量，另一方面能够推动农村经济发展，对乡村振兴具有重要作用。

第四节　中国南部陆地边境地区绿色发展对乡村振兴影响实证分析：广西案例

一、基准面板模型分析

（一）广西陆地边境地区基准面板模型估计结果与分析

广西陆地边境地区绿色发展对乡村振兴影响实证相关变量的描述性统计见表8-6。本部分通过 VIF 检验对指标选取合理性进行分析，发现模型（8-1）、模型（8-2）和模型（8-3）方差膨胀因子均小于5，均无多重共线性问题，变量选取均合理。然后对最佳计量模型进行选择，通过 LR 检验与 F 检验，发现随机效应模型与固定效应模型优于混合回归模型；通过 Hausman 检验，模型（8-1）、模型（8-2）和模型（8-3）均应选择固定效率模型，回归结果见表8-7。

表8-6　　　　　　　　变量描述性统计结果

变量	均值	标准差	最小值	最大值
lnRRV	3.688	0.268	3.048	4.063
lnEF	4.611	0.071	4.456	4.804
lnTC	4.559	0.220	3.638	4.970
lnPC	4.605	0.060	4.407	4.782
lnSC	4.611	0.048	4.488	4.718
lnTF	4.564	0.234	3.638	4.970
lnRGDP	2.452	0.342	1.863	3.118

续表

变量	均值	标准差	最小值	最大值
ln*GOV*	2.381	0.742	-0.651	4.111
ln*FIN*	4.834	0.260	4.221	5.386
ln*RC*	8.359	0.569	7.210	9.391

注：由 Stata16.0 分析整理。

表 8-7　　　　　广西陆地边境地区基准回归分析

变量	模型（8-1）	模型（8-2）	模型（8-3）
ln*TF*	0.018 (0.12)		
ln*TC*		0.031 (1.04)	0.024 (0.83)
ln*EF*		-0.107 (-0.96)	
ln*PC*			0.023 (0.26)
ln*SC*			-0.338 (-2.02)
ln*RGDP*	0.163* (3.50)	0.160** (4.46)	0.181** (5.74)
ln*GOV*	-0.063 (-1.90)	-0.061 (-2.01)	-0.058 (-1.97)
ln*FIN*	-0.021 (-0.08)	-0.022 (-0.08)	-0.007 (-0.02)
ln*RC*	-0.007 (-0.09)	-0.007 (-0.11)	-0.002 (-0.02)
常数项	3.515 (1.83)	3.971** (1.60)	4.773 (1.52)
模型	FE	FE	FE

注：由 Stata16.0 分析整理；括号内为稳健 t 统计量；*** 、** 、* 分别表示在1% 、5%和10% 显著性水平下显著。

据表 8 - 7 回归结果，从绿色全要素生产率整体来看，绿色全要素生产率对乡村振兴水平具有不显著正向作用，绿色全要素生产率每增加 1%，能推动广西陆地边境地区乡村振兴水平增加 0.018%。从绿色发展影响乡村振兴的增长动因来看，绿色技术进步对乡村振兴水平具有不显著正向作用，绿色技术效率及其分解项绿色规模效率均对乡村振兴水平具有阻碍作用，但并不显著；绿色纯技术效率对乡村振兴水平具有不显著正向作用。此外，经济发展速度对乡村振兴具有显著促进作用，经济发展速度加快对乡村发展的带动作用越来越强，推动了乡村振兴发展。政府财政干预对乡村振兴具有不显著的阻碍作用，还需因地制宜调整政策，适应乡村振兴需要。金融发展水平对乡村振兴具有不显著阻碍作用，可能是广西陆地边境地区金融发展会更多地引导资源向经济发展倾斜，忽视了环境保护，不利于乡村生态宜居。农村居民消费对乡村振兴具有不显著阻碍作用，可能是广西陆地边境地区农村居民高水平消费易加大家庭负担，影响家庭生活质量，不利于实现乡村居民生活富裕目标。

（二）广西陆地边境地区与其他地区对比分析

据前面绿色发展效率测算，广西陆地边境地区与云南陆地边境地区生态优势突出，广西总体绿色发展效率也高于全国平均水平，为进一步探讨生态优势地区绿色发展对乡村振兴的影响，本章在前面分析广西陆地边境地区生态优势的基础上，进一步探讨广西总体与云南陆地边境地区绿色发展对乡村振兴的影响效应，从而与广西陆地边境地区进行对比分析，回归结果见表 8 - 8。

表 8 - 8　　　　　　　广西总体与云南陆地边境地区回归结果

变量	广西总体			云南陆地边境地区		
	模型 (8-4)	模型 (8-5)	模型 (8-6)	模型 (8-7)	模型 (8-8)	模型 (8-9)
$\ln TF$	0.113 ** (2.31)			0.046 (1.44)		
$\ln TC$		0.116 ** (2.24)	0.116 ** (2.25)		0.049 (1.37)	0.049 (1.37)
$\ln EF$		0.073 (0.74)			0.374 (1.21)	
$\ln PC$			0.111 (0.65)			—
$\ln SC$			0.046 (0.51)			0.374 (1.21)
$\ln RGDP$	-0.013 (-0.63)	-0.014 (4.46)	-0.014 (-0.67)	0.174 (0.80)	0.171 (0.79)	0.171 (0.79)
$\ln GOV$	-0.019 (-0.79)	-0.018 (-0.78)	-0.017 (-0.78)	0.123 (0.33)	0.127 (0.34)	0.127 (0.34)
$\ln FIN$	-0.050 *** (-4.55)	-0.049 *** (-4.74)	-0.048 *** (-4.51)	-0.562 * (-0.93)	-0.554 (-0.90)	-0.554 (-0.90)
$\ln RC$	-0.086 *** (-2.89)	-0.087 *** (-2.77)	-0.088 *** (-2.76)	0.218 (0.98)	0.218 (0.97)	0.218 (0.97)
常数项	-0.286 (-1.14)	-0.273 (-1.03)	-0.269 (-1.01)	3.793 (1.97)	2.023 (0.60)	2.023 (0.60)
模型	RE	RE	RE	FE	FE	FE

注：由 Stata16.0 分析整理；括号内为稳健 z、t 统计量；*** 、** 、* 分别表示在 1% 、5% 和 10% 显著性水平下显著。

从绿色发展全要素生产率来看，广西总体绿色全要素生产率对乡村振兴水平具有显著正向作用。从绿色全要素生产率分解项来看，绿色技术进步对乡村振兴水平具有显著正向作用，绿色技术效率及其分解项绿色纯技术效率和绿色规模效率均对乡村振兴水平具有促进作用，但并不显著。经济发展速度和政府财政干预对乡村振兴具有不显著阻碍作用；金融发展水平与农村居民消费水平对乡村振兴具有显著阻碍作用。

从绿色发展全要素生产率来看，云南陆地边境地区绿色全要素生产率对乡村振兴水平具有不显著正向作用。从绿色全要素生产率分解项来看，绿色技术进步对乡村振兴水平具有不显著正向作用，绿色技术效率全部受其分解项绿色规模效率的影响，对乡村振兴水平具有不显著正向作用。经济发展速度、政府财政干预和农村居民消费水平对乡村振兴具有不显著正向作用；金融发展水平对乡村振兴具有阻碍作用。

总的看来，广西陆地边境地区绿色发展全要素生产率对乡村振兴的促进作用要低于广西总体和云南陆地边境地区，其制约因素主要源于绿色技术进步。

二、面板门槛模型分析

鉴于广西陆地边境地区经济发展速度存在差距，本节在基准面板回归的基础上，以经济发展速度为门槛变量，进一步探究广西陆地边境地区在经济发展的不同速度下，绿色发展对乡村振兴的影响差异，并同时以广西总体与云南陆地边境地区进行对比分析。

（一）面板门槛效应检验

以经济发展速度为门槛变量的面板门槛效应检验结果见表 8-9。广西陆地边境地区与云南陆地边境地区通过了双重门槛显著性检

验，故认为广西陆地边境地区与云南陆地边境地区绿色发展与乡村
振兴之间存在双重门槛效应。对门槛值进行估计，广西陆地边境地
区第一门槛值为 2.0757，第二门槛值为 2.4283；云南陆地边境地区
第一门槛值为 2.4069，第二门槛值为 2.4283。广西总体单一门槛、
双重门槛和三重门槛均未通过显著性检验，不存在门槛效应。

表 8-9　　　　　　　　　　　面板门槛效应检验结果

地区	被解释变量	主要解释变量	门槛模型	F 统计量	P 值
广西陆地边境地区	lnRRV	lnTF	单一门槛	6.59	0.223
			双重门槛	7.59	0.093
			三重门槛	2.85	0.763
广西总体	lnRRV	lnTF	单一门槛	7.57	0.320
			双重门槛	7.75	0.170
			三重门槛	6.79	0.430
云南陆地边境地区	lnRRV	lnTF	单一门槛	2.59	0.450
			双重门槛	3.62	0.060
			三重门槛	3.03	0.403

注：由 Stata16.0 分析整理；P 值采用 Bootstrap 方法重复 300 次得到。

（二）面板门槛值估计结果分析

广西陆地边境地区与云南陆地边境地区门槛值回归的估计结果
见表 8-10。广西陆地边境地区在第一门槛和第二门槛值前后，绿
色发展均对乡村振兴具有显著促进作用。当经济发展速度小于第一
门槛值时，绿色全要素生产率每增加 1%，推动乡村振兴水平提升
0.061%；当经济发展速度处于第一门槛值和第二门槛值之间时，
绿色全要素生产率每增加 1%，推动乡村振兴水平提升 0.104%；当

经济发展速度大于第二门槛值时，绿色全要素生产率每增加1%，推动乡村振兴水平提升0.139%。可以看出，随着经济发展速度的提高，广西陆地边境地区绿色发展对乡村振兴的显著正效应不断上升。

表8－10 面板门槛值估计结果

地区	变量	系数估计值	P值
广西陆地边境地区	$\ln TF$（$\ln RGDF < 2.0757$）	0.061**	0.018
	$\ln TF$（$2.0757 < \ln RGDF < 2.4283$）	0.104***	0.002
	$\ln TF$（$\ln RGDF > 2.4283$）	0.139**	0.035
云南陆地边境地区	$\ln TF$（$\ln RGDF < 2.4069$）	0.095	0.355
	$\ln TF$（$2.4069 < \ln RGDF < 2.6810$）	0.035**	0.042
	$\ln TF$（$\ln RGDF > 2.6810$）	−0.032	0.246

注：由Stata16.0分析整理；***、**、*分别表示在1%、5%和10%显著性水平下显著。

当经济发展速度小于第一门槛值时，云南陆地边境地区绿色发展对乡村振兴具有不显著促进作用，绿色全要素生产率每增加1%，推动乡村振兴水平提升0.095%；当经济发展速度处于第一门槛值和第二门槛值之间时，绿色发展对乡村振兴具有显著促进作用，绿色全要素生产率每增加1%，推动乡村振兴水平提升0.035%；当经济发展速度大于第二门槛值时，绿色发展对乡村振兴具有不显著阻碍作用，绿色全要素生产率每增加1%，推动乡村振兴水平下降0.032%。可以看出，随着经济发展速度的提高，云南陆地边境地区绿色发展对乡村振兴的正效应先逐渐显著，然后逐渐变为负效应。

广西陆地边境地区与云南陆地边境地区绿色发展对乡村振兴面板门槛效应对比分析来看，随着经济发展速度的提高，广西陆地边境地区绿色发展对乡村振兴促进作用优于云南陆地边境地区，广西陆地边境地区乡村振兴的生态优势更为突出。

第五节 本章研究结论与政策建议

一、研究结论

本章基于广西陆地边境地区的案例分析表明，中国南部陆地边境地区绿色全要素生产率对乡村振兴水平具有不显著正向作用，其增长动因主要源于绿色技术进步，而绿色技术效率受绿色规模效率的制约对乡村振兴水平具有不显著阻碍作用。广西陆地边境地区绿色全要素生产率对乡村振兴的促进作用低于广西总体和云南陆地边境地区，主要源于绿色技术进步水平低于广西总体和云南陆地边境地区。

以经济发展速度为门槛变量，广西陆地边境地区与云南陆地边境地区绿色发展和乡村振兴之间均存在双重门槛效应，广西陆地边境地区在第一门槛和第二门槛值前后，绿色发展均对乡村振兴具有显著促进作用，且随着经济发展速度提升，促进作用越来越强；而云南陆地边境地区随着经济发展速度提升，绿色发展对乡村振兴的影响先呈现不显著正效应后转为显著正效应，最后又转为不显著负效应。总的来看，随着经济发展速度提升，广西陆地边境地区乡村振兴的生态优势越来越突出，而云南陆地边境地区乡村振兴的生态优势则呈现衰退趋势，广西陆地边境地区乡村振兴的生态优势总体强于云南陆地边境地区。

二、政策建议

注重绿色发展对乡村振兴的引领作用，贯彻好乡村振兴过程中的绿色发展理念。具体地，我们可以从以下几方面落实广西陆地边境地区绿色发展助推乡村振兴：

第一，以绿色技术支撑绿色发展。实现农业农村现代化发展，加强绿色技术开发与引进，转变传统低效率生产方式，实现农村产业优化升级，推动农村一二三产业融合创新，着眼于制约乡村绿色发展的技术短板，加大绿色农业科技研发与引进，加强乡村产业发展的实用技术支撑，通过绿色技术进步提高绿色全要素生产率，同时警惕绿色规模效率对乡村振兴的阻碍作用，重视个体特色发展，重视僵化管理等不良管理方式带来的不利影响。

第二，以绿色产业发展助推乡村振兴。立足广西陆地边境地区生态优势，走新型绿色惠民路径，发展生态惠民产业，实现生态农业、生态林业、生态牧业等多种绿色产业共同发展局面，切实把"绿水青山变成金山银山"，在生态优势转为经济优势的过程中，实现农村居民收入增长与农村经济发展，有力助推乡村振兴。

第三，绿色发展因地制宜助推乡村振兴。要立足于自身特色与优势，发挥绿色发展对乡村振兴的带动作用，根据各地经济发展水平的不同，实行不同强度的绿色发展政策，在经济发展水平的不同区间，实施不同强度的乡村振兴绿色发展导向，有效调控绿色发展战略执行强度，广西陆地边境地区要不断加强绿色发展水平，云南陆地边境地区则需先加快绿色发展，发展到一定水平时，逐渐放缓绿色发展节奏从而实现绿色发展与乡村振兴相适应。

第九章

主要研究结论与政策建议

第一节 研究结论

本书主要运用中国南部陆地边境地区的广西、云南与西藏三省区县域 2005～2019 年公布数据，对中国南部陆地边境地区的经济高质量发展问题进行了研究，主要包括县域经济增长情况、产业结构变迁、基础设施改善、新型城镇化发展演进及对经济增长的影响、经济发展过程中的贫困治理存在的问题、绿色发展对乡村振兴的影响等，主要研究结论如下：

1. 中国南部陆地边境地区经济发展质量持续改善，但依然有较大提升空间

实证分析表明，中国南部陆地边境地区经济发展质量持续提升，主要表现在：地区县域经济虽实现了快速增长、产业结构持续优化、基础设施建设持续改善、新型城镇化水平持续提升、绝对贫困得以消除、绿色发展和乡村振兴持续推进。

但必须注意的是，由于中国南部陆地边境地区地理位置特殊、自然环境脆弱、经济高质量发展制约因素依然很多，如经济总量规模偏小、产业基础和产业发展持续性、交通设施相对薄弱等，导致边境地区经济发展质量仍不够高，依然有较大的提升空间。

2. 中国南部陆地边境地区产业结构变迁对经济增长有显著的正向影响，但产业结构不合理问题依然存在

2005～2019年，中国南部陆地边境地区产业结构变迁对经济增长有显著的正向影响。产业结构变迁能够使得投入要素从低效率的产业向高效率的产业流动以此促进整个地区社会生产率的提高，由此带来的红利带动了地区经济的持续增长。此外，一般财政支出、小学在校生人数和固定电话用户数对中国南部陆地边境地区各县域的经济增长作用不容忽视。但是，中国南部陆地边境地区各县域目前核心还在农业的发展，目前各县域的现代农业发展与二、三产业的生产尚未得到良好的协调，产业结构优化空间较大，经济整体抗风险的能力较低。

3. 中国南部边境地区基础设施的建设水平对经济增长有着显著的拉动作用，但地区基础设施总体情况不佳县域间差距明显问题依然突出

中国南部边境地区基础设施建设水平对经济增长有着显著的拉动作用，随着教育基础设施水平、信息基础设施建设水平、电力基础设施建设水平、公共卫生基础设施水平的改善，当地的经济也会显著增长，并且，教育基础设施对经济增长的拉动作用最为明显，其次为公共卫生基础设施和信息基础设施。

总体上看，中国南部边境地区的基础设施普遍落后于全国平均

基础设施建设水平，部分经济基础较为薄弱县域基础设施改善的年
均增长率也低于全国平均水平。中国南部边境地区各县域的基础设
施建设水平有着明显的异质性，经济较为发达的城市基础设施建设
水平远远优于经济较为落后的县域，而较为发达的基础设施建设水
平又将促使其经济以更快的速度发展，从而使得县域之间的经济发
展水平差距拉大。

4. 中国南部陆地边境地区城镇化与经济增长和民生改善有正向
关系，但指标之间的总体相关系数相对较低

总体而言，中国南部陆地边境地区人口城镇化水平偏低，人口
资源聚集能力弱，产业城镇化与土地城镇化水平相对偏高。人口城
镇化、产业城镇化与土地城镇化发展的三个维度耦合协调性呈现逐
步提升状态，仅极少数县市出现失调状态，绝大部分城市处于调和
协调类与初级协调类。实证分析表明，中国南部陆地边境地区的城
镇化与经济增长和民生改善有正向作用，但指标之间的总体相关系
数相对较低，这与区域经济发展特点和要素生产率密切相关，体现
为土地城镇化和人口城镇化对经济增长的作用显著。从对经济增长
的贡献程度来讲，广西云南陆地边境县域样本为土地城镇化的贡献
程度最高，而西藏陆地边境县域样本为产业城镇化贡献度最高。对
民生改善方面来讲，中国南部陆地边境县域的土地城镇化贡献度
最大。

5. 中国南部陆地边境地区已经消除了绝对贫困，但多维相对贫
困问题依然比较突出

与全国平均水平相比较，中国南部陆地边境地区居民家庭的贫
困发生率更高、遭受剥夺的程度更大，相对贫困指数较高。无论是

全国样本还是中国南部陆地边境地区样本，农村地区的相对贫困发生率均高于城镇地区。根据对单维绝对贫困线与相对贫困线和多维测度相对贫困的结果来看，发现单一收入维度衡量的绝对贫困与相对贫困尽管在当时的减贫脱贫中发挥着重要作用，但已不能满足评价的要求，相对贫困具有片面性，应引入反映个体生活所需的多种维度。但选用多维测度需考虑遭受极端多维剥夺的家庭相对较少，对于多维贫困测量方法的维度选择、权重比重与临界值的确定需谨慎。基于全国层面和南部陆地边境地区的实证分析表明，教育、健康、生活状况、社会保障、资金、收入各维度对相对贫困指数的贡献差异较大，其中教育致贫、收入偏低对相对贫困的贡献影响较大。

6. 中国南部陆地边境地区绿色发展对乡村振兴具有不显著正向作用，当经济发展速度迈过门槛值时，绿色发展对乡村振兴的正效应不断上升

基于广西陆地边境地区的案例分析表明，中国南部陆地边境地区绿色发展全要素生产率对乡村振兴水平具有不显著正向作用，其增长动因主要源于绿色技术进步，而绿色技术效率指数受绿色规模效率的制约对乡村振兴水平具有不显著阻碍作用。广西陆地边境地区绿色发展全要素生产率对乡村振兴的促进作用低于广西总体和云南陆地边境地区，主要源于绿色技术进步指数低于广西总体和云南陆地边境地区。

以经济发展速度为门槛变量，广西陆地边境地区与云南陆地边境地区绿色发展和乡村振兴之间均存在双重门槛效应，广西陆地边境地区在第一门槛和第二门槛值前后，绿色发展均对乡村振兴具有

显著促进作用，且随着经济发展速度提升，促进作用越来越强；而云南陆地边境地区随着经济发展速度提升，绿色发展对乡村振兴的影响先呈现不显著正效应后转为显著正效应，最后又转为不显著负效应。总的来看，随着经济发展速度提升，广西陆地边境地区乡村振兴的生态优势越来越突出，而云南陆地边境地区乡村振兴的生态优势则呈现衰退趋势，广西陆地边境地区乡村振兴的生态优势总体强于云南陆地边境地区。

第二节　政　策　建　议

1. 协调地区要素禀赋，制定合理有效的政策，大力度发展信息化产业，实现农业与信息产业有效融合

在调整中国南部陆地边境地区的产业结构的同时还需要协调地区要素禀赋，推动产业结构合理化的变迁，促进各地区经济高质量发展。中国南部陆地边境地区需要特定的扶助政策和高效的政府，制定合理有效的政策，合理的地方政府财政行为能够通过收入再分配、促进资源合理配置，进而增强地方发展动力，促进地区经济发展和增长。同时，小学生在校生人数在一定程度上反映了区域人口变化以及人力资本的流出，因此需警惕小学在校生人数的变化，避免人才的大量流出，产生对区域经济发展的不利影响。固定电话用户数对中国南部陆地边境地区各县域经济增长有明显的抑制作用，需要特别说明的是，固定电话用户数在过去是代表信息产业发展的正向指标，但随着通信业的持续壮大，移动电话逐渐取代其成为最

主要的通信工具，彼时固定电话用户数反而成为了信息产业发展的负向化指标，进而在实证过程对经济增长产生负向影响，实际上，信息产业的发展能够有效地推动区域经济增长及其结构的调整。因此，中国南部陆地边境地区各县域更要加大力度发展信息化产业，实现农业与信息产业有效融合，促进区域经济发展。

2. 扩大资金来源渠道，差异化投入资金，积极推进基础设施建设

中国南部陆地边境地区以山区、高原和喀斯特等地形地貌为主，地理、自然环境复杂，这些因素对地区基础设施提升改善带来较大难度。当地政府应该积极推进中国南部陆地边境地区县域的各项基础设施建设，树立"经济发展，基础设施先行"的战略，持续增加地方财政对各项基础设施的投入，同时也应改善当地的投资条件，以便吸引各方资金投入到当地的基础设施建设中去，从而改善各县域的基础设施建设情况，进而推动经济发展。

为保证不同区域基础设施建设水平的协调发展，国家财政及省一级财政应加大对中国南部陆地边境地区经济水平较为落后县域的基础设施建设的投入，加大资金倾斜支持力度。由于在道路基础设施密度较低的县域，一开始对基础设施的投资及建设带来的经济增长效应较小，可能使地方政府承受较大的财政压力，此时需要中央政府更好地发挥财政的补助作用，减少地方政府的后顾之忧，加快提升经济落后地区的基础设施建设水平，为实现共同富裕打下基础。

3. 深入发掘自身优势，合理规划城镇的发展蓝图，增强城镇基础设施承载力、县域城镇容纳转移人口能力

中国南部陆地边境地区地形复杂，山川高耸，地势落差大，耕

地面积少；加之喀斯特地貌水分涵养能力较弱等自然因素对地区城镇化进程中的基础设施提升改善带来较大难度。加强对政府投入资金的利用程度，大力改善基础设施。例如：加强口岸连通腹地公路和边防道路建设，推进口岸通一级公路、沿边境线通边防公路，推进农村牧区公路建设，实现重点镇建成一级公路连通，乡镇三级公路连通，基本通沥青水泥路，完成村街巷硬化。

加快发展公共事业，合理配置城乡教育、文化体育、医疗卫生等公共服务资源，统筹城乡社会保险，扩大保障性住房有效供给，实现城乡基本公共服务均等化。中国南部陆地边境地区可以通过加大资金支持倾斜力度、发展特色产业、落实教育医疗保障、加大就地就业扶持力度和提升边民收入及生活水平等措施，增强人口集聚能力，带动城镇化发展，推动经济发展。

统筹经济社会发展规划、土地利用规划和城乡建设规划，合理安排县域城镇建设、产业集聚、村镇分布等空间，充分发挥规划的龙头引领作用和基础性作用，发挥中国南部陆地边境地区得天独厚的政策优势和沿边优势。特殊的历史、文化及自然地理环境也造就了特殊的生态资源优势、旅游资源优势和产业发展优势，打造跨境贸易平台，建设生态宜居旅游特色村镇等。同时，正视"后发优势"，积极学习其他城市的发展经验，结合实际情况，因地制宜，多方面多角度地处理城镇化的发展难题，带动经济增长和民生改善。

4. 确立城乡相对贫困标准，完善防返贫动态监测和帮扶机制，构建区域、城乡一体化保障格局

中国应当重新建立适合新时代发展要求的相对贫困标准。城乡相对贫困标准及动态监测机制的建立，对相对贫困人口能够进行精

准识别是进行相对贫困治理工作的基础，对已脱贫的贫困户要建立一定时间的追踪监测，及时掌握脱贫群体的生活水平的发展状况，加强后续帮扶力度，及时化解风险矛盾隐患。

中国疆域辽阔，各区域内经济发展速度与经济发展水平差距较大，东南沿海地区经济发展较好，人民生活水平较高，而对于内陆省区，特别是中国南部陆地边境省区经济发展水平不高，发展基础较为薄弱。各区域间应因地制宜，在全国相对贫困标准框架下制定更适合中国南部陆地边境地区经济水平的贫困标准。

改革开放以来，乡村地区的贫困治理工作一直是脱贫减贫的重中之重，"绝对贫困"的消除并不意味着乡村的发展已经与城镇并驾齐驱，目前城乡差距仍然是中国亟需解决的问题。进一步推进新型城镇化，做好贫困治理工作与乡村振兴的衔接，解决农民最亟需的资金、人才与土地问题，进一步减少城乡差距，是中国南部陆地边境地区未来进行相对贫困治理工作的重点任务。

进一步加大中国南部陆地边境地区医疗、教育、社会保障、基础设施的财政投入，进一步制定相关法律保证居民合法权益的实现。扩大对城镇新增人口的社会保障体系的覆盖范围。扩大对于进城务工人员等城镇新增人口的社会保障范围及力度，降低新城镇居民在城镇职工与城镇居民医疗保险和基本养老保险方面的差距。增强城乡居民的住房保障、社会福利待遇，不断减小城乡居民的生活差距，促进居民生活幸福感因素的提升。

5. 以绿色技术支撑绿色发展，以绿色产业发展助推乡村振兴，绿色发展因地制宜助推乡村振兴

以绿色技术支撑绿色发展。实现农业农村现代化发展，加强绿

色技术开发与引进，转变传统低效率生产方式，实现农村产业优化升级，推动农村第一、第二、第三产业融合创新，着眼于制约乡村绿色发展的技术短板，加大绿色农业科技研发与引进，加强乡村产业发展的实用技术支撑，通过绿色技术进步提高绿色发展全要素生产率，同时警惕绿色规模效率对乡村振兴的阻碍作用，重视个体特色发展，重视僵化管理等不良管理方式带来的不利影响。

立足广西陆地边境地区生态优势，走新型绿色惠民路径，发展生态惠民产业，实现生态农业、生态林业、生态牧业等多种绿色产业共同发展局面，切实把绿水青山变成金山银山，在生态优势转为经济优势的过程中，实现农村居民收入增长与农村经济发展，有力助推乡村振兴。

绿色发展因地制宜助推乡村振兴。要立足于自身特色与优势，发挥绿色发展对乡村振兴的带动作用，根据各地经济发展水平的不同，实行不同强度的绿色发展政策，在经济发展水平的不同区间，实施不同强度的乡村振兴绿色发展导向，有效调控绿色发展战略执行强度，广西陆地边境地区要不断加强绿色发展水平，云南陆地边境地区则需首先加快绿色发展，发展到一定水平时，逐渐放缓绿色发展节奏从而实现绿色发展与乡村振兴相适应。

参 考 文 献

［1］安淑新．促进经济高质量发展的路径研究：一个文献综述［J/OL］．当代经济管理，2018，v. 40；No. 283（9）：11－17. DOI：10. 13253/j. cnki. ddjjgl. 2018. 09. 002.

［2］财政部财政科学研究所、北京财政学会联合课题组，贾康，赵福昌，唐在富，程瑜，陈龙，龙小燕．新型城镇化与农民土地权益保障的一般情况与相关理论考察［J］．经济研究参考，2015（21）：3－8.

［3］曹广忠，刘涛．中国城镇化地区贡献的内陆化演变与解释——基于1982～2008年省区数据的分析［J］．地理学报，2011，66（12）：1631－1643.

［4］曹琳剑，周詹杭，王凯丽．公共卫生基础设施与经济高质量发展耦合协调演化——以长江经济带为例［J］．统计与决策，2021，37（17）：140－144.

［5］曹宗平．县城应成为西部地区城镇化的重点［J］．经济学家，2010（12）：98－99.

［6］陈传波，贺达水，薛莉．陆地边境县扶贫开发任重道远［J］．管理世界，2006（3）：63－70.

［7］陈辉，张全红．基于多维贫困测度的贫困精准识别及精准

扶贫对策——以粤北山区为例 [J]. 广东财经大学学报，2016，31（3）：64 - 71.

[8] 程莉，文传浩. 乡村绿色发展与乡村振兴：内在机理与实证分析 [J]. 技术经济，2018，37（10）：98 - 106.

[9] 邓宗兵，宗树伟，苏聪文，陈钲. 长江经济带生态文明建设与新型城镇化耦合协调发展及动力因素研究 [J]. 经济地理，2019，39（10）：78 - 86.

[10] 丁静. 新时代乡村振兴与新型城镇化的战略融合及协调推进 [J]. 社会主义研究，2019（5）：74 - 81.

[11] 丁赛，佐藤宏，别雍·古斯塔夫森. 西部民族地区汉族与少数民族城乡贫困的比较 [J]. 西南民族大学学报（人文社科版），2016，37（11）：154 - 162.

[12] 段艳丰. 新时代中国乡村绿色发展道路的时代价值、现实困境及路径选择 [J]. 农林经济管理学报，2020，19（1）：118 - 125.

[13] 方福前，田鸽，肖寒. 基础设施对中国经济增长的影响及机制研究——基于扩展的 Barro 增长模型 [J]. 经济理论与经济管理，2020（12）：13 - 27.

[14] 付凌晖. 中国产业结构高级化与经济增长关系的实证研究 [J]. 统计研究，2010，27（8）：79 - 81.

[15] 傅元海，叶祥松，王展祥. 制造业结构变迁与经济增长效率提高 [J]. 经济研究，2016，51（8）：86 - 100.

[16] 干春晖，郑若谷，余典范. 中国产业结构变迁对经济增长和波动的影响 [J]. 经济研究，2011，46（5）：4 - 16，31.

[17] 高金龙，包菁薇，刘彦随，陈江龙. 中国县域土地城镇化的区域差异及其影响因素 [J]. 地理学报，2018，73 (12)：2329 – 2344.

[18] 高昕. 乡村振兴战略背景下农户绿色生产行为内在影响因素的实证研究 [J]. 经济经纬，2019，36 (3)：41 – 48.

[19] 郭付友，李诚固，陈才，甘静. 2003 年以来东北地区人口城镇化与土地城镇化时空耦合特征 [J]. 经济地理，2015，35 (9)：49 – 56.

[20] 韩永辉，黄亮雄，邹建华. 中国经济结构性减速时代的来临 [J]. 统计研究，2016，33 (5)：23 – 33.

[21] 何维达，付瑶，陈琴. 产业结构变迁对经济增长质量的影响 [J]. 统计与决策，2020，36 (19)：101 – 105.

[22] 何晓萍. 基础设施的经济增长效应与能耗效应——以电网为例 [J]. 经济学（季刊），2014，13 (4)：1513 – 1532.

[23] 何雄浪，叶连广. 内蒙古自治区县域工业化、城市化与经济增长 [J]. 民族学刊，2020，11 (2)：30 – 42，127 – 128.

[24] 何燕. 城镇化和产业结构对县域经济增长影响的实证分析 [J/OL]. 统计与决策，2018，34 (18)：139 – 142. DOI：10. 13546/j. cnki. tjyjc. 2018. 18. 031.

[25] 何一民，李馨妤. 强疆固边与西藏边境城镇体系建设 [J]. 四川师范大学学报（社会科学版），2018 (6)：163 – 172.

[26] 贺三维，邵玺. 京津冀地区人口—土地—经济城镇化空间集聚及耦合协调发展研究 [J]. 经济地理，2018，38 (1)：95 – 102.

[27] 黄国勇，张敏，秦波. 社会发展、地理条件与边疆农村

贫困 [J]. 中国人口·资源与环境, 2014, 24 (12): 138 – 146.

[28] 黄群慧, 余泳泽, 张松林. 互联网发展与制造业生产率提升: 内在机制与中国经验 [J]. 中国工业经济, 2019 (8): 5 – 23.

[29] 黄书雷, 方行明, 鲁玉秀, 米军. 交通和信息基础设施对经济增长的影响机制、效应评估和路径优化研究 [J]. 经济问题探索, 2021 (10): 100 – 111.

[30] 霍利斯·钱纳里. 发展的型式 1959 – 1970 [M]. 李新华译. 北京: 经济科学出版社, 1988.

[31] 纪明, 钟敏, 许春慧. 中国产业转移效率的测算及其对经济增长的影响 [J]. 统计与决策, 2021, 37 (10): 106 – 110.

[32] 纪明, 钟敏. 壮族集中聚居区乡村振兴的路径选择研究 [J]. 广西民族研究, 2021 (3): 162 – 171.

[33] 金碚. 关于 "高质量发展" 的经济学研究 [J/OL]. 中国工业经济, 2018, No.361 (4): 5 – 18. DOI: 10. 19581/j. cnki. ciejournal. 2018. 04. 001.

[34] 蓝庆新, 刘昭洁, 彭一然. 中国新型城镇化质量评价指标体系构建及评价方法——基于 2003 ~ 2014 年 31 个省市的空间差异研究 [J]. 南方经济, 2017 (1): 111 – 126.

[35] 李波, 苏晨晨. 深度贫困地区相对贫困的空间差异与影响因素——基于西藏和四省涉藏县域的实证研究 [J]. 中南民族大学学报 (人文社会科学版), 2021, 41 (4): 37 – 44.

[36] 李国平, 李宏伟. 经济区规划促进了西部地区经济增长吗?——基于合成控制法的研究 [J]. 经济地理, 2019, 39 (3): 20 – 28.

［37］李兰冰，高雪莲，黄玖立．"十四五"时期中国新型城镇化发展重大问题展望［J］．管理世界，2020，36（11）：7－22.

［38］李鹏，张奇林，高明．后全面小康社会中国相对贫困：内涵、识别与治理路径［J］．经济学家，2021（5）：93－101.

［39］李涛，廖和平，杨伟，庄伟，时仅．重庆市"土地、人口、产业"城镇化质量的时空分异及耦合协调性［J］．经济地理，2015，35（5）：65－71.

［40］李云娥．宏观经济波动与产业结构变动的实证研究［J］．山东大学学报（哲学社会科学版），2008（3）：120－126.

［41］廖军华．新时代中国经济高质量发展的理论要义与实践路径［J］．贵州社会科学，2021（6）：131－138.

［42］刘晨跃，徐盈之．城镇化如何影响雾霾污染治理？——基于中介效应的实证研究［J］．经济管理，2017，39（8）：6－23.

［43］刘国斌，陈治国．利用城镇化发展县域经济的战略选择［J］．当代经济研究，2006（10）：61－62.

［44］刘国斌，杨富田．新型城镇化背景下县城的"亚核心"作用机理研究［J］．当代经济研究，2017（3）：90－96.

［45］刘敏．社会资本与多元化贫困治理［M］．北京：社会科学文献出版社，2013：23.

［46］刘琼，郭俊华．科技公共服务效率对区域创新能力的影响——基于省级动态面板数据的 GMM 分析［J］．科技管理研究，2021，41（15）：109－116.

［47］刘迎秋．四大对策应对高质量发展四大挑战［N/OL］．中华工商时报，2018－01－23（003）．DOI：10.38311/n. cnki. nzhgs. 2018.

003761.

　[48] 卢倩倩，许光建，许坤.城镇化、经济周期与地区收入分配差距——基于面板门限模型的分析 [J].经济问题，2020 (2)：25 - 32.

　[49] 罗良文，梁圣蓉.贸易开放、产业集聚与城镇化——基于 1993～2013 年省级面板数据的实证研究 [J].社会科学研究，2016 (2)：8 - 15.

　[50] 马勇，张梦，余楚凤.生态优先，绿色发展：乡村振兴的愿景、逻辑与路径——湖北大学博士生导师马勇教授访谈 [J].社会科学家，2019 (3)：3 - 7.

　[51] 毛汉英.中国周边地缘政治与地缘经济格局和对策 [J].地理科学进展，2014，33 (3)：289 - 302.

　[52] 毛锦凰，王林涛.乡村振兴评价指标体系的构建——基于省域层面的实证 [J].统计与决策，2020，36 (19)：181 - 184.

　[53] 莫小莎.广西陆地边境地区县域经济发展研究 [M].南宁：广西民族出版社，2004.

　[54] 彭冲，陈乐一，韩峰.新型城镇化与土地集约利用的时空演变及关系 [J].地理研究，2014，33 (11)：2005 - 2020.

　[55] 任保平，李禹墨.新时代中国高质量发展评判体系的构建及其转型路径 [J/OL].陕西师范大学学报（哲学社会科学版），2018，v.47；No.222 (3)：105 - 113. DOI：10.15983/j. cnki. sxss. 2018.0421.

　[56] 宋周莺，虞洋.中国边境地区的城镇化可持续发展态势 [J].经济地理，2019 (5)：55 - 64.

［57］宋周莺，祝巧玲．中国边境地区的城镇化格局及其驱动力［J］．地理学报，2020，75（8）：1603–1616.

［58］孙久文，张倩．2020年后中国相对贫困标准：经验实践与理论构建［J］．新疆师范大学学报（哲学社会科学版），2021（4）：1–13.

［59］孙坤妹．京津冀地区医疗基础设施对经济增长的影响［J］．中国集体经济，2016（28）：16–17.

［60］唐升，李红昌，郝璐璐，喻文天．交通基础设施与区域经济增长：基于多种运输方式的分析［J］．中国软科学，2021（5）：145–157.

［61］王飞．边疆民族地区精准脱贫中的主要问题及建议［J］．中央民族大学学报（哲学社会科学版），2018，45（4）：45–53.

［62］王国刚．城镇化：中国经济发展方式转变的重心所在［J］．经济研究，2010，45（12）：70–81，148.

［63］王季潇，吴宏洛．习近平关于乡村生态文明重要论述的内生逻辑、理论意蕴与实践向度［J］．广西社会科学，2019（8）：7–12.

［64］王建康，谷国锋，姚丽，陈园园．中国新型城镇化的空间格局演变及影响因素分析——基于285个地级市的面板数据［J］．地理科学，2016，36（1）：63–71.

［65］王良健，李辉，石川．中国城市土地利用效率及其溢出效应与影响因素［J］．地理学报，2015，70（11）：1788–1799.

［66］王婷，缪小林，高跃光．云南县域经济跨越式发展下的城镇化时空效应分析［J］．学术探索，2015（11）：49–56.

[67] 王维平，牛新星．试论"双循环"新发展格局与经济高质量发展的良性互动［J］．经济学家，2021（6）：5-12．

[68] 王小林，冯贺霞．2020年后中国多维相对贫困标准：国际经验与政策取向［J］．中国农村经济，2020（3）：2-21．

[69] 王新哲，陈田．西南沿边民族地区新型城镇化模式研究［M］．北京：科学出版社，2018．

[70] 王新哲．中越边境民族地区扶贫模式的困境与创新［J］．广西民族大学学报（哲学社会科学版），2011，33（6）：122-126．

[71] 王智勇．西部地区县域城镇化对经济增长的影响分析——基于云南省2005～2012年面板数据的研究［J］．金融评论，2016，8（4）：64-78，125．

[72] 王智勇．重工业化、城镇化与东北问题——基于黑龙江省县域经济增长的一个解析［J］．社会科学辑刊，2018（1）：78-91．

[73] 魏后凯，年猛，李玏．"十四五"时期中国区域发展战略与政策［J］．中国工业经济，2020（5）：5-22．

[74] 魏玮，马松昌．基于动态面板GMM分析的产业集聚与经济增长实证研究——以山东半岛城市群为例［J］．上海经济研究，2013，25（6）：23-32．

[75] 文建东，花福秀．健康、环境、生产性基础设施与经济增长［J］．审计与经济研究，2016，31（4）：101-112．

[76] 吴本健，王蕾，覃梓文．兴边富民行动与边疆民族地区多维贫困的缓解［J］．中央民族大学学报（哲学社会科学版），2020，47（6）：108-122．

[77] 吴雨星，吴宏洛. 马克思经济发展质量思想及其中国实践——暨经济高质量发展的理论渊源 [J]. 当代经济管理，2021，43 (11)：13 – 18.

[78] 向德平，黄承伟. 中国反贫困发展报告 2014——社会扶贫专题 [M]. 武汉：华中科技大学出版社，2014：195 – 200.

[79] 谢学兴，秦红增. 中越边境口岸城镇化：模式演进、原始动力与推进策略——以凭祥市为例 [J]. 广西大学学报 （哲学社会科学版），2019，41 (2)：115 – 121.

[80] 熊曦，闫跳跳，段宜嘉，肖俊. 中国城镇化质量研究现状与热点分析 [J]. 人文地理，2021，36 (4)：37 – 43.

[81] 徐雪，王永瑜. 中国省域新型城镇化、乡村振兴与经济增长质量耦合协调发展及影响因素分析 [J]. 经济问题探索，2021 (10)：13 – 26.

[82] 许国斌. 践行绿色发展理念加强生态文明建设 [J]. 人民论坛，2019 (9)：54 – 55.

[83] 薛德升，曾献君. 中国人口城镇化质量评价及省际差异分析 [J]. 地理学报，2016，71 (2)：194 – 204.

[84] 闫恩虎. 城镇化与县域经济发展的关系研究 [J]. 开发研究，2011 (3)：30 – 33.

[85] 杨俏文，姚永红，刘云. 财政收入与居民存款协同增长影响因素研究 [J]. 中国注册会计师，2019 (6)：40 – 43.

[86] 杨世伟. 绿色发展引领乡村振兴：内在意蕴、逻辑机理与实现路径 [J]. 华东理工大学学报 （社会科学版），2020，35 (4)：125 – 135.

[87] 岳立，薛丹．新型城镇化对中国城市土地利用效率的影响研究 [J]．经济问题探索，2020 (9)：110 - 120.

[88] 张超，唐杰．中国经济高质量发展机制：制度动因、要素保障与实现途径——兼论深圳经济高质量发展的实现路径 [J]．湖南社会科学，2021 (3)：63 - 71.

[89] 张传洲．相对贫困的内涵、测度及其治理对策 [J]．西北民族大学学报（哲学社会科学版），2020 (2)：112 - 119.

[90] 张国胜，许煜．农业转移人口市民化与"三位一体"新型城镇化政策研究 [J]．云南社会科学，2021 (5)：147 - 153，187 - 188.

[91] 张海姣，张正河．城镇化与县域经济的相关性 [J]．华南农业大学学报（社会科学版），2013，12 (3)：18 - 24.

[92] 张梦瑶．中国特色新型城镇化高质量发展的实践路径探析——基于新发展理念视角 [J]．当代经济管理，2021，43 (9)：75 - 80.

[93] 张鹏岩，杨丹，李二玲，李颜颜．人口城镇化与土地城镇化的耦合协调关系——以中原经济区为例 [J]．经济地理，2017，37 (8)：145 - 154.

[94] 张琦，冯丹萌．构建中国绿色减贫机制的理论及对策 [J]．甘肃社会科学，2019 (6)：9 - 15.

[95] 张莎莎，郑循刚，张必忠．交通基础设施、空间溢出与农村减贫 [J]．浙江农业学报，2021.

[96] 张宪平，刘靖宇．城镇化发展与县域经济增长关系的实证分析 [J/OL]．生产力研究，2008 (2)：49 - 50. DOI：10. 19374/j.

cnki. 14 – 1145/f. 2008. 02. 020.

[97] 张学良. 中国交通基础设施促进了区域经济增长吗——兼论交通基础设施的空间溢出效应 [J]. 中国社会科学，2012 (3)：60 – 77，206.

[98] 张莹，雷国平，周敏，林佳. 中国人口土地产业城镇化的协同演化状况 [J]. 城市问题，2019 (1)：14 – 22.

[99] 张宇，朱立志. 关于"乡村振兴"战略中绿色发展问题的思考 [J]. 新疆师范大学学报（哲学社会科学版），2019，40 (1)：65 – 71.

[100] 张远军. 城市化与中国省际经济增长：1987 ~ 2012——基于贸易开放的视角 [J]. 金融研究，2014 (7)：49 – 62.

[101] 张月昕. 以绿色发展引领乡村振兴——浅析新时代美丽乡村建设的行政路径 [J]. 中国行政管理，2018 (7)：156 – 158.

[102] 张昭，吴丹萍. 多维视角下贫困的识别、追踪及分解研究——基于中国家庭追踪调查（CFPS）数据 [J]. 华中农业大学学报（社会科学版），2018 (3)：90 – 99，157.

[103] 张治栋，陈竞. 环境规制、产业集聚与绿色经济发展 [J]. 统计与决策，2020，36 (15)：114 – 118.

[104] 赵剑波，史丹，邓洲. 高质量发展的内涵研究 [J]. 经济与管理研究，2019，40 (11)：15 – 31.

[105] 赵明月，王仰麟，胡智超，宋治清. 面向空心村综合整治的农村土地资源配置探析 [J]. 地理科学进展，2016，35 (10)：1237 – 1248.

[106] 赵欣，任军. 民族地区绿色经济发展区域差异与空间溢

出效应研究——以内蒙古自治区为例 [J]. 税务与经济, 2020 (4): 33-39.

[107] 赵彦云, 王雪妮. 中国民生发展国际竞争力实证分析 [J]. 中国人民大学学报, 2015, 29 (2): 98-106.

[108] 赵越强, 蔚立柱, 沈迎春, 雷建. 金融开放、产业结构升级与区域经济增长 [J]. 统计与决策, 2021, 37 (21): 136-139.

[109] 郑瑞坤, 向书坚. 后扶贫时代中国农村相对贫困的一种测定方法与应用研究 [J]. 数量经济技术经济研究, 2021, 38 (11): 144-162.

[110] 周宏春. 乡村振兴背景下的农业农村绿色发展 [J]. 环境保护, 2018, 46 (7): 16-20.

[111] 周杰文, 赵月, 杨阳. "一带一路" 沿线省份绿色经济效率时空差异研究 [J]. 统计与决策, 2020 (22): 100-103.

[112] 周莉. 乡村振兴背景下西藏农业绿色发展研究 [J]. 西北民族研究, 2019 (3): 116-127.

[113] 周亮, 车磊, 孙东琪. 中国城镇化与经济增长的耦合协调发展及影响因素 [J]. 经济地理, 2019, 39 (6): 97-107.

[114] 朱东波. 习近平绿色发展理念: 思想基础、内涵体系与时代价值 [J]. 经济学家, 2020 (3): 5-15.

[115] 卓乐. 农业基础设施对粮食增产的作用机理及效应分析 [J]. 求索, 2021 (4): 125-132.

[116] ALKIRE S, FOSTER J. Counting and multidimensional poverty measurement [J]. Journal of Public Economics, 2007, 95 (7-

8）：476 - 487.

［117］ BRUCE E. HANSEN. Threshold effects in non - dynamic panels：Estimation，testing，and inference ［J］. Journal of Econometrics，1999，93 （2）.

［118］ FAGERBERG J. Technological progress，structural change and productivity growth：A comparative study ［J］. Structural Change & Economic Dynamics，2000，11 （4）：393 - 411.

［119］ MCCAIG B，MCMILLAN M S，VERDUZCO-GALLO I，et al. Stuck in the middle? Structural change and productivity growth in Botswana ［R］. National Bureau of Economic Re-search Paper，2015：125 - 160.

［120］ ROWNTREE B S. Poverty：a study of town life ［M］. Macmillan，1902.

［121］ SEN，AMARTYA. Poor，Relatively Speaking ［J］. Oxford Economic Papers，1983，35 （2）：153 - 169.

［122］ SINGH L. Technological progress，structural change and productivity growth in the manufacturing sector of South Korea ［J］. World Review of Science，Technology and Sustainable Development，2004，1 （1）：37 - 49.

［123］ TANUWIDJAJA E & THANGAVELU S. Structural change and productivity growth in the Japanese manufacturing in-dustry ［J］. Global Economic Review，2007，36 （4）：385 - 405.

［124］ TOWNSEND P. Poverty in the United Kingdom ［M］. University of California Press，1979.

后　　记

　　加大对少数民族地区、边疆地区的政策支持力度促进区域经济高质量发展，涉及国家边疆地区的社会稳定、民族团结和边防巩固，对于促进区域协调、协同、共同发展，努力缩小区域发展差距，实现共同富裕意义重大。

　　2014 年以来，我持续关注中国南部陆地边境地区的经济高质量发展问题。先后主持了国家社会科学基金项目"中国南部陆地边境地区新型城镇化助推县域经济发展的机制及路径研究"（项目批准号为：14BJL075）和"中国南部陆地边境地区相对贫困治理的实地实验研究"（项目批准号为：20BJL087），并在 2021 年出版了专著《中国南部陆地边境地区新型城镇化助推县域经济发展的机制及路径研究》，重点研究了中国南部陆地边境地区新型城镇化的发展历程及对县域经济发展的影响。本书是在相关研究的基础上进一步分析了中国南部边境地区如何通过产业结构变迁、基础设施改善、贫困状况缓解、绿色发展与乡村振兴几个维度来实现区域经济的高质量发展。在此，特别感谢国家社会科学基金的资助。

　　本着严谨的科研态度，本书将数据精确到省级和县级。受限于地理、自然环境等方面因素，对于中国南部陆地边境地区部分县域的调研工作难展开，数据获得难度大，在研究过程中遇到些许难题，部分县域数据有所缺失，但在团队的不懈努力之下，我们最终还是顺利地完成了数据收集及整理的研究任务。在此，特别感谢陈艳红、蒋小银、曾曦昊、魏红香、李伊笑、黄金等参与书稿写作的成员，这些成员在研究过程中从数据收集、提纲拟定、技术处理、书稿撰写都全程参与，并多次相互研讨，每一步都争取做到精益求精。期间，为确保专著撰写工作的顺利开展，我通过细致构思，确定了本书的基本框架与思路，组织与协调了全书的写作工作，为此召开了多次研讨会议。本专著各章节内容的分工大致如下：我负责第一章与第九章的撰写；陈艳红负责第二章与第八章；李伊笑负责第三章；蒋小银负责第四章；黄金负责第五章；曾曦昊负责第六章；魏红香负责第七章。除此之外，参与书稿写作与完善的人员还有：罗怡、钟敏、孙丙成、吴静、陈王豪、郭萌。在汇总各章节内容形成初稿的基础上，我与陈艳红积极吸取有关专家与负责编辑的意见和建议，组织团队对书稿进行了数次修订、校对与润色。

中国是世界上陆地边境线最长的国家，陆地边境县域经济高质量发展是实现区域协调、社会公平、民族团结、稳边固防和共同富裕的重要战略举措。我们谨以此书凝练出研究团队对于中国南部陆地边境地区经济高质量发展的一系列拙见，希望能起到抛砖引玉的作用，为其他学者在创作更优秀的研究成果时提供参考借鉴，也同时希望能为祖国的经济建设尽一份力，让祖国更加繁荣昌盛！

后　记 ◄◄

　　本书在编写过程中，已经尽最大努力对中国南陆地边境地区经济高质量发展这一问题做出了具体阐述，但由于个人及团队研究水平有限，可能在某些方面还是会存在一些不足之处，欢迎各位学者及专家给予雅正。

纪 明

2021 年于广西南宁